LOCUS

LOCUS

LOCUS

LOCUS

smile, please

smile 49 **煉心術**
(***Emotional Alchemy***)
作者：塔拉・班奈特-高曼 (Tara Bennett-Goleman)
譯者：陳正芬
責任編輯：潘乃慧
美術編輯：謝富智
法律顧問：全理法律事務所董安丹律師
出版者：大塊文化出版股份有限公司
台北市105南京東路四段25號11樓
www.locuspublishing.com
讀者服務專線：0800-006689
TEL：(02) 87123898　FAX：(02) 87123897
郵撥帳號：18955675　戶名：大塊文化出版股份有限公司
本書中文版權經由博達著作權代理有限公司取得

總經銷：大和書報圖書股份有限公司　地址：台北縣三重市大智路 139 號
TEL：(02) 29818089 (代表號)　FAX：(02) 29883028　29813049
排版：天翼電腦排版印刷有限公司　製版：源耕印刷事業有限公司
初版一刷：2002年 7 月
初版 2 刷：2003年 6 月

定價：新台幣 380 元
Printed in Taiwan

煉心術

Emotional Alchemy

How the Mind Can Heal the Heart

用智慧的專注，解脫八萬四千情緒慣性

達賴喇嘛　序文推薦

Tara Bennett-Goleman◎著
陳正芬◎譯

目錄

前言

達賴喇嘛

我們每個人都想要離苦得樂。正因爲人生以快樂爲最終目的，因此找到什麼能帶來最大程度的快樂是件很要緊的事。無論是愉快或悲慘的經驗，都離不開心智或肉體的範圍。一般來說，心對我們多數人的影響最大。因此，嘗試獲得心的平和，是一件極爲值得去做的事。

雖然，物質進步對人類演進至爲重要，但我們若是太過專注外在的事物而輕視內在開發，那麼不平衡的現象將導致問題的產生。解決問題的答案是內在的平和：如果我們擁有內在的平和，就能夠寧靜而理性地應付任何狀況。因此，沒有了內在的平和，無論物質生活多麼舒適，我們還是會因爲外在環境而擔心、不安或是不快樂。

一旦獲得內在的平和後，我們能夠與周遭一切和平共處。當我們的社群一片平和，就能和鄰近社群共同分享，以此類推。同樣地，當我們用愛和仁慈對待他人，不但讓人產生被愛和被關懷的感覺，同時也幫助我們發展內在的快樂及平和。

作爲一個佛教徒，我瞭解，擾亂內在平和的主要是所謂的不安情緒。這一切的想法、情緒和心識活動，反映了心性中負面或不慈悲的狀態，無可避免地侵蝕我們對於內在平和的體驗。所有的負面想法和情緒，如：怨恨、憤怒、驕傲、色慾、貪婪、嫉妒等等，都會擾亂內在平衡。此外，這些負面的想法和情緒，也會加重我們身體健康的負擔。西藏的醫學主張，心識和情緒的不安，長久以來一直被認爲是造成許多身體疾病的原因，包括癌症在內。西方科學家和健康方面的專業人士，也越來越同意這種論點。

不安的情緒是不合倫理行爲的起源，也是焦慮、沮喪、困惑、緊張的形成條件，這幾種情緒都是我們現代生活的特色。然而，因爲我們往往無法認知它們具有潛在的毀滅性，也就不覺得有挑戰它們的必要。

在《煉心術》一書中，塔拉・班奈特-高曼提出一種方法，它不但能使心寧靜，而且能夠從不安的情緒中獲得解脫。這方法是：將「正念」實際運用到情緒的領域。她依據個人經驗，從認知和大腦科學、心理治療、佛教心理學和正念實修當中，歸納出精闢的見解和方法。她告訴人們，如何運用正念鬆脫心識和情緒習慣的束縛，而這些習慣正是人們無法快樂的原因。

一位教導修心的西藏大師曾說，心最奇妙的特質之一，在於它是可以被轉化的。我祝福本書讀者：如果將書上的建議身體力行，能夠眞正將心性轉化，克服不安的情緒，並達到內在的平和，不僅自己更加快樂，而且毫無疑問地將爲全世界貢獻更多的平和與快樂。

二千年六月三日

第一部

認識——情緒的煉金術

1 內心的大熔爐

在我下榻的倫敦旅館房內，從窗戶看得到著名的大笨鐘（Big Ben），它在泰晤士河、大片的雲和幅員遼闊的地平線襯托下，顯眼而高雅地聳立著。雖然大笨鐘確實是座雄偉的建築物，但是吸引我目光的，卻是廣闊無垠的蒼穹和河流。

大笨鐘的周遭，是那令人目眩神迷的尖塔和橋，兩者佔據窗外景觀的大部分。頭一回往窗外看的時候，我爲眼前景象深深懾服，我注意到心是如何體會那被厚重雲層覆蓋的天空，加上遠接天際、寧靜且一望無際的河流，就像二十世紀初的風景畫家筆下極富氣派的油畫，又像明信片中的一紙翦影。

然而當我更仔細、持續專注地凝視時，這個靜止、翦影般的景致，已被分解成一直快速旋轉的動作，也就是說，原本一系列連續的小動作，重組後卻成了截然不同的圖畫。雲層在天際遊移時產生了微小的連續變化，有時天空好像綻開一個洞，陽光從中穿透灑向整片大地，讓原本陰暗的地方頓時充滿光明。當房子、道路和鮮紅的巴士沐浴在光輝中瞬間反射出透明的光暈。此刻充滿能量和動感的光影，在我眼前閃耀生姿。

你我內心的「風景」亦復如是。我認知的轉變反映了心性作用的方式，換言之，人們總是在看第一眼時，就假設已經瞭解全貌，不但來不及仔細觀察，有時甚至忘了一件驚人的事實：一旦持續地仔細觀察，會發現原始假設以外，還存在著更多的事物。簡單地說，人們往往將自己的第一印象——從第一次匆匆一瞥所得到的結論——當作那一瞬間代表的永恆眞理。

然而如果持續觀察並專注其上，我們會覺察到更多的細節和差別、變化以及再次的省思等等。於是我們更清楚事物本質，而非表象，即更精確地理解當下。

另一方面，倘若持續凝視自己的內心，或許能探測到表象背後的痛苦；如果再繼續觀察，則將明白令人痛苦的行爲模式，爲何會讓人不想將面具卸下；接著繼續探查時，甚至看到模式本身發生轉變與重組。於是，我們將瞭解，情緒反應如何讓人無法認識自己，而繼續專注、將心打開，那麼覺察力將更爲深入，在觀察持續的同時，也揭露、分解並撥開情緒的層層面紗。進展至此，我們開始和更眞實的自己產生連結，即使剛開始極爲短暫；接著持續凝視，將體會一種力量，將覺察注入存有的每一個層次。

本書的主題是認識眞實的自己，而不是透過慣性假設和情緒模式的有色眼鏡，瞥見自己第一眼的樣子；我們將探討如何修習「正念」。「正念」是一種修心的方法，目的在於擴大覺察範圍，使覺察更精準。此外，我們將瞭解如何脫離對生活和人際關係有害的情緒習慣，我們將發現精準的正念如何探查這些情緒習慣，同時運用觀照所產生的明性，辨識何者爲表象，何者爲眞實。

正念的力量

在許多病人的生命中，我都曾目睹了以上這種辨識能力。有位病人不斷譴責自己的表現不夠好；雖然她事業有成，卻把自己批評得體無完膚。比如說，她曾告訴我：「上星期我必須做一次非常重要的報告，有好多人都出席了。由於這些人的意見對我來說非常的重要，因此我準備的比平常還要充裕，我想這樣應該萬無一失了。報告結束後，好多人都過來讚美我，但其中有一個人說了一句話：『妳的報告很精彩，不過再短一點會更好。』完蛋了。過去幾天來，我滿腦子想的就是——報告太長了。我甚至還在半夜醒來想著這件事。」

這絕非單一事件。覺得永遠不夠好的想法如影隨形地跟著她，包括她的工作、婚姻、教養子女，甚至是烹飪。那是一種持續的偏見，這種偏見傷害了她的親密關係，讓一件原本微不足道的事，變成自我懷疑或自我批判的事件。

經過按部就班的探查後，她終於認淸偏見的根源隱藏著一種情緒模式——她深信無論做得多好，都達不到她爲自己訂定的超高標準。錯誤的信念扭曲了她的認知，使她忽視自己過去的所有成就；此外，這種想法也使她把自己逼到極限，以致錯過了生命中有意義的樂趣。在這種情況下，正念幫助我們找出這類隱藏的情緒模式，將這些模式放在覺察的光明之下，好讓我們擺脫它們造成的束縛。

一對夫妻爭吵不斷，而導致婚姻出現危機。然而，對彼此的正念覺察讓他們瞭解，所以會爲同件事情一再爭吵，原來是因爲某些隱藏的模式所造成的。每當太太對先生的愛沒有安全感時，她會提出諸多要求，這使先生覺得受到控制，因此憤而逃避——結果又是一場狂暴的爭吵。於是他們平靜下來仔細檢討，發現他之所以憤怒地退縮，以及她焦慮的糾纏，其實都是因爲彼此關係中潛在的象徵性意義而做的情緒反應。

換言之，當他們仔細探究爭吵的本質後，發現爭吵其實和當時狀況並沒有什麼關係，而和當時狀況所代表的象徵性意義有關——一方面他恐懼受到控制，而另一方面，她深覺自己情感上受到剝奪，而對被拒絕的跡象過度敏感。於是這對夫妻開始學習，在慣性的情緒反應開始根深柢固之前，找出是哪些情緒反應在作祟；就這樣，他們不僅避免了不必要的爭吵，溝通也變得更加順暢。

有位虔誠的禪修者，有生以來一直受到疏離感所苦，因而想藉長期閉關解除這種苦惱；然而當她在閉關中心禪修的時候，卻發覺自己更深陷這種情緒中。她說：「在我的靈修之路上，狂亂的狀態一直跟隨著我。」於是，她將表面上看來恐怖的情緒反應當作透明而短暫的，如此便可將這些情緒反應轉化成修行的動力，同時加深她對自己和對他人的慈悲心。

轉化過程的第一步是將制約重新對焦，才能對事物有更清楚的理解，洞悉事物的本質。這時你可能會問，如果我不像我假設的樣子，或是不同於我對自己的定義，那我又是誰呢？這個問題可以從心理和心靈的層面來回答，而這也是我期盼藉由本書啓發讀者開始探索內心的過程。

焠煉的比喻

「每件事情都應該往好的方向轉化，並且獲得新的宿命。」保羅・科爾賀（Paulo Coelho）在他的小說《煉金術士》（*The Alchemist*，中譯本作《牧羊少年奇幻之旅》）中寫道。在科爾賀所描述的世界中，可以用肉眼看到只限於神可見的那一面，至於無法用肉眼觀察的精神力則多屬未知；然而，當心靈面和物質面接觸的時候，焠煉的過程於是開始。

一位病人把這本科爾賀所著的書送給了我並說：「這讓我想到我們一起努力的那段日子。」的確，用「煉金術」比喻我即將描述的過程，眞是相當的貼切。

這故事說，有位煉金術士在尋找一種神奇的點金石，能夠讓「鉛」轉變為「金」；另一方面，鉛和金在更高深的煉金學派裡卻是內在狀態的比喻：煉金術士遵守的戒律代表著心理和心靈的轉化。煉金術士領悟到，他們想要解開的祕密不假外求，而是存在於自己的心靈當中。

有一些煉金學派，將人們平常的心性狀態比喻成一堆煤炭，而覺察則被比喻為鑽石；在物質世界中，再沒有任何對比要比煤炭和鑽石更為強烈，但是實際上，這兩者只是相同的炭分子用不同方式排列的結果罷了；一如鑽石是由煤炭所轉化，清明的覺察也可能從困惑中產生。

讓我對煉金術的比喻產生興趣的，並不是金子這個偉大的目標，而是煉金術對轉化「過程」的重視程度。有位擔任中醫針灸師的病人告訴我，「煉金術」比其他任何名詞都更能貼切地描述正念與情緒工作的整合過程：「煉金術是接受爐中的一切，而不企圖拒絕或改正；換言之，即使是不好的東西，也會成爲學習和療癒的機會。」

正念的意義是：認清事物的本質而不試圖改變。而當中的關鍵點，在於消除我們對於不安情緒的「反應」，小心地不要拒絕情緒本身。正念可以改變人們理解事物的方式，也能改變認知和情緒狀態，但未必將它們全然消除。

和煦的陽光將天上的水氣打散——這是自然界的煉金術。同樣地，正念溫暖的火，融化覆蓋在內在本質上的情緒陰霾。然而，觀照的明性所發揮的效果卻是瞬間即逝，只能持續到下次情緒陰霾再度出現的時候。儘管如此，修行的宗旨是一而再、再而三地將覺察點亮——讓覺察照亮內心的陰霾，滲透並消除心中的迷霧——而這樣的修行，也是我們應該學著保持下去的。

只要用正確的方式覺察，會發現每個人都有潛力成爲內心的煉金術士，也都具有天生的本領，能夠將困惑變成明晰的洞見。漸漸地，當我們用這種方法對治不安情緒時，也就能夠瞭解煩惱的原因。

這些洞見大多是心理上的，尤其在剛開始的時候更是如此。但是如果持續這個過程，我們會發現心性本身的作用往往能使心靈得到解放。這就譬如生命中有兩種層次的實相：一種被根深柢固的情緒模式所操控，而另一種是不具任何制約的模式。至於正念則是讓我們從制約當中獲得喘息的機會。

情緒焠煉能夠從慌亂不安之中製造出明晰的洞見。「幾乎每一種不好的狀況，都有轉化的可能性。」佛教比丘向智尊者（Nyanaponika Thera）說：「透過轉化過程，即使令人厭惡的事物都可能成爲令人歡喜的事物。」

在情緒焠煉之中有一種簡單卻不失精巧的「柔道」在裡面：將所有的經驗納入，成爲轉化之道的一部分，而方法則是把這些經驗變爲正念的焦點。不要將不安和混沌當作讓自己分心的事物，事實上這些事物也可能成爲敏銳專注力的目標。向智尊者說：「如此一來，敵人將成爲朋友，因爲這些擾亂和敵對的力量，都成了你我的老師。」

精煉覺察

物理學家告訴我們，當水氣凝聚，雲層越來越厚，這時太陽便無法穿透雲層，好讓水氣蒸發掉。起初，溫暖的陽光會從水滴跳開，而水滴則像球狀的鏡子般，讓光線四處分散。但是由於陽光仍在，致使形成雲的水滴溫度升高，結果水氣逐漸蒸發，最後雲層終將散盡。

這就相當於情緒焠煉——從困惑、沈重的情緒狀態，轉化成存有的明性與輕快。正念是一種精煉過的覺察，也是內在焠煉的動力。但是這裡要再次強調的是，這並不表示只要擁有正念，心智的迷霧必定能夠散去。相反地，能夠被轉變的是：面對不同心智狀態時認知和理解的方式。

正念是透過禪修獲得的覺察力，它培養人在每一個當下，都有認清事物本質的能力。平時，我們的注意力總是到處遊蕩，舉凡各種妄念、閃過腦海的回憶、令人心神蕩漾的幻想，以及所見、所聞或知覺的事物，將我們要得團團轉。相較之下，正念不受任何事物干擾，而是持續專注在心性的變動上。正念既不隨順，也不受制於想法或感受，而是沈著地旁觀想法和感受的生滅。

正念的本質屬於一種新的專注法，它擴大覺察的範圍，讓覺察的精準度更細緻。在此種修心過程中，我們學會如何放下那些使我們與當下脫節的想法和感受，並且讓覺察堅定專注於立即的體驗。假如這時因干擾而造成情緒不安，那麼持續凝視、繼續觀察的能力，將會帶來更大的明性和觀照。

正念源自古代的佛教心理學，雖然西方世界對之不甚瞭解，但即使到今天，正念對妨害快樂的痛苦情緒，依舊提供了精闢而睿智的心得。這門心理學是以科學方法探討內在修鍊，不管是不是佛教徒，都能夠從這套心性理論中得到洞見而獲益。在實踐正念的時候，不要將重心放在解決生活中的問題，而是要和心性本身的明性和健康產生關連。如果辦得到這一點，那麼問題不但變得更容易解決，同時問題也成爲學習的機會，而不是應該逃避的威脅。

佛教心理學對於人性採取一種全新的觀點：人的情緒問題其實是短暫而表面的，因此重點應該放在探討人「哪裡正常」，這剛好和西方心理學總是著眼於「哪裡不對勁」相反。佛教心理學承認人的不安情緒，只不過將情緒不安的原因，解釋爲本身的良善受到了蒙蔽，一如太陽被烏雲遮蔽。因此只要運用得當的話，一切的黑暗時刻以及最令人煩惱的感受，都成了揭開自性智慧的契機。

正念的專注與一般的專注不同，它讓我們更深入挖掘當下一切，感知微細的事物。因此，正念創造了一種「智慧的」專注，當我們把心靜下來的時候，這塊淨土便會浮現。正念讓我們更容易聽到內在的直觀智慧對心發出的喃喃低語。

情緒焠煉的大熔爐

在從事內在修鍊、心理治療及帶領工作坊的期間，我發現如果將正念覺察和心理學的探究結合，將會能夠有效滲透沈重的情緒負擔。我發現這種從禪修當中獲得的覺察力，能夠幫助人們對情緒模式產生相當細緻的領悟，並解除根深柢固、具破壞力的積習。

將正念覺察和心理學合而爲一，可以從幾方面著手，包括佛教心理學和正念禪修的傳承、藏傳佛教、認知科學、認知治療以及神經科學等。在情緒焠煉背後存在著眾多科學上的發現，其中關鍵之一是：正念將人腦從不安的狀態轉變爲正向情緒，而終其一生都保持著可塑的狀態，因此當我們學會挑戰舊有習慣時，腦部會隨之發生變化。神經科學證實，你我都有決定性的選擇點——也就是神奇的四分之一秒——我們可以在這關鍵的瞬間，拒絕弄巧成拙的情緒衝動。我試圖將以上各項發現付諸於實際行動。

在這修鍊的過程當中，我發現兩種方法，對於探知和轉化情緒模式特別有效：正念禪修，以及近來改造自認知治療，旨在解決適應不良的情緒習慣的「基模療法」（schema therapy）。這兩種方法——一種古老、一種現代——將覺察力帶到具毀壞性的情緒習慣上，成爲療癒情緒習慣的第一步。

覺察情緒習慣是第一步；原因是，當人生中的事件引發某些情緒習慣時，除非我們能在第一時間抓住並挑戰它，否則這些習慣將支配我們的認知和反應。而當情緒習慣的支配力量越來越大，它們就會反覆重現，使我們的人際關係、工作以及對自己的基本認知更形複雜。

我早期擔任心理治療師時，曾和傑佛瑞・楊（Jeffrey Young）一同接受訓練，他也是紐約認知治療中心（Cognitive Therapy Center of New York）的創辦人。當時他正在發展基模療法，這套方法主要用來療癒適應不良的各種模式（又稱基模），包括情感的被剝奪感，或是無可救藥的完美主義基模等。當我爲自己的病人進行治療時，我開始將正念和基模療法併用，而兩者也似乎配合得天衣無縫，發揮了相當大的療效。

基模療法讓我們認清破壞性習慣的眞面目。這套療法對於情緒狀況著墨甚多，例如，害怕被遺棄的人，會不斷擔心配偶離自己而去；而易受傷害的人，則是不盡情理地擔心萬一工作上出了一點小差錯，不但會把飯碗打破，還會淪落到無家可歸的地步。

主要的基模有十種（還有無數的變種）。大多數人都會有一、兩種主要基模，不過很多人或多或少都還有好幾種次要基模。其他常見的基模包括：「不值被愛」（unlovability）——害怕一旦別人瞭解自己後，就會被拒絕；「不信任」（mistrust）——一直不停地懷疑那些親近的人最後一定會背叛自己；「孤立」（social exclusion）——覺得自己沒有歸屬感；「失敗」（failure）——覺得自己一事無成；「服從」（subjugation）——永遠屈服在別人的需要和要求之下，以及「我行我素」（entitlement）——覺得自己與眾不同，因此不受一般規則和限制所約束。

首先，將正念應用在學會辨識自己身上一種或數種基模——即使只是認識基模在生活中運作的情形，就已經具有莫大的幫助。在正念生起的那一瞬間，即解開了基模的束縛。接著我們可以隨心所欲地運用基模療法，進一步發掘出這些亟具破壞力的病態偏執。

正念的運用

首先我想舉一個例子，說明正念如何在情緒焠煉的過程中扮演催化劑的角色。在我早期執業的經歷中，有位病人——姑且叫她瑪雅（本書中所有病人的名字都經更改）——在與慢性結腸潰瘍的搏鬥過程中跑來向我求助，我向她介紹正念的概念以作爲療程的一部分。在那之前，瑪雅已經對正念產生興趣，而在我的解說之下開始了有規律的修行。我個人從一九七四年開始，就一直在做正念方面的修行，並且將正念運用在臨終病人身上。我曾經參與一次由麻州大學醫學院（University of Massachusetts Medical School）所主辦的密集訓練課程，由喬・卡巴金（Jon Kabat-Zinn）主持，他發展了一種應用正念的方法，深具啓發性，應用在幫助患者療癒與壓力相關的症候群。

我對瑪雅進行的治療超越她所關切的健康問題，來到更深入的情緒議題上；當她用正念觀察自己的反應時，才發覺原來她的疾病和某種情緒模式有關，即無可救藥的完美主義，總覺得所做的沒有一樣夠好，「一定要完美才可以」。我們隨之將治療的範疇擴大，包括以正念看待這些模式。幾個月後，結腸潰瘍的症狀消失了。

到那時爲止，瑪雅已經養成了一種習慣：每當煩惱來臨時保持正念。此外，她還用正念對抗貪食，因爲她對高熱量食物的狂熱對結腸潰瘍沒有任何好處。瑪雅決定以自己的食慾作爲正念專注的對象，每當她有大吃慾望時就克制自己，同時以正念去覺察所有存在於身心的感覺、想法和情緒。她仔細觀察體內的不適，而伴隨這種不適感覺的，是一種想要滿足食慾的強烈渴望。

「貪食」的習慣隱藏在某些根本的情緒問題中。有一天，當瑪雅以正念探查這種慾望時，她忽然明白，自己對食物的渴求實際是爲了掩飾她在情緒上渴望獲得養分。隨著探查越來越準確，她領悟到自己的起心動念並不是針對食物而來，而是渴望能夠塡滿情感的空虛。她的情感被剝奪感——永遠得不到足夠的愛和關懷——才是眞正的問題所在。就是這種被剝奪的情緒，促使她對食物產生不斷的渴望。

光是洞悉到此就已大有斬獲，不過瑪雅還不喊停。當她不刻意認同、也不帶批判地仔細體驗這些想法和情緒，她目睹想法和情緒逐漸褪去終至無形。當衝動消失，她的食慾最後也消失了。隨著這種持之以恆的修行，她發現自己一有大吃的衝動，只要覺察比渴求更強，心裡就會產生一股新的力量。這股力量讓她找到更健康的方式，去吸收她眞正想要的養分。

瑪雅的問題癥結是：她深信自己永遠得不到足夠的關懷和養分，至於情感則是永遠處在被剝奪的狀態。對自己和世界抱持如此未打先輸的信念，使得情緒一觸即發。每當任何事情證實了這種負面的信念，我們就開始火冒三丈，而認知也因此受到扭曲。接著，情緒和認知又引起過度反應，例如：無法控制的憤怒、激烈的自我批判、情感的疏離，或者以瑪雅的案例而言是大吃特吃。這種根深柢固的想法、感受和習慣都被稱為「適應不良基模」，在第四和第五章裡，我會更進一步描述、闡釋。這些情緒習慣就好像在實相上放了一塊有色鏡片，使我們誤以為事物的表象就是眞實的樣貌。

轉化情緒之道

當我建議瑪雅以正念的覺察，來對付結腸潰瘍及強迫性進食時，其實我讓正念突破了它的傳統用法，不只是針對日常經驗的禪修，而且是有計畫地探索情緒議題和適應不良模式的範疇。這個案例和其他類似情況，是我治療工作的轉捩點：當我們發揮正念力量時，就可以幫助病人認清，無形的情緒模式才是痛苦的根源。

我越來越相信，將正念加入心理治療，可以大幅加強治療的效果。當病人因為修習正念而使整個療程加速時，這點讓我驚訝不已。透過和病人的共同努力，我發現，將正念覺察融入心理探查之中，製造了一樣頗具威力的工具，可讓我們在每天的現實生活中培養情緒智慧。

心理治療將大部分時間花在剖析情緒習慣，讓人們產生覺察以便探索、反省和改變。但是，正念能使得「任何」學派的心理治療變得更精確且對症下藥，讓我們用自己的智慧揭開心理上的迷惑。不要將治療甚至是治療師本身視為救星，而是將注意力轉移到內在智慧所擁有的自我療癒特質上。這種喚醒自心的力量無須和現實生活脫節；相反地，正念可以運用在每一時每一刻當中，成爲生活的一部分，不需特別騰出時間在治療師的房間裡面練習。

正念幾乎能夠融入所有的心理治療法當中，不僅是基模療法而已。如果你正在接受心理治療的話，正念讓你培養自我觀察的能力，並且應用在每天面對的事物上。當你將正念和心理治療結合的時候，就能夠充分利用治療所提供的機會。

當然，不一定要接受心理治療，就可把正念運用到情緒反應的模式上。這種方法也是一種教材，我拿來教導參加團體治療的學生已經超過十年了。我發現人們修習這些方法時，可以開發一種能力，對於令人困擾的情緒反應產生更高的覺察力、敏感度和處理技巧。

本書對正念的許多面相及應用都做了省思。有些讀者在認知的轉變上，可能獲得啓發而對事物產生新的看法。還有些讀者則可能對於正在崛起、結合了認知及神經科學與古老佛教心理原則的研究，抱持著高度的興趣。另外一些讀者可能致力於習慣性情緒模式的心理探查，想藉此改變情緒模式。甚至還有人會探索正念的眾多應用方法或是情緒修鍊的精神層面。

我們將開闢的道路可延伸到這些層面，讓人們從佛教所謂的「煩惱」中漸次解脫。在談到擾亂內心的混亂情緒時，我們的目的並不在於用某個簡單明瞭的公式來解釋情緒的狂亂，而是運用持續探究以獲得洞見，由這些洞見衍生出更多的洞見，最後邁向更高的明性。

在某層意義上，只要我們擇善固執，黑暗時刻以及最令人煩惱的情緒，都可以是心靈成長和揭開本然智慧的契機——也是甦醒的契機。果眞如此，最深刻的洞察力，將從對自己困境的覺察中萌芽。

強烈的情緒困惑或是情緒模式，就如同《綠野仙蹤》（*The Wizard of Oz*）一樣：，在故事中，桃樂絲和她的同伴最後終於到了歐茲仙境。巫師孔武有力的巨大身軀讓他們害怕，直到小狗托托靜悄悄地跑上前去，拉開簾幕，發現原來龐然的巫師形象是由一名佝僂的老人在操縱著。頑強的情緒也是如此，如果你毫不畏懼地認清情緒的眞面目，就相當於取走情緒的力量，使它再也無法控制你。

困惑於是萌生明性。

如果想嘗試片刻的正念……

現在，花一點時間將注意力集中起來，觀察呼吸的空氣進入你的身體、接著離開。注意你的身體隨著每次呼吸產生的輕微律動。注意一呼一吸時，胸部或腹部的起伏情形。將注意力停在幾次呼吸上，充分覺察你是以寧靜而輕鬆的方式在呼吸，讓呼吸的韻律自然呈現，同時持續觀察自己的覺察。

給讀者的話

你應該靠一己之力，還是求助於心理治療師？

我寫這本書的用意之一，主要是讓讀者能夠自行練習。但是，這種內在的修鍊工作，很可能會挑動排山倒海而來的情緒，所以你需要一些支持的力量幫助你面對。不過，當然並不是每個人都會遇到這種情形，但如果強烈的情緒佔據你的心而且甩不開，讓你無法正常作息，那麼你的修鍊已經造成困擾，這時可以停止練習，或者找一位心理治療師來共同克服。

當然，如果你有嚴重的心理方面問題，那麼在你嘗試情緒焠煉之前，最好針對這些問題，尋求心理學家或心理醫師的協助。這個過程就像本書，有一部分是針對自己的學習，另一部分則是治療的方法。能從本書獲益最多的，莫過於那些生活機能正常，但苦於一些足以摧毀自我的情緒習慣的人。

一般而言，由於內在修鍊可能引發強烈情緒，因此我建議各位，如果想要進行情緒焠煉，最好和一位支持你的人談一談，這個人可能是位可靠的朋友，但基本上必須是你熟悉而且可以信賴的人。我們在「第十三章」中將提到，你也可以找一位自願參加的同伴和你一起做基模治療。附帶一提的是，只要能投你所好，和一位與你有默契的支持性團體成員一同練習，對自己的進展應有一定的作用。

無論如何，你可能會想和心理治療師一起努力。只要治療的氣氛融洽，一位受過各種療法訓練的心理治療師，應該能夠給你適切的指導；這些人不但瞭解你，而且也有能力給予幫助。你可以尋找受過基模療法的訓練且又特別專精內在修鍊的治療師。如果你打算求助於治療師，那麼你可以自行決定要不要將正念加入療程之中。

如果你眞的打算和治療師一起努力，請記住：你才是自己的老師。不要把治療師，甚至是治療本身當作救星，我鼓勵大家更相信自己的直觀，即使一開始這種直觀的力量還很微弱，但事實上你我都有悟性，只不過需要培養而已。修習正念能夠強化這方面的能力。

2 慈悲與平等心

祖母過世前一個禮拜，我帶了一束百合花到醫院探望她。當時她染上肺炎，吃力的呼吸說明，百合的香氣對她來說太強烈了。於是我把花帶回家，擺在祖母的相片旁邊。

我對百合花的生命週期瞭若指掌，因爲它是我最愛的花。然而，這束百合著實讓我大吃一驚，因爲比起一般百合花的生命它耐久許多；爲祖母照顧這些花兒，多多少少就好像她的部分生命和我同在。這些花甚至在她生命走向盡頭的時候，還繼續存活了一段時間。

我將百合花放在每天早上用早餐的日光室裡，一處陽光充分的地方。逐漸地，花瓣一片片從淡粉紅轉成黃褐色，接著邊緣捲起，生命於是告終；我看著花束逐漸萎縮，最後只剩下陪襯的綠葉，然而即使是綠葉，也比一般百合的存活期長了好幾個禮拜。五個星期過去了，帶著綠油油葉子的兩枝梗子，依舊神氣地挺立著。

一天早上，我下樓尋找仍英勇存活的殘葉時，發現花瓶竟然空了！一位到家裡作客的朋友，不知我正在默默觀察百合花的生命歷程，整理屋子時，就理所當然地把兩枝僅剩綠葉的花梗丟棄了。

我一邊準備早餐，一邊試著撫平內心的震撼，差點兒就把咖啡倒在蛋上面，在我心裡有個大人的聲音，一本正經地指點我說：「那束花已經不存在了，讓它走吧。」

「把祖母的花還來！」另一個比較稚嫩的聲音在內心抗議著。事實上，我還不打算去面對空無一物的花瓶，正如我還不打算面對祖母已經過世的事實，即使她過世時已經高齡九十一歲了。

「我們應該有更多時間相處才對。」稚嫩的聲音抱怨著。雖然當時我沒有料到，祖母如此突然地就在我生命中缺席，可是我知道自己應該接受死亡，只不過心裡就是辦不到。

我感覺內心正進行著一場拔河競賽。繩子的一頭代表理性的聲音，要我接受現實；另一端則是感性的聲音，叫我別向現實低頭。一方面，理性的大人要我立即釋懷；另一方面，脆弱的小孫女則藉著每天靜觀花朵的凋零，來撫平內心深切的失落感。

正當我無言地反覆思索這突如其來的失落感，我為自己無法承認心裡眞正的感受，感到些許的自憐。往往，當我們所愛的人如此迅速地被帶走，那種衝擊性似乎大到沒辦法一次承受。所以，我們任由內心缺乏耐性、卻又喜歡妄下斷語的「大人」，來恫嚇自己「應該」如何感受才對。然而同時，心裡那個脆弱而年幼的我，明白自己終究要調適，只是需要多一點時間罷了。

我觀察每一片花瓣隨著生命的終結而漸漸凋零，這使我想起花朵、人、還有祖母的生命自然週期。觀察花朵凋零的過程，讓我有時間調適這既突如其來又刻骨銘心的情感失落。我漸漸領悟萬物的自然律則——花朵的凋零，象徵的是「無常」的眞理。

悼念祖母的去世，確實是自然而健康的歷程。不過，倘若我們的情緒模式是較負面的，那麼就要對自己慈悲一點。也就是說，在處理最棘手的情緒習慣時，一方面要放下舊有熟悉的存有（being）方式，另一方面，則要以溫柔的同理心對待自己。在能夠較理性地看待事物之前，要體諒自己的情緒需求，在改變現狀前，應該接納並珍愛自己。

揭示慈悲

在解開情緒習慣的複雜意涵時，隨著其中所顯現的洞見，我們不由地對自己生起慈悲心。舉例來說，我在一次團體治療中，曾探討過基模、生活當中引發基模的事件、以及和基模相關的憤怒或難過等激動情緒，然後，全體觀想這些情緒，卻不深入其中思索，反而用正念的態度來傾聽，廣泛接收覺察到的洞見或信息。

思索完畢以後，一位女士說出了她對於情緒模式長久以來的觀照：「每當我感到憂鬱或難過時，都很害怕自己會死掉。」她說：「自有記憶以來，我就有這種感覺了，而且這一直讓我很困惑，但這並不表示我想結束生命。在我禪修的時候，心裡有種恐懼混雜著悲傷的情緒。在這種情緒下，我的記憶瞬間變得好清晰：我看見還在學走路的自己躺在嬰兒床上，哭呀哭的，可是沒人理我。我哭得太用力而窒息，可是還是沒人理我。我好怕自己會死掉，同時因爲孤單而感到無比的悲傷。」

在一陣深思後，她接著又說：「記得好幾年前，母親跟我說，在我小的時候，她依據一本在當時很受歡迎的育兒指南來撫育我。那本書教她要嚴守每四小時餵食一次的原則，就算孩子哭得死去活來，也不要去撫慰，否則會把孩子慣壞，帶壞他的性格。現在我終於明白，『悲傷』和『恐懼死亡』是怎麼產生關連，也知道我不會因悲傷而死去。」

對這位女士而言，當她揭開一再襲來的「悲傷」和「恐懼」背後隱含的意義時，便釋放出她對自己強烈的同理心。由於觀照和慈悲的本質能化解心中障礙，因而能夠闡明眞理，讓人們如實地和本性連繫起來。

此外，在我們試著理解並同情他人脆弱的一面時，「同理心」是極其有用的，即使理性上不認同某人的情緒反應，但是我們仍舊可能產生慈悲的想法，諸如：「他好像反應過度了。不過，我瞭解他的過去，能體諒他爲什麼把事情看得那麼嚴重。」

這種論點並非寬恕那個人的反應，而是透過慈悲心獲得更多訊息，這些訊息不但使我們認眞體會看似令人難堪的情緒反應，也讓我們的回應更具包容性。總而言之，慈悲讓困境變得更容易解決。

智慧與慈悲

智慧和慈悲，缺一不可。洞悉事物的本來面目，需要慈悲的接納來調和。我的老師圖古烏傑（Tulku Urgyen）仁波切，將慈悲和智慧比喻成鳥的雙翼：少了任何一邊，鳥兒都飛不動。

致力於情緒工作的同時，眞相漸次得到彰顯，使我們以嶄新的誠實態度看待自己和他人；

此時「自助與助人」的慈悲心態變得不可或缺，因為如果沒有了慈悲的心態，我們只會以較為嚴苛的眼光看待眞相。

我還記得幾年前從一次長達數月的密集禪修回來後的情形。那次禪修給了我極大的動力，回到家後，除了禪修之外的一切都成了閒雜事物。我感覺我不但認清自己，也認清了他人；尤其是領悟到人之所以陷入無盡痛苦，其實是受到習慣性的衝動和情緒模式所驅使，然而我們卻完全無視於造成衝動和模式的根源。這一點使我非常不安，特別是身歷其中卻渾然不覺。

一段時間之後我終於明白——原來是「慈悲」被遺漏了！領悟到這一點後，我衷心企盼自己能夠更清楚、更慈悲地瞭解這些造成痛苦的「習慣性制約週期」；於是我下定決心從事心靈和心理方面的內在探索，也因此造就了本書的誕生。

在這個關鍵點上，我學到重要的一課——無論是為了瞭解行為背後的心理模式，或是為了發願讓眾生「離苦得樂」，「慈悲」都扮演了關鍵性的角色。

慈悲心的實踐

有一次在新德里，我坐在一輛行駛於擾攘街上的計程車內，等待著漫長的紅燈。就在這時候，有個乞丐趁著車子停下來等紅燈的空檔，一輛接著一輛地乞討；他雖然缺了一手一腳，不過卻有辦法優雅地在車陣間穿梭著。

這乞丐有個不尋常之處。每當他靠近一輛車子，似乎也奉獻了自己的一部分；這並非以物質的標準來衡量，因爲要講物質條件，他僅有襤褸的衣衫。事實上，他所擁有的，是比物質更可貴、輕鬆且令人愉快的精神——從他身上看來，肢體缺陷似乎完全不是困擾。他不但對那些一毛不拔的人沒有一絲恨意，相反地，他點點頭表示諒解，接著便優雅地、一跛一跛前進到下一輛車。

當他來到我乘坐的計程車旁時，我從皮包裡掏出一張大面額的盧比鈔票，面帶微笑地交給了他。在印度，乞丐充其量只能得到幾個不值錢的銅板罷了。

他滑行到路邊，似乎在思索著這筆財富。在燈號轉綠的前一刻，他注視著我，眼裡盡是動人的暖意；那燦爛的笑容，幾乎把我的心給融化了。

我發覺這乞丐的特質，是他慈悲的態度以及與生俱來的氣質；這兩樣瑰寶，他不求回報且毫不吝惜地送給了他所遇見的人。

這位先生存有的美好特質，在於他給人的禮物。他讓我瞭解到，當我們不再自私或自憐，而內心也不再充滿偏見的時候，慈悲自然由覺察生起。我曾經讀到，達賴喇嘛每天清晨醒來，想到的第一件事，是愛與慈悲的祈禱；他將他一天所有的活動迴向（dedicate）給眾生的福祉。

經由修行的過程，可以將「利益眾生」的意念培養成習慣；也就是說，只要持之以恆地修行，「利益眾生」會成爲一種堅定不移的習慣，注入我們的心念之中，成爲與人相處的自然方式。

觀察達賴喇嘛和人群的互動，證實「利益眾生」是可能的。他似乎掌握了某種訣竅，能夠用人們當下需要的方式和他們溝通，而且他一視同仁，完全不拘泥於專橫的社會習俗。我曾不只一次親眼目睹他關注地位卑微的人們，包括戲院後門的警衛，還有埋沒在人海之中、坐在輪椅上的殘障人士。

達賴喇嘛彷佛具備一個「慈悲雷達」，當他穿越人群的時候，能夠探測到身處苦難中的人們，並能即刻向芸芸眾生伸出援手。他爲慈悲實踐做了最好的示範——達賴喇嘛做得到，你我、每一個人也都做得到。

達賴喇嘛經常教導我們，若是想培養實踐慈悲心的能力，可以透過慈悲心的相關修行。有一種正念禪修，是以 metta 的簡短修行作爲每一段修行的結尾，而 metta 也就是巴利文「慈悲」的意思。這段祈禱對於我們自己、所愛和所憎的人、乃至全人類，都一視同仁地表達了慈悲祝福。

慈悲的光芒應該遍照四方，包括我們自己在內。這種觀念在西方世界早就不復存在，因爲我們往往認爲，慈悲的對象應該是自己以外的人。然而，達賴喇嘛卻強調，藏傳佛教明白將自己和他人，一同納入「慈悲」的概念中，菩薩的誓願之一「願我得解脫以利眾生」可將這個觀念的精神表露無遺。

「遍照的慈悲」是重點所在，在我們探討完情緒焠煉之道後，會再回到這個主題上。

平等心

雖然，情緒焠煉教我們以同理心認識自己偏差的想法，但並不意謂認同這些想法，也不表示贊同以非理性方式看待自己和別人；相反地，認識自己扭曲想法的意義是：瞭解自己如何認知事物，以及認知力是如何因不明理由受到染污和操縱。

「平等心」（equanimity）是正念的深層特質，它培養人們放下一切的能力。有了平等心，我們能夠接受事物的本然面目，即使與期望相左；平等心讓人願意接受自己無法掌控的事物，勇敢地敞開心胸面對逆境。此外，平等心本身也可以看作一種禪修，爲種種紛擾的情緒——焦慮、苦惱、恐懼、挫折感與憤怒——帶來心智上的自在。

當然，平等心並不等於冷漠，也不是要我們全然接受不正當、不公正和讓我們受苦的事；要解決面對這一切不順，非儘可能地改變自己不可。就算我們努力了，平等心使我們更有效地解決問題。平等心提供了豐富的心靈糧食，讓我們解決無法掌控的問題，並面對這些問題造成的情緒反應。這些心靈糧食是：無爲（non-reactivity）、耐心（patience）及接納（acceptance）。

心的勇氣

母親曾告訴我一段幾年前她在紐約市的經歷。一天晚上，她身無分文，獨自在街上走著。就在這時候，一個蓬頭垢面的年輕男子向她走來，天性富同情心的母親立刻爲那男子感到難過。

不出母親所料，男子伸手向她要錢。這時母親用眼角餘光，瞥見男子口袋裡有個突起物正指向她，她猜想那可能是支手槍。

危機一觸即發。然而母親仍舊保持一貫的慈悲胸懷，誠懇地回答他說：「眞是抱歉，我很想幫你，可是我沒帶錢。」

母親出其不意地報以關切，顯然令那名年輕男子吃了一驚；於是，他放下手中的槍械，倒退幾步，說道：「沒關係，太太。」然後就走了。

當然，這類偶發事件很容易擦槍走火，因此當時的明智作法，應該是想辦法讓自己脫離險境，而我也爲母親能全身而退鬆了一大口氣。然事隔多年，我還是經常回想，當時究竟是什麼因素，解除了那名男子的戒心。

我想，母親的眞誠慈悲，可能在整個事件中扮演了關鍵角色，因爲佛教心理學，將「慈悲」視爲對治「侵略行爲」的不二法門。而另一方面，可能是她平靜面對危機時所表現出來的平等心，化解了一場潛在的災難。

雖然我永遠得不到確切的答案，不過研究卻顯示，當腦中產生正面情緒的部位較活躍時，掌管焦慮情緒的指揮中樞會平靜下來；此外，情緒還會傳染。因此我在想，不知是不是母親的眞誠慈悲轉變了男子的腦部反應。

和母親的經歷類似的是，幾年前我參加一個探討「和解」(peacemaking) 的會議，同席的還有達賴喇嘛、社運人士、還有居住在安全堪慮的市中心的年輕人。當時幾個十來歲的孩子，提出一些非常實際的憂慮：「我該怎麼辦，才能平安地放學回家？」「身處險境的時候，我該怎樣更有自信地應付那些胡作非爲的同學？」

於是，達賴喇嘛和年輕孩子們討論，用「冥想」和「慈悲」來化解以上的難題，這使得他們茅塞頓開：原來，當自己的情緒反應和緩下來以後，不僅不再感到如此無助，而且能更巧妙、更鎮定地應付危險。

做自己的朋友

在我們解開固有情緒模式的制約，或是遭逢橫逆設法解決時，平等心和慈悲便成為內心無價的糧食。

倘若我們對自己的認同感仍舊無法超脫情緒上的痛苦和困惑，這代表我們又錯失了另一次機會；這時應該敞開心胸，接納更深入的觀照，或許可以重新定義對自己或他人的狹隘見解。如果過度熱中解決情緒問題，將錯失探究心靈本質的機會，也可能錯過不停和我們作對的痛苦亟欲傳遞的訊息。除此之外，我們可能會過度認同自己的模式，而非釋放出來；然而，唯有「釋放」模式才能有效運用能量，使人更有創造力、更能活在當下，且更有能力助人。

親身經歷改變和開放，讓我們時時記住什麼是可能的；而這驚鴻一瞥給予我們勇氣或靈感，讓我們繼續在內心的探究之路走下去。

面對情緒習慣的未知領域，需要極大勇氣；然而，有時因為意志消沉，使我們逃避殘酷的事實眞相或煩惱。在這種情況下，一般人總是用俗務來逃避現實，殊不知「慈悲」和「平等心」才是探究內心各階段的臨時避風港。

在進行密集的禪修閉關過程當中，最初幾天或幾小時最讓人不安。由於身體的不適，讓人懷念起平日的安逸和規律的生活；而另一方面，我們開始平靜下來，漸漸察覺到各種平時一直被自己忽略的情緒掙扎，而今在閉關時倏忽出現。接著，端視修行宗旨的不同，我們可以藉由禪定，設法躲避痛苦或者眼不見爲淨。

然而，在修習正念禪的時候，一切都成了禪修的對象，包括痛苦和不安、甚至不願意面對的情緒在內。此外我們會發現，不僅是眼前的情緒等著我們面對，還有其他引發情緒的事物隱藏在周遭，隨時準備再次引爆一場情緒之戰。我們不但無法忘卻內心時時交戰，反而一直受其牽制。

練習正念禪無須藉由閉關修行，但閉關時所觀察到的心性活動，的確足以囊括所有近距離觀察心性所得。

在密集的正念閉關中，存在著一種熟悉的漸進；當正念開始發揮影響力時，如果持續觀察心性，便會覺察到心是重複循環的，就像錄音機一樣，一遍又一遍不停播放同一捲錄音帶。一旦開始認識心性的模式，有時對「故事細節」的來由等方面，會產生心理上的頓悟（psychological insight）。但是隨著時間的過去，關注重心會從故事本身——也就是詳細的心性內容——轉移到心性的作用上。

一段時間之後，我們把這些情緒上的掙扎，理解成正念禪修的一部分；同時，藉由將準確的覺察力帶到經驗中，開始成爲自己更知心的朋友。當正念越來越深入時，便能騰出越多的空間，容納一切情緒、討厭的事物，以及對這些事物的反應。於是，我們與這些感覺、事物和反應的關係便產生了轉變。也就是說，我們以更大的包容力和開放的態度來面對內心紛擾。

一旦以正念的平等心，目睹整個情緒發展直到自然消失，我們將可以更清晰地看見身心之中，奔流不絕的想法和感受是如何生成與幻滅。於是，我們不再勉強自己去遵從反應，或是勉強自己針對反應做出反應；相反地，我們只是讓想法和感受自由來去。一旦放鬆平日的自我認知後，我們的反應不再如往常般代表自己，因爲我們對自我認知的範疇已經擴大，在覺察中越來越自在，不再被經驗的洪流沖走。

在進一步探討如何處理焦慮的情緒模式之前，將前面所講的轉化之道牢記在心，對於全盤瞭解內在探索是有幫助的。

如果想培養平等心和慈悲……

先修習慈愛（loving-kindness），配合平等心的省思。

有兩種修持法都包含簡短的省思。第一種方法是以修持慈愛爲主，同時伴隨平等心的省思；另一種方法則是將平等心和慈愛的修行合而爲一。

平等心是心靈的糧食，無論何時只要遭遇困難，都可以求助於平等心的修習；修持平等心時，一面深思它的意義，一面默念祈請文。每當你心不在焉的時候，就專心念誦祈請文，並感受從中衍生出來的平等心。練習的時間可以很短，也可長至幾分鐘。

這項修習所使用的每一段祈請文，都具有眞實不虛的力量，而目的都在培養人們對於「眾生平等」的態度。下面是一段範例，可依個別狀況來改編、調整：

願我如實接納一切事物的本質；
我雖無權代你決定，也不能改變現實，
但仍願你幸福、安寧。

慈愛的修行法

在這個省思過程中，重複念誦以下的祈請文，因爲它們反映了慈愛的本質；每當你開始心不在焉，就用關愛他人的情緒來讓你再度恢復專注力。

至於修持平等心時所念誦的祈請文，其中詳細的措辭可由你自行決定，可以加以更改，成爲與你相應或對你有意義的內容。

修習的時候，重複相同的祈請文，但是先將祈請對象設定爲自己，接著是特定的人，最後是眾生。在此之外的祈請對象，包括你的恩人、你的愛人、你不感到特別好惡的一群人、和你沒法兒相處的人、以至遍布宇宙的所有生物。

慈愛的禪修有幾種形式，以下是其中的一種：

因爲我想遠離痛苦，所以我祈求眾生皆遠離痛苦。

另一種具代表性的形式是：

願我遠離痛苦及一切苦因；

願我自在安寧；

願我平安；

願我幸福快樂。

接著是對其他人表達相同的祝福，包括你愛的人、難相處的人或是你選擇的任何對象；

最後，將慈悲與愛的眞誠祝福施予遍在的眾生：

願眾生遠離痛苦及一切苦因；

願眾生平安；

願眾生幸福快樂。

下面這一句是爲眾生祈請的短文，也是修習慈愛的簡單儀式：

願眾生平安、快樂、健康、並免於痛苦。願眾生得解脫。

如果上面的句子與你相應，那麼你也可以跟前面一樣，先爲自己、再爲別人、乃至爲一切眾生祈請。

之前我曾提到，可以將平等心和慈愛的修行合而爲一；最簡單的方法是，在你念誦完慈愛的祈請文後，再回到平等心的祈請上。

平等心調和了慈悲和慈愛。達賴喇嘛建議，修完平等心再修慈愛，如此便能破除執著，不再堅持事物必須循一定模式。這樣調和的結果，便成就了「悲智雙運」。

3 正念：混亂中的清醒

「茶道精神」得自日本茶道藝術，指得是一種近似禪宗的覺察特質：和諧與簡樸的精神、心性警醒卻安逸、清晰地關注當下一切，在品茗會上，所有的注意聚焦在當下，我們仔細品嚐茶湯的味道，嗅聞茶葉的氤氳，而耳際響起的，則是茶主人用茶帚將綠茶粉拌成起泡的茶汁時，所發出的唰唰聲。

我們把心放慢，欣賞著優雅的動作、無聲的交流、樸實無華的茶室，還有每一件茶具的美感。於是，心逐漸放空，而茶室中的一舉一動卻更饒富意義。心安住在「無始無終」（timelessness）上，而專注力則被每一刻緊緊抱住。

茶室裡，沒有人在意時間。一旦習慣將注意力放在當下，時間對你便不具任何意義。除了和茶道有關的體驗外，沒有什麼好談論的。心既不在過去，也不在未來，只在當下。

即使身在茶室外，或是在備茶室準備和清理茶具，你只專注在當下。雖然那個時候，茶室裡的人見不到你，你卻保持正念覺察，就好像你正在茶室裡爲客人奉茶一樣。

當這種超越時間的存在從茶室延伸到生活中時，便啓發了更多的覺察。我們更專注在每天的經驗中——全神貫注在每一瞬間，既不急著想知道未來、也不留戀過去，而是清醒地活在當下。

幾年前，我在研習茶道的那段期間，體驗了「茶道精神」常常從茶室「漫延」到日常生活中，甚至到我研習茶道的曼哈頓市區。在那段時間，每當下課後，我以正念覺察自己步行在街道上，我發現，城市中雜沓而至的聲音、景象、氣味、還有感覺等，再也無法一股腦兒地將我的心拖著到處跑。相反地，這種種讓我的感官完全開放，而我則是觀看它們一件接著一件來來去去，並且樂在其中……看著看著，便看到了尖鋒時段從地鐵湧現的人潮！

我們無須藉茶道或日本藝術來學習運用正念；然而這些禪修藝術，的確教人如何專心感受日常活動以及精神生活。如果一心不亂地修習正念禪，我們便會以專注的態度做好每一件事；畢竟，全神貫注喝一杯早茶，相較於邊喝茶邊想一天的計畫，確實有著天壤之別。

相同的覺察力可以幫助自己理解情緒；情緒反應往往將我們拖離當下，內心被無盡的旁騖佔據，而另一方面，肉體則被混亂的情緒佔滿。在此情形之下，正念的形式之一——不受時間限制、無所不在的茶道精神，不啻為騷亂的內心提供了良好的解決之道。

擁抱當下

「茶道」和「花道」這兩種日本傳統藝術，可說是藝術和哲學的綜合體；兩者涵蓋了靈性、藝術的豐富內涵及人性的啓蒙。由於受到禪宗思想的啓發，因此日本藝術不只是美學上的欣賞而已，儘管「美學欣賞」比培養細緻覺察力的心靈層面更受到重視。至於我的茶道和花道老師，則是將這兩種層面兼容並蓄。

我的第一個茶道老師，是位七十好幾、多采多姿的女士，她有著喜玩鬧的即興本能和人格特質。然而事實上，她一輩子受了許多苦；不但丈夫先她而逝，連兩個兒子也都悲劇性地早死了。於是，禪修和茶道成了她的慰藉，幫助她度過傷痛，尤其茶道提供她靜靜哀悼早逝親人的空間，讓她藉著具開創性的禪修抒發苦痛。

她以親身經歷教導我如何轉化痛苦。雖然她從不抱怨，但有時我能感到她的悲傷。她風雅的茶道表現似乎訴說著一種失落感，交織著探究和意義、逐漸調適和諒解、發問但不求解答。在茶道中，這些錯綜複雜的感受，爲她的沉默賦予了深意。

平靜的午后，她爲我沖了一壺茶。當她刷著綠茶粉的時候，我注意到她的手上有著古董茶壺般的蝕刻線條，呈現出一種歷盡滄桑的美感；藍色血管和棕色斑點，在磁器般的肌膚上，顯現出「侘」(wabi)，也就是歷經歲月刻畫所留下的痕跡，(譯按：日文，原指用粗劣的素材表現出別具風味的意境，衍生有寂寞、貧窮之意)。

當奉茶儀式即將告一段落，老師優雅地舉起長長的竹製水杓，將乾淨的冷水再次注滿水缸。正當我傾聽水聲劃破寂靜，我聽見她小聲地說：「取之於天、還之於天。」

用當下的心境處理情緒問題是一件難能可貴的事。我們雖然無法改變生命中的某些事物，卻可以改變內心對這些事的看法。用正念接受現實，幫助我們以精神和靈性上的睿智，把持住益發紛擾的情緒。

茶園裡的爭端

在前往京都一處靜謐的禪園途中，我和我先生一路爭論不休；他覺得我反應過度，而我則覺得他麻木不仁。當我們來到禪園大門口的時候，爭論仍進行著，兩個人都氣得火冒三丈。

「他怎麼這麼不體貼呢？」當我們跨進門檻進入「露地」（roji）的時候，我的心還停格在爭論點上。就在這時，我突然想起「露地」的意義——它象徵將世間一切塵埃和紛擾拋諸腦後。

我們從一個平凡無奇的外境，來到另一個不同凡響的內境，小道上擺放和諧的踏腳石，讓我的心沉澱下來。我開始想：「也許他不知道自己在做什麼……」

一晃眼瞧見小徑旁的一株柳樹，我的目光停駐在一根線條優美的樹枝上；它的優雅樸拙，將我引領到當下一刻，也軟化了我不安的心。我注意到我先生的眼中有相同的驚歎。

微風吹散心中塵埃，一葉落下。

禪庭中的一剎那提醒我：當下的愉悅能軟化最強烈的情緒，就像一句禪話頭說：「將軍也會卸下盔甲，觀賞牡丹花。」

禪修藝術交織著美學、哲學和情緒，教導人們如何將正念帶入每天的情緒作用。

在雜亂中留一抹空白

另一種啓發正念的藝術形式「日本花道」，主張花朵和枝葉周圍的「留白」和花朵本身一樣重要。留白讓人更清晰見到花的細緻形貌，並且更加完整地欣賞彎曲樹枝那不造作的優雅；花朵稍縱即逝的美，在空間中勾勒出動人的影像，而這環繞四周的開闊，照亮並清楚刻畫出花朵的線條。

心性也像花道。當心性被各種想法阻塞，理不出頭緒時，人便與現實脫節，無法體察心性在自然狀態下的開闊性。事實上，「心」的自然狀態，是開闊、清澈、明亮的覺察，像鏡子一樣忠實呈現我們的經驗；另一方面，心也像鏡子一般，不受它所呈現的影像所干擾。

自然的覺察就像留白。我們的想法和情緒、認知和記憶，從開闊的空間生起。用禪修訓練心性的目的，就是要喚醒自然而寬廣的覺性。

然而，心智和情緒習慣，就像雜亂的樹枝和花一般，把心的空間佔滿了。有時我們會試著釐清生命中的難題，但結果卻衍生出更多令人困惑的想法而適得其反。這些想法不外乎：對問題的解釋、對解釋的反應以及再三考慮等等。簡單地說，我們想用過去的經驗把心填滿，反而使自己益發困惑。

不論是藉由禪修、閉關，或單純地在大自然中漫步，一旦心不再奔馳並且稍靜下來，往往便能以不同以往的觀點更清楚地理解事物。當心性變得有條不紊時，對問題的觀照力量便更輕易生起。於是，「空寂」(emptiness)和「單一」(simplicity)便顯現覺察力的本質。

雖然「明性」(clarity)於心而言並不陌生，但不能靠後天的努力達到；相反地，「明性」所反映的，是心的原始自然狀態，而激動與憤怒的情緒，則是心的短暫過客。當心沉澱下來，明性於是生起，讓我們更敏銳地感受到與生俱來的直觀智慧在耳邊輕聲細語。

正念提供了幾種方法，使我們回歸心的明性，而每一種方法都運用了正念的眾多特質之一二。舉例來說，其中一種方法，是把雜念沉澱下來，以整理心中的頭緒；而正念的其他特質，也同樣提供了有用的方法來探究情緒的變化。大體說來，正念的特質包含：寬闊的明性、寧靜與平等心、不自我批判、信心與勇氣、直觀與信任、清新與彈性等。因此，情緒焠煉的重點，也許是持續的探查式覺察，也就是以開放的態度探究情緒的內涵，直到情緒的意義獲得彰顯爲止（往後我將進一步探討這項必備特質）。所有的正念特質，讓我們更接近每個當下的眞相，進而對事物的本來面目有更深刻的領悟。

寬廣的明性

具正念的覺察和經常佔據內心的漫不經心，恰恰形成了強烈的對比：當我們仔細審視所謂的覺察狀態，顯現出的卻是一片混亂。佛學學者向智尊者指出，當我們一窺內心世界的堂奧，出現在眼前的，除了偶爾明確的念頭外，其餘就是令人困惑的景象：「眼前所見，是來自四面八方糾纏不清的知覺、想法、情緒、未經思索的行動等等，在在顯示讓人無法忍受的失序以及狼狽的狀態，就好像凌亂的客廳一般……上百個相互矛盾的念頭在心中閃過，而到處都是未完成的想法、雜念以及短暫的心情。」

這一大堆混亂、迷惑和失序，組成了多數人在清醒時所從事的心智活動；每一天的混亂狀態，造成了向智尊者所說：「我們最危險的敵人，是欲求不滿、壓抑的憤怒以及洶湧的激情等情緒力量，也就是：貪、嗔、癡。」

正念是對治混亂的良方。一般的「專注」，往往會從一個目標轉到另一個目標，而且會受到雜念擺佈，這些雜念有：臨時起意、稍縱即逝的記憶、令人神魂顛倒的幻想以及所見所聞的片斷等。相反地，正念是不受干擾，持續地全神貫注在此刻，再保持相同的專注至下一刻，再下一刻，以此類推。如果雜念造成情緒不安，那麼保持專注的能力，便成爲以覺察力解決情緒問題時的必備特質之一。

正念有兩種必備特質：一視同仁的專注，以及不屈不撓的精神。相較於一般的覺察，這兩種特質讓我們認識更細微的差別；正念所創造的持續專注，能夠穿透原始的印象和膚淺的假設，使我們看到更完整、更細微的實相。

舉例來說，爲了避免情緒的傷痛，我們常會用別的事物來擺脫不安的情緒和想法，藉此讓注意力遠離傷痛，進而與這感覺一刀兩斷；可是，如果沒有讓感覺從生起到消滅、自然走完全程，我們便失去從中學習的機會。

如果試著用正念去體會情緒，我們會發現，情緒會歷經種種變化，而拆解成一個個不同的組成份子，包括：痛苦、壓抑、恐懼、強烈悸動，還有一連串的想法和反應等；這些元素有的顯而易見，有些則只有細微的差異，但無論如何，如果專心感受情緒的變化過程，便可以探索情緒本身，並對情緒的成因和樣貌，獲得深具意義的洞見。

重新觀看

十六世紀末，日本茶道的創始者千利休（Sen Rikyu）在茶園中種了許多美麗動人的牽牛花，那在當時的日本是相當稀有的花種；同時期的統治者是豐臣秀吉這位暴君，他要求千利休請他去賞花。然而，當豐臣秀吉來到園中，卻看不到半點牽牛花的影子，因爲所有的花都被拔光了！豐臣秀吉氣極敗壞地衝向茶室，粗魯的舉止完全不符合茶客應有的態度。

但當豐臣秀吉一進入茶室中，他的憤怒立即被寧靜的喜悅所取代。因爲，在茶室的壁龕上，一朵完美的牽牛花正綻放著，好像正等著讓豐臣秀吉觀賞。

那朵牽牛花所象徵的，是茶道的美學精神，也就是用新的眼光，來改造平凡無奇的事物。日文管這叫做mitate，翻譯成「再看」，或是「重新觀看」；以新的眼光觀看事物，就好像是頭一遭似的。這就是正念的精髓。

由於正念並不受限於人們的期望、習慣或是過去的包袱，因此人們可以用「第一次」的心情看待自己的行爲；禪宗將此稱爲「初心」（beginner's mind），也就是將舊有熟悉的事物看成是新奇的，甚至是令人驚喜的。「初心」使覺察力常保清新。

「清新的覺察力」具有神經學上的根據；一般而言，當我們看見或聽見熟悉的事物，例如臥室裡鬧鐘的嘀答聲，或是每天上班途中一成不變的景象時，這些事物僅在腦中短暫駐留，然後就消失不再受到注意。原因是，以如此多的能量去觀察一成不變的事物，對腦部而言是件不值得的事。

但另一方面，每當新的或不尋常的事發生時，腦部便開始打起精神，並且變得更活潑，以便將注意力放在這些事情上。這種反應就像是一個無聊的小娃娃，突然看見令他興奮的事，如另一個娃娃或是一隻小狗。當某件事第一次註記在腦海裡時，腦部的活動就會變快，這種機制稱爲「探索反應」（orienting response）——相當於神經學版本的「初心」。高昂的興致一直持續，直到腦部對新事物熟悉爲止，而一旦新事物被歸類爲常態，便又不再受到注意了。

無聊是注意力不足的徵候群。當我們無聊的時候，對事物提不起興趣，腦部活動力因而降低；相較之下，改變和新奇的樂趣之一，來自於注意力和腦部活動力的提升。不管是一件當季的新衣，或是到奇特的地方旅遊，甚至只是把起居室的家具四處搬動所引起的神經興奮，在在使人們充滿愉快的感覺。

但這並不表示只有改變環境才能活絡我們的腦；事實上，我們只需要敏銳地留意周遭事物就辦得到。也就是說，全神貫注是對付無聊的好方法。正念將腦部喚醒，導致探索反應發生；這一點，是在一群得道高深的禪修者身上發現的，因爲他們可以一而再、再而三地專心聆聽節拍器發出的答答聲，而不疲乏。

如果讓一般沒有禪修的人，聆聽不斷重複的聲音時，他們的腦在大約第十次聲響時，便習慣了那聲音。這是因爲腦部負責註記聲響的聽覺皮質已不再反應。但是，禪修者的腦部，特別是得道高深的禪修者，在聽到第四十次的答答聲時，反應竟和聽見第一聲時一樣強烈！換言之，他們長久安住在「初心」的狀態下，因此能夠將每一刻都當成是第一刻。

訓練正念就像禪修一樣，能讓認知變得更敏銳。研究禪修對認知有何影響的心理學家羅傑・瓦許（Roger Walsh）總結他的研究說：「禪修者表示，他們的認知變得更敏銳，所見的色彩更亮麗，內心世界更閒適……他們認知的過程變得更敏銳迅速，同理心更精確，而內觀和直觀則更細微。」

第一次遇見新奇事物的時候，注意力原本是開放而清新的，而專注則是完整的；正念使我們「選擇」以相同的警覺——也就是「持續的關注」——來觀察生命，正念讓我們用第一次的心情來看待每一刻。

暴風雨中的寧靜

這眞是每一個母親的夢魘：清晨兩點，蘇珊娜在警鈴和煙霧中驚醒，因爲走道另一端的公寓失火了！她把分別是三歲、五歲、七歲的孩子叫醒，讓他們待在同一個地方；她雖然極力保持冷靜，但是內心的恐懼卻向她一波波襲來。這時候，屋外有個救火員正對她喊叫，可是她聽不清楚。火苗從門縫裡竄了進來，她怕母子四人從此葬身火窟，便匍匐穿過走道，來到了樓梯口，眼前卻是火燄和濃煙。

雖然她明知不可，她還是跑到電梯，因爲這是她想得到的另一個逃生口。幸運的是，她讓自己和孩子們都脫離了險境，而遺憾的則是，一位鄰居在大火中喪生。

隔天早上，蘇珊娜在我舉辦的團體治療中現身。她顯然還在驚嚇中，並且隨時都可能哭出來。可想而知，她滿腦子一定還在想著昨晚的創傷。就像多數經歷創傷的人一樣，她沉浸在痛苦的細節當中，並且不斷責怪自己，竟然讓孩子們冒險乘坐電梯。她將自己的經歷向團體訴說完畢後，便情緒激動地跑進廁所痛哭。

休息時間過後，她回到座位，團體中的一些成員走向她，充滿憐憫地輕輕安慰她，給她支持，可是她依然驚恐不已，因爲她的心仍然被前一天晚上的事所佔滿。後來，她抱著姑且一試的心，和我們一起做當天的第一次禪修。

起先，她忐忑不安地聽著我發出指令：放下一切念頭和情緒，將注意力放在呼吸的自然韻律，感覺一下吸氣吐氣——這是培養正念的基礎，也是典型的靜心修習。

前幾分鐘她還很不安，接著身體逐漸變得平和；當二十分鐘的練習即將告一段落，她已經可以文風不動地靜坐了。

那次之後，蘇珊娜好像改頭換面了一樣，她面帶安詳地說：「我現在覺得很好了。我活在當下，而不再深陷昨晚發生的事了。」

蘇珊娜的意識發生戲劇性轉變，證實了正念確實具有寧靜的力量，換言之，正念引導的心智專注使人寧靜。因此，若要保持正念的狀態，就必須放下一切想法，讓它自由來去，包括最令人不安的想法在內。不要被不安的想法所困並隨波逐流，因爲如此將使煩惱加劇；相反地，放下想法以及隨之而來的情緒。

腦內的轉變

持續覺察的力量影響一個人的想法、心境和情緒；當我們用正念面對混亂的情緒時，持續的專注力撫平了內心的失序和疑惑，一旦正念佔了上風，混亂便隨之平靜。

內心從混亂轉變為寧靜的關鍵，類似於用正念對治不安情緒時腦部產生的變化。威斯康辛大學（University of Wisconsin）的心理學家理察・戴維森（Richard Davidson），專門研究情緒對腦部的影響。一些他近期的研究探討了正念如何將腦部的運作轉變成另一種模式。

他說，在一般的注意力狀態下，我們的情緒反應，比正念之下的情緒反應更激烈；當我們轉到正念狀態時，腦部也跟著轉變。所以他說：「覺察到不安情緒的那一刻，也就是我們想要導正它的時候。」

戴維森為一群在喬・卡巴金的指導下進行正念訓練的人們，測量他們腦部的變化。其中最明顯的轉變，出現在左腦的前額葉，這個區域位在前額的正後方，能夠產生正向情緒，同時減低負向情緒。在短短兩個月的正念修習後，這些區域變得更活潑，而且不光是在他們禪修的時候如此，連休息放鬆的時候也一樣。

由於腦部的執行中樞在前額葉，因此我們經過深思熟慮所做的決策，以及採取的行動，大多由這個區域來決定。經歷嚴重焦慮時，大量的信息從腦部杏仁核（amygdala）傳送出來；杏仁核位於腦部情緒中樞，能驅動前額葉。因此當我們處在「無念」（mindless）狀態時，自己可能會未經思考而衝動行事。如果我們就這樣任由情緒支配，那麼這些具約束力量的神經細胞，便會向衝動讓步，因而導致極端激烈的情緒。

但是，在我們憤怒或恐懼的當下，即使是片刻的正念，也會使腦部隨之產生變化。這是因爲在左前額葉裡，有一排主要的神經細胞，可以把來自杏仁核、讓人不安的激躁緩和下來。這就好像築在湍急河流中的水壩只開一小水道，讓潺潺水流通過。正念讓水壩變得更牢靠，讓能抑制激烈情緒的神經細胞更活潑，進而扮演更強大的遏阻力量來對抗煩惱。

當我們越是以覺察力看待情緒衝動與反應、越是以理性對治情緒問題，具有遏止力量的細胞活動力便隨之增強。久而久之，神經細胞的連結就越堅固，這道理好比重複舉重會使肌肉強健。當然，如果在童年時期就使神經細胞的連結牢固，那是再好不過，但是在生命中的任何時點，仍可藉由修行的方式達到。這似乎也說明了一項發現——修習正念，改善了禪修者腦部控制負面情緒的能力。

平等心和勇氣

強化的控制力或許是正念禪修能培養平等心的原因。平等心是心的平衡狀態，即使不是禪修的時候，這種平衡狀態也會爲生命帶來寧靜。培養了正念專注的能力後，我們便會時時留意自己生命中的想法或情緒，儘管最初，這些想法或情緒是多麼令人不安，但到最後終將歸於平靜。如此一來，便有勇氣去面對恐懼等不安情緒，而不再無力抵抗。

正念使人不再強迫自己遠離焦慮，不再因擔憂而信心動搖，也不再試著改善或是改變現實，相反地，只是如實地過日子，鉅細靡遺地觀察當下一切卻不急於改變。要知道，這種觀察並不是無動於衷，而是和內心的經驗緊密結合。單純地存有而不反應的作法本身就足以使人寧靜，因此，你我都可以用這樣的心態來看待人生。

當然，我們應該運用自己明辨的智慧，判斷哪些生命的負擔能被改善，而哪些則是只有接受的份。然而正念的心態，讓我們用更多的平等心，去面對生活中無可避免的難關。這個沉著冷靜的態度，曾在一位進入胃癌末期的老友瑪麗・麥可里藍（Mary McClelland）身上具體地呈現出來。瑪麗去世前幾個禮拜，我去探視她。她是個虔誠的教友派信徒（編按：即一般稱爲「貴格教派」的新教教會），窮其一生學習爲生命做無言的見證。當我進入她的房間時，她正平靜地爲肚子上一處巨大的潰爛傷口更換繃帶。像這樣活生生目睹自己的軀體壞去，還眞是件難事。

當她換好紗布，便開始和我談到死亡的過程，那湛藍的眼眸平靜得像海一樣。她說：「親愛的，死亡的過程沒什麼好怕的。」

接受、毅力、信心

人們有時會弄不清楚「放下想法或情緒」的概念，以及「企圖以隱忍趕走痛苦」的差別；事實上，前者指的是覺察到想法或情緒生起，但不作意去追逐的意思。至於後者所說的「隱忍」並不是「正念」，因爲「正念」是不逃避任何事物的。「正念」讓我們切入負面情緒的茫然中，坦誠地對待自己。正念的專注使我們認淸眞相，而不被情節矇騙。

當我們正視緊張或痛苦情緒之餘，有勇氣去接受經驗中事物的自然面貌。此時此刻，我們不受希望或恐懼驅使，不壓抑也不逃避痛苦，更不用祈禱某件事降臨好讓我們免於恐懼；

相反地，正視恐懼時，我們會明白，自己對「苦惱」這個概念的恐懼更甚於苦惱給人的眞正感受。瞭解這一點後，信心和耐心便從大膽而富挑戰性的覺察中產生。

如果以正念來傾聽內心自我批判的聲音，那麼我們將較爲客觀地看待這些評斷。心中生起了情緒，正念並不因此而批評、責怪或譴責我們，因爲情緒是自然、自動產生的，包括自我批判的情緒在內。正念幫助我們認淸：那些自我批判的扭曲聲音，就好比另一種煩惱，而不是眞實的聲音。

持續的覺察力

早期我在印度佛陀悟道聖地菩提伽耶（Bodh Gaya）修行時，追隨禪修老師葛印卡（S. N. Goenka）學習。在一次爲期十天的課程進行到第五天的時候，他指導我們如何禪坐一個小時，而不牽動身上任何肌肉。他要我們只是用持續的覺察力，仔細觀察所有發生在肉體上的感覺。

肉體感覺果眞發生了。二、三十分鐘後，房間裡每一個人都因某種原因痛得動彈不得，有的在背部、有的在脖子、有的則是在膝蓋等處。在那個時候，想要減輕不適的強烈慾望，每隔一陣子就衝動地鑽了出來，而我們對此卻毫無覺察。坐著不動的時候，我們覺察不到身體正持續地移動，以調整不舒服的狀態，爲的是要避免痛苦加劇。但是，如果拒絕那種想調整姿勢的衝動，肌肉反而越來越緊張，直到超過忍耐的極限爲止。

我的疼痛來自右膝，剛好位於膝蓋骨上方。剛開始，疼痛的區域只有一點點，可是隨時間過去卻越來越嚴重。當時的我，一心一意只想把腿弄直，好終結我的痛苦——可是我卻沒這麼做。相反地，我決定不管多痛，也要繼續觀察身體的變化。我抗拒著「如果再不動，這輩子我的膝蓋就毀了」這種搖撼信心的想法。

當疼痛完全忍無可忍的時候，變化開始發生，我所經歷的劇烈疼痛，熔解成為熱、壓力、悸動的流動元素。

接著，驚人的事情發生：疼痛完全不見了！留下的只是熱、壓力和悸動；不但疼痛沒了，連想要終結疼痛的想法也沒了。

對疼痛的恐懼，以及一心想終結疼痛的念頭才剛瓦解，就被充滿正念的好奇心所取代。現在的我不想逃避疼痛，而是靜靜地被疼痛的元素吸引著。

保持正念，使我們有足夠時間體驗疼痛，進而觀察疼痛的變化。如果我們體驗「苦」、「樂」、「不苦不樂」，直到這些心態轉變為止，那麼我們終將洞悉：無論是何種體驗，一切的體驗都是無常的。

洞悉萬物的無常，使我們不再一心想追求安逸，逃避痛苦；只要我們能觀察到先於行為那一瞬間的意圖，好比觀察想移動身體的衝動從生起到消滅，就能夠洞悉：所有心智習慣的根源，是連串的因和果所造成。

持續專注在憤怒等情緒上以後，帶來了另一個重要的洞見，那就是如果我們持續觀察憤怒，會發現憤怒變成了傷痛、悲哀或其他情緒，最後甚至被瓦解。一旦牢不可破的情緒崩潰了，轉變於焉開始。其中關鍵在於從頭至尾體驗事物的變化過程。

另一方面，持續的探察讓我們明白，自己對事情的假設，就只是「假設」罷了。「探察的相反是假設——假設我們已經瞭解事實眞象。」教導正念的老師納拉揚・理班森・葛拉帝(Narayan Liebenson Grady) 說：「探察是想要弄清楚並直接瞭解自己，如果是痛苦的經驗，最好是一直處在痛苦之中，直到看見痛苦發生變化；同樣的道理也適用在喜悅的經驗上。」

這麼做的話，她說：「我們會開始明白，自己認爲理所當然的事，其實不一定如此。」其中的關鍵，在於持續的正念——也就是對於事物實相的興趣——讓我們更眞實地體驗當下一切。

體驗當下

剛開始禪修的時候，多半會驚訝地發現，讓注意力集中在當下，是件多麼不容易的事；雖然身體是不動如山，保持著完美的禪坐姿態，可是心卻到處亂跑。心穿越重重的白日夢、不切實際的空想、昏沉、興奮、胡思亂想、對這些胡思亂想的批判，以及對批判的反應等等，我們如果恰好留意自己的心在亂跑，就要記得再度回到當下。

正念突顯出「活在當下」和「活在混亂中」明顯不同；在日常生活中，這種領悟經常突然湧現。我們可能會發現，平常的自己總是心不在焉，一方面行爲像個機器人，另一方面心早已飛到九霄雲外去了。於是，我們認識到自己和生活嚴重脫節，即使在最重要的時刻也是如此，因爲心常常跑到別的地方漫遊。

正念的目的之一，是讓自己體驗當下。正念並不是去想著「關於」過去的種種，而是直接而赤裸裸地關注經驗「本身」。「混亂」是一個訊號，它代表人們想逃避當下的實相。「究竟是什麼原因，使我無法活在當下？」這樣具有正念的探究，有助於心思的微調。有時答案透露了在根深柢固的情緒模式潛藏著哪些影響力。本書第二部分將會探討這個問題。

我們之所以不願意體驗情緒，是因爲對情緒有著既定的反應模式；由於害怕或逃避的緣故，使我們無法以中性和集中的覺察力面對經驗本質。這就相當於久坐變換姿勢，以避免肢體輕微疼痛的道理一樣。

持續覺察的力量，能夠使心不再頑抗現實；而堅定探察的結果，便能以平等心感受當下一切。如果當下是令人愉快的，那麼覺察但不執著；而如果當下是令人不悅的，那麼就覺察但不逃避；如果你對當下事物的回應是既不喜也不悲，精確的覺察可以防止你產生無聊的感覺。

總而言之，平等心讓覺察力發揮在當下，既不以混亂來逃避痛苦，也不刻意去追求夢幻般的愉悅。

彈性、快活、挑戰成見

有一次我應一位老禪師之邀，到京都近郊的一間寺廟去喝茶；當時我一直在日本最大的茶藝學校之一習藝，因此深諳精確的奉茶規矩。從如何折疊茶巾，到如何刷茶，茶道的每個細節都有固定形式，而每一個步驟，都經過縝密的設計。

由於我是個認眞的茶道學生，我可以預期在奉茶過程中所有的形式和規矩；未料，老師父卻專事研究自在禪，而茶道最初即是受到自在禪的影響。因此，老師父雖然大致上遵守奉茶的形式，但是卻摻雜了他個人風格的隨性之舉。舉例來說，我們在茶藝學校學到，用茶巾擦拭茶匙之前，如何把茶巾折疊得旣工整又優雅。可是，這位大師連必備的茶巾都沒有，於是他伸手拉了一張面紙，便隨意地擦起茶匙來了。

剛開始的時候，我嚇了一跳，心想：「他忘了……」可是當我注視著他，我發現他正全神貫注在手上所做的事情上面，而且是以最自然的方式打破了成規。他的不拘小節和講究禮數的茶藝學校恰好是活生生的對比；老師父爲我上了「如何挑戰成見」的課。

一旦「心」處於自動操控的狀態，想法便會遵循相同而熟悉的常規，生活跟著變得靜止、固定。「彈性」對我們的日常生活是相當有用。不要總是以慣性回應，而是嘗試點不一樣的——無論是每天哄孩子上床睡覺的方式，或是下班回家後，與其急著將郵件拆開來看，不如先安靜片刻。

如果我們重複經歷一成不變的想法和情緒，就不太可能有多大的改變。可是，因爲正念的精神在於重新體驗，開啓了新的可能性以及接受改變的潛力。

集中精神和洞察力

正念禪和其他各種禪修一樣，都想藉著有系統的方式再次訓練專注。「集中精神」和「洞察力」是禪修時用來訓練專注的兩種主要方法。

「集中精神」使心更能專注在一個焦點上，例如呼吸；如果心四處徘徊，徘徊到回憶、該做的事或是關心的事物上，這時禪修者應該放下雜念，讓注意力回到呼吸上面，使得心性更專一且更平靜。培養心的集中力量，使心停留在專注的事物上，而不受雜念擺佈。

我的老師之一，班迪達法師（Sayadaw U Pandita）闡述集中的道理，他說：「少了『集中精神』這副眼鏡，世界變得模糊不清。一旦戴上這副眼鏡以後，眼前一片清明；改變的並不是我們所注視的對象，而是視覺的靈敏度。當你以裸視觀看一粒水滴，你看到的就只是水滴而已；可是，當你取水滴的一部分，放在顯微鏡底下的話，你會看到很多東西正在舞動，看起來實在很奇妙。同樣地，禪修的時候，如果你戴上『集中精神』這副眼鏡，你會因各式各樣的變化感到驚訝。」

專注的光束，「穿透每一刻所觀察的對象；然而心卻能夠保持平穩且不受打擾的圓滿狀態。」法師補充道。不過，班迪達法師也指出，集中精神還是不夠：「光是精神集中不能領悟眞相。」

瞭解眞相需要洞察力，它是另一種專注的心態。洞察力並不是把焦點以外的皆視爲雜務，而是讓禪修培養一種覺察力，以這種公平且無爲的覺察力看待經驗的每一部分，公正客觀地目睹眼前一切事物。這就好比公寓管理員，留意大樓內進進出出的人群一樣。

覺察像目擊者般一邊精準地觀察，一邊體會心性每一刻的變化。但是，盡量不要迷失在念頭、記憶或任何進入內心的事物，只要留意它們的來去。正念使你更敏銳覺察心性作用的過程，而「心性作用的過程」也正是經常爲人所遺忘的。

集中精神和正念在修心的領域上互爲表裡。藏文把集中稱爲「止」(tranquility)，東杜仁波切 (Tulku Thondup) 進一步解釋說：「『止』是心的靜止，就好比將泥濘淨化成空寂。」正念或觀照，據東杜仁波切所說：「是覺察，也是無偏見的單一。」他補充說：「『止』的修行，讓我們在禪修以外的時間，更容易將輕鬆的正念帶到日常行事上。」

前一章後段，探討到慈愛的禪修能使人寧靜，因爲慈悲能沉澱焦慮的情緒。由此可見，慈悲是一種極爲有效的鎮定劑。

阿姜·娘那達磨 (Ajan Nyanadhammo) 這位泰國森林教派的僧人，把集中形容成內在的安祥。集中精神，他說：「能夠放下焦慮，進入內心之中較平和的地方。」我們越是能夠放下焦慮，心就越發安祥平靜，也就是說，由於「止」的禪修給予心棲息之所，因而似乎能夠活化心性；他補充說：「當心性脫離焦慮狀態的時候，我們就可以開始讓它作用了。」

「止」和「正念」的禪修結合具有加乘作用 (synergistic)，阿姜·娘那達磨說：「每一個人都會達到自己所需的心性平衡點，也就是心性應該鎮靜到何種程度，心應該活動、探查和思考到何種程度，才能夠開發洞察力和領悟力。」在心性微調的過程中，「止」和「正念」同時運作；簡言之，當寧靜的心結合洞察力，智慧就不遠了。

探查讓認知更敏銳

有位病人一直以為她身上的小毛病——多半是胃部隱隱作痛——其實是癌症這類絕症的徵兆。這想法一直折磨著她，而「可能罹患絕症」這個念頭就像妖怪般揮之不去。在她的腦海中，一次又一次浮現自己躺在醫院的駭人景象，家人則是不眠不休在病榻旁照料逐漸衰弱且瀕臨死亡的她。

後來她參加一次長達三個月的密集正念閉關，她在那裡練習正念的一種形式，叫作「四念處」(satipatthana)（譯按：亦即觀身不淨、觀受是苦、觀心無常、觀法無我），也就是小心嚴謹地專注於聽覺、視覺、觸覺等感官。她在練習中學到要小心集中注意力，留意觀察到的一切，並且孜孜不倦地探究她所專注的事物。

回家之後一個禮拜，她到醫院檢查身體。以前她總是喋喋不休地陳述對疾病的恐懼，可是對症狀語焉不詳；但這次不同，她描述了自己的症狀，並開始生動地詳述每一個症狀的性質、確實的感覺、症狀如何隨時間變化，以及所體驗到的細微差別等。她平靜地把話說完，對於以往的恐懼則隻字未提。

醫師訝異地說道：「妳觀察症狀觀察得眞精確！」

後來，她在接受心理治療時，已經能夠同樣詳細地描述她所害怕的反應，以及反應隨時間而產生的細微變動；現在，她認知到之前的這些反應都被誇張地放大了好幾倍。

正念的特質之一，是準確的覺察力，這種特質對於探究情緒習慣很有幫助。準確的覺察力如同持續的覺察一樣，幫助我們分辨哪些想法會引起過度反應、哪些感受在情緒到達頂點時會將我們淹沒，以及我們對感受的附加反應，例如：苦惱、暴燥、恐懼、怨恨等。當我們想探究到底是哪些心理習慣經常引起內心不安，我們就會明白，準確的覺察力提供了一種極具力量的方法。

無憂無慮與玩笑的心

當心存正念，也就是不再存有偏見或批判時，我們便自動感染到一種無憂無慮的氣氛。我們會後退一步，留些空間給幽默感和玩笑的心。威斯康辛大學的理察・戴維森對正念禪修者進行研究，結果發現這些人的腦部轉變方式，能助長正向、樂觀的情緒，而不是負面情緒。

有位茶藝老師談到他的親身體驗。他常說，把茶道精神帶到俗世中，包括內心文風不動的安適，以及適時調整，捕捉當下的輕鬆愉悅的能力。

一次，他在曼哈頓市中心攔了一輛計程車；計程車停了下來，正當他準備打開車門，有個女人——不知是否以爲計程車是爲她而停或者只是粗魯無禮——一個箭步衝到他前面，硬是要上那輛車。

老師非但沒有生氣，更沒有嚴厲責罵她；相反地，這位身著全套華麗和服的日本男士，對著揚長而去的計程車，深深地行禮。

探查式覺察

因爲正念只是觀看內心卻不做出反應，因此我們得以體驗事物，而不批判或詮釋，也不眷戀或排斥。探查式覺察的特質，不僅是思維當下的一切，而是深入內心，觀察想法和情緒的來去。

如果只透過「假設」的有色眼鏡——也就是我們的想法和信念——來理解事物，便無法認清這副有色眼鏡是如何扭曲了當下的實相；事實上，一旦我們對假設感到滿意，便遠離了正念的探查。

將想法和情緒納入細微的覺察範圍，就能看清事物的眞正本質，而不是我們「以爲」的樣子。在這個正念的探查過程中，我們只需觀察自己的反應，而無須認同。

「實相」有兩種不同的層次：第一是原始而如實的體驗，第二則是覆蓋在實相上的心智反應。如果將原始體驗和添加的心智覆蓋物分離的話，我們就可以騰出一塊心智空間，在那裡可以檢驗是否窩藏了偏頗的假設、沒有事實根據的信念或扭曲的感知。我們將會瞭解，想法和情緒如何在來去之間定義我們的認知，簡言之：我們看得見習慣戴上的有色眼鏡了。

因此，正念讓我們直接體驗——不是透過覆蓋著假設和期望的有色鏡片，而是用一種探索式的覺察；正念的探查本質也是它的主要特質之一。

老師問一年級的小朋友，蘋果是什麼顏色，結果多數小朋友回答：「紅色。」有幾個則回答：「綠色。」可是，有位小朋友卻舉起手來答道：「白色。」

老師耐著性子，解釋蘋果非紅即綠，有少數是黃的，但從沒看過白色的蘋果。

可是，這位小朋友堅持蘋果是白色的。最後，他終於開口了：「看裡面就知道了！」

「缺少正念的認知，我們只看得見事物的表相。」講述這個故事的約瑟夫・葛斯汀（Joseph Goldstein）說：「而且我們經常遺漏了其他層次的實相。」

佛陀使用的古巴利文，將正念的探察稱作「毗本舍那」（vipassana，譯按：即內觀），字面上的意義是「見到事物的本質」。見到本質的第一步，是暫停一切俗務並開始觀心，從而打破慣性的想法、情緒和反應。

如果想學習正念……

你現在一個人就可以開始。

不過假如你是獨自一人，我強烈建議你到閉關中心去，那裡有合格的老師，可隨時解答禪修方面的問題。

爲了幫助你自己開始，以下是寧靜修行和正念兩種主要實修法的入門：

你可以先從幾分鐘的禪修開始，但是如果禪修成爲每天的功課，那麼每次至少要做十到二十分鐘；只要時間許可，你可以做半小時，甚至更久。

你可以坐在椅子上，或是習慣的話，也可以鋪一張軟墊坐在地板上。盡量不讓自己背部的姿勢太過僵硬，也不要鬆懈到想睡覺。禪修時眼睛可以閉起來，也可以張開；如果眼睛張開的話，不要瞄來瞄去，而是讓視線停在身前幾呎的地方。

開始以下各方法之前，先讀一遍步驟，然後才開始練習。

呼吸的正念禪

人只要是活著就要呼吸。「呼吸的正念禪」就是專注在呼吸的自然律動，而不要想去改變什麼。

將注意力集中在你能清晰感受呼吸的身體部位，可以是隨著呼吸而起伏的腹部或胸部，也可以是吐納之間空氣進出的鼻孔。

每當你的注意力從呼吸遊蕩到別處時，提醒自己再次回到呼吸的自然律動上面；每一次呼吸就像是第一次，並且隨著每一次呼吸的開始，保持完全的覺察。

在整個吸氣、吐氣，以及吐納間的停頓中保持覺察；在初步觀察後持續覺察……專注力的延續將使得正念更強。

讓呼吸自然律動，因爲每一次呼吸都是以獨特的方式展現。精準地體驗呼吸的感覺：有時呼吸比較長，有時比較短，有時比較急促，有時比較深。把注意力放在這些自然變化上，留意每次呼吸從開始到結束，在感官的轉變上有哪些細微差別。

輕鬆地呼吸，用自然方式，不要試圖做任何改變，每一次呼吸結束就將覺察歸零。

將注意力集中在呼吸開始的時候，然後持續注意整個呼吸過程，一次一個呼吸，把注意力從上一個呼吸接續到下一個呼吸，並且持續覺察呼吸在每一刻的變化；一旦覺察到呼吸生起，便將注意力接上去，就這樣持續覺察到下一次呼吸開始。

讓呼吸掌握你的注意力，每當心在外遊蕩，讓呼吸成爲心的棲所。一發現注意力開始渙散，把它帶回到呼吸上即可。

「觀」或「內觀」的禪修

和前面的練習一樣，先把注意力放在呼吸上。

然後，慢慢將覺察打開，以便容納其他的感受。最後，把注意力放在你覺察到的任何事物上。

學習這個修行的時候，一開始時最好一一感受，用這方法來擴大正念覺察的範圍；然後，可以致力於「無揀擇的覺察」（choiceless awareness），也就是在無偏見的覺察下，以正念看待自然生起的事物。

先從聲音開始。擴大覺察範圍，讓它包括那些使你不再專心呼吸的聲音。

專心聽這些聲音——但只是聽，而不要去想聲音是從哪兒來的。在不設限的覺察範圍中，覺察聲音的生起和消滅。

你可以留意背景的細小聲音，密切注意這些聲音的微妙之處；你也可以只留意進入聽覺之中、較爲明顯的前景聲音。當聲音出現在覺察之中，就讓它自然地被發覺吧。

你覺察到聲音的同時，也要注意自己對這聲音的反應。不管反應是否愉快，就只要覺察這些反應的存在，而不加以批判、眷戀或抗拒；換句話說，你對這些聲音沒有任何好惡。

當聲音出現又消失，留意明察的心，並且專注在聲音自然生起的當下。

當聲音不再抓住你的注意力時，回到最初的覺察對象——你的呼吸。

感知的正念

將覺察範圍擴大，包括自然出現的肉體感覺。當感覺變得明顯，注意力不再集中在呼吸的時候，全神貫注在這變化上。這時候的你，一面保持覺察，一面觀察感覺的變化。

將覺察範圍，從呼吸的感覺擴大到全身的感覺。全神貫注在感覺的特性上面，如刺痛、緊張、顫抖，同時一面觀察，一面注意有什麼變化。

看看你能夠多精確地認知到感覺在不設限的覺察範圍內生起；繼續留意感覺引起的反應，任何的執著或抗拒以及任何愉快或不愉快的反應。

停留在你所體會的眞正感受上，當感覺生起、變化和消滅的時候，敏銳地注意這些感覺具備了哪些特質。

當你體會感覺的時候，發生了什麼事？是感覺加劇了嗎？還是變弱了？或者是不見了？

心只需要停留在感覺上，不要企圖改變感覺，也不要評斷或辨識，而是讓感覺自然生起、自然消滅，讓覺察跟隨感覺的自然變化。

讓明察的心維持在產生感覺的身體部位上。如果感到疼痛，就微調你的覺察，使你直接體會疼痛的本質，不管是灼熱、悸動或刺痛。不管什麼感覺，當你出現厭惡或抗拒的反應時，特別留意一下。

當身體的感覺逐漸淡出，或是不再吸引你的注意時，再次專注於呼吸的感覺。

念頭和心像

因爲強烈的念頭會將你的注意力從呼吸上拉走，所以當這種念頭在心裡產生時，要特別留意。

不要追隨這念頭並捲進它的情節中，但也不要抗拒它；只要在念頭生起的時候保持注意力就可以了。

有時候念頭有重複或熟悉的模式。重要的是，注意念頭的表面，而不要思索它的意義，或是掉進念頭的內容當中。

如果不注意這些念頭存在的事實，那麼我們的覺察都會受它影響。在這種情況下，我們所詮釋的經驗，是透過對念頭的概念、評價和判斷，而不是未經念頭染污的經驗本身。

密切注意自己的念頭會使我們瞭解，自己是從何時起被念頭糾纏住的。如果我們看待這些念頭就像牧羊人看管羊群一樣——專注但不捲入其中——如此一來，這些念頭便不持久，而且隨著時間過去，新的念頭就越來越少了。

正念使我們更清楚地見到念頭「非人格」的特性，念頭不等於思考的人，就讓它像浪花一樣在覺察中幻滅吧。

讓心在不設限的覺察中保持原狀。

念頭就像飄浮在天空的雲朵，在一望無際的心海裡生起又消滅。讓它自己來，自己去……

你的正念覺察讓念頭像水中的泡沫一樣，生起後又破滅。念頭沒有實體，它所表現出的實體模樣，其實是我們賦予的力量造成的。

當念頭在覺察中生起的時候，保持正念，那麼念頭將展現空性（empty nature），而最後終將瓦解。讓念頭自己消失，不要用任何方式助長它的力量；假如你太投入於思考這些念頭，可以隨時再回到呼吸的感覺上。

同樣的方法可以用在心像上，這一次，像你對待念頭一樣，讓心像在覺察中生起，並且自己消失。

情緒

假如你覺察到情緒生起，請留意情緒的本質。另一方面，清楚地辨識並接受它的原貌，不抗拒、不評斷、更不偏好……

保持接納的態度是很重要的。充滿興趣而不帶偏見地看待這些情緒。

看看你是否能夠精準地注意到你所感受的情緒以及情緒的由來，但是，不要迷失在隨情緒而來的念頭背後的虛構情節上。

讓自己不帶任何偏見地感受情緒的發生，同時接受它的存在。

讓平等心伴你體驗情緒，這樣情緒才不會影響你的認知，而是讓你完整覺察情緒的存在。不要陷入情緒中。

情緒，爲心所認知到的事物添加了「愉快」或「不愉快」的特質，情緒會制約心，對愉快的事眷戀、對不愉快的事排斥、對中性的事感到無聊。不論是什麼情緒，都去覺察它，但不要追隨它。

對於較爲頑強的情緒來說，你可以採取正念探查的方式，深思情緒本身但不捲入細節，保持著開放、探查式的覺察。

你身上是否有任何部位，使得你對情緒的感受最爲強烈、清楚？要注意情緒對你身體的影響。

一旦清楚並直截了當地認識情緒時，我們和情緒的關係因而改變，我們不再排斥或是執著於情緒，而能夠以清楚、無爲（nonreactive）的覺察學習接受情緒。

如果情緒令人不悅，如果又產生對抗或反對這種情緒的反應，留意這些心性狀態，讓心在寬廣的覺察中放鬆。

無揀擇覺知

聲音、感覺、念頭、圖像或情緒等是你覺察的背景，讓它們留在原地，而你則專心感受呼吸，集中在呼吸的感覺上。

當這些背景成爲覺察的前景時，讓佔上風的念頭、情緒或任何你能強烈覺察的事物成爲注意焦點，打開覺察的範圍，接收各種體驗，如：呼吸、聲音、感官、念頭、圖像、情緒……

如果你無法確知注意力在何處，可以再回到呼吸上。

當念頭或感官的體驗猛地生起，讓它留在覺察中。保持正念，讓念頭或感官自己淡出並瓦解，接著，將覺察帶回到呼吸上，或是回到最受注意的事物上面。

不論什麼出現，用不設限的覺察去全然體驗，不管心到哪裡，讓它棲止而不再動搖。

心靈備忘錄

在某些正念禪的形式中，禪修者會使用「心靈備忘錄」，也就是製作一個心靈「短箋」或「標籤」，記錄覺察中最爲明顯的情緒、感受。這種歸類的方法，可以幫助把覺察和當下的眞實經歷連繫在一起。

比方說，如果你正在觀察氣息，這時卻覺得異常難過，你應該在心裡寫下「難過」這樣的短箋。短箋澄清你的體驗，同時讓你不掉進「難過」所製造的假象中。

有些人發現，備忘記錄能夠有效地幫助禪修，因此長期使用這個方法；另外有些人僅在偶爾需要時使用。當你察覺到強烈的情緒或念頭，心靈備忘錄對你尤其有用，特別是對付不時將人捲進假象的習慣性念頭和情緒。

心靈備忘錄讓你保持在體驗的層面上，使你體驗強烈的情緒或是敏感的心智狀態，同時卻不被念頭牽引。心靈備忘錄讓你留意心智狀態，專注感受這狀態，但無須認同或掉入心智狀態背後的情節中。

心靈備忘錄最有用的地方是：將徘徊、困惑、散亂的心性集中起來；比如說，如果受到雜念干擾而無法專注在呼吸上，那麼你可以利用「起、伏」的心靈短箋，追蹤呼吸時腹部起伏的感覺。或者，如果你用鼻孔的吸氣、吐氣來感覺呼吸的話，你可以用「吐、納」的心靈短箋。

若你用心靈備忘錄作爲輔助工具，千萬記著，備忘錄是用來提醒你當下的體驗，也是你注意力的依靠，而不是讓你的心性與經驗脫節；備忘錄是一種方法，讓你專注於經驗本身，而不添加其他概念，或是誤將自己的經驗和自己畫上等號。

備忘錄就好像內心的輕聲細語，既不像咒語（mantra），也不是專注的「字」（譯按：指藏密觀想的種子字），讓你記錄的內容親切、輕鬆。

使用心靈備忘錄作爲禪修的輔助後，可以淸楚並準確地認知當下一切。

「吃」的正念禪

我們生活中的所作所爲，大多受到無意識的理解或反應習慣所制約；只要覺察不到習慣如何宰制生命，它們就繼續控制我們。因此，改變習慣的第一步，就是覺察當下的一切。

我們需要借助「努力」和「明性」的特質，使我們從制約的頑強習慣中醒來，這樣才能夠更明瞭習慣，並且不受慣性的認知方式所阻礙。雖然這方法多用在情緒模式上，不過在此我們可練習將正念覺察帶進「吃」這個中性行爲上。

這個禪修需要少許食物作爲輔助，幾粒葡萄乾會是不錯的選擇。

先將葡萄乾握在一隻手掌中。開始練習前，想想你對葡萄乾的味道有沒有先入爲主的觀念；如果有，放下這些成見。

接下來，全神貫注在掌中的葡萄乾，讓感覺變得鮮活，同時以正念留意每一粒葡萄乾的形狀、大小、構造，以及表面上光和影的分布。

現在，以全部的覺察及正念，用空著的那隻手，拿起一顆葡萄乾，同時放鬆那隻握著葡萄乾的手。

充份覺察這些感覺。碰觸、擠壓、感覺有一顆葡萄乾在你的指尖，以正念感覺葡萄乾的觸感。然後，慢慢地把葡萄乾舉到唇邊，注意當你的手臂移向嘴邊時，肌肉的變化給你什麼樣的感覺。

把葡萄乾放進嘴裡。就在你想要吃葡萄乾時，注意任何預料中的唾液分泌現象。

現在，請你仔細留意以下過程。喚醒你的唇、齒和舌，把葡萄乾放進嘴裡並開始咀嚼。留意味道在嘴裡爆開，有酸味、甜味，還有葡萄乾特有的香氣；再來是你咀嚼時，葡萄乾在嘴裡爆開的組織變化，以及隨著葡萄乾移向喉頭被吞下的時候，嘴巴和舌頭的運動。最後，注意葡萄乾從嘴裡消失。

接下來，注意自己是否想趕快再拿一粒葡萄乾來吃，再嘗嘗它的味道……就這樣把全部都吃掉。

當你結束時，回想一下剛才吃葡萄乾的方式，把它和你平常吃東西的方式比較一下，看看你全新的經驗和習慣的方式是否一樣。

我們經常「機械式」地吃東西；不是邊吃邊想事情，就是藉「吃」來進行社交活動，而沒有用心體會「吃」。假如你決定以正念進食，你會發覺自己比以前更注意食物的滋味，而且也比以前更意識得到身體發出的「吃飽」訊號；這也表示雖然你吃得更少，卻得到更多享受。

「吃的正念禪」是將正念帶進機械式習慣中的典型，也是培養全然專注的良好示範。

「行走」的正念禪

我們會發現，靜坐禪修，或是從事「吃」之類的專注活動時，比較容易產生正念；但是實際上，「覺察」可以整合到一天的活動中。

「行走」的正念禪，像「吃」的正念禪一樣，讓自己明白平日不經意的習慣，依照什麼順序進行。從走路禪中學到的實用課程是：覺察的特質可以被運用在任何活動上，也就是說，我們不需一動也不動地坐著才能保持正念；事實上，生活當中一樣可以修習正念。

走路禪還有一項優點，就是能夠提升我們的能量。爲此之故，有些人在每天坐禪以前，會先進行一小段「行走」的正念禪；此外，走路禪對於撫平不安的心性狀態極有幫助。

走路禪的重點，並不在於去某個特定的地方，而是留意行走的過程；因此，你只需要一個十來步長的短步道，無論是室內還是室外，只要可以來回行走就行了。如果想走得久一點，在走路的同時保持正念。

一開始，走路禪進行地很緩慢，目的是覺察每一步的分解動作；但是你只要熟悉了這個練習，就可以嘗試用不同的速度進行。

首先，兩腳打開與肩同寬站立，一邊用心掃描全身，一邊留意你的感覺，讓你的心在知覺中變得越來越敏銳。

體會一下腿和腳有什麼感覺；你的體重對腳跟造成什麼壓力，以及當你微調雙腿以保持身體直立時，腿部有什麼感覺。

如果你開始心不在焉或是心裡產生了雜念，將注意力帶回到腳和腿上面。

現在，慢慢將重心移到一隻腳上。注意移動時的感覺，哪隻腿輕、哪隻腿重。然後將重心移到另一隻腳上，看看自己能夠多確切地觀察真實的感覺；不論你覺得僵硬、壓力、緊張還是刺痛，只要留意這些感覺的存在就可以了。

現在，慢慢把腳舉起，將它放在你前方的地上，將重心移到上面，體會一下腳碰觸地面、腿移動時肌肉的牽動等等產生什麼不一樣的感覺。

當你走到步道的盡頭，或是當你必須改變行走方向時，先專注在站立的姿勢，然後隨著方向改變，將注意力放在身體轉動的過程上面。

保持沉默不語，讓自己沉浸在行走的體驗以及腳和腿的感受上面，這就是你真正的體驗；如果你開始心不在焉，將覺察帶回到移動的感覺上。

行走的速度必須讓你維持正念。如果心很混亂，或是心不在焉，試著快走一陣子；一旦你的心緒較能集中，將速度放慢。另外，也可以嘗試以不同的步行速度，找出自己在什麼速度之下最能夠保持覺察，最能夠自然地行走。

4 認清心性的模型

我們乘著一輛老爺計程車，被困在印度某條既混亂又擁擠不堪的高速公路上，原本就不順暢的交通，彼時更是以爬行的速度前進：原來前面有輛巴士翻覆了。

當計程車緩緩接近扭曲變形的巴士殘骸，我看見一位罹難者安祥地躺在路邊，環繞在他四周的似乎是他全部的家族成員，包括妻小和父母在內；他們哀慟地嚎啕大哭。這悲劇景象使我感到震撼的是：他們毫不掩飾對於親人死亡的哀慟。相較之下，西方世界對死亡和悲傷的反應就含蓄許多，遺體通常很快就被移至看不見的地方；然而在印度，目睹死去的親人躺在路邊並且盡情表達哀慟，似乎是一件天經地義的事。

我把這故事說給一位病人莎拉聽；她打電話告訴我，她帶著三個孩子去探視年老體衰的父母，她對於可能失去年邁的父母感到恐懼，深怕他們將不久於人世。她對死亡帶來的恐懼非常排斥，因爲她得忙著照顧三名子女，扮演好媽媽的角色，也不敢讓孩子們擔心，但她自覺她隨時都會哭出來。

莎拉決定給自己一些時間抒發情緒；她想也許可以去洗個澡，讓自己獨處一下並且藉機好好哭一場。

於是，莎拉叫孩子們自己出去玩。可是孩子們卻感到有些不對勁，於是最小的問道：「媽咪，妳為什麼要在中午洗澡呢？」

莎拉決定對孩子們吐實。她說：「阿公和阿嬤已經很老很老了，媽媽擔心他們恐怕快要走了，媽媽好想哭噢。」

孩子們瞭解莎拉的感覺，於是手牽著手圍著她，一起給了她一個大大的擁抱；孩子們在這件事情上接觸到了生命中嚴酷的悲痛，但是他們不須置身事外，因為他們已經準備好分擔這一切。莎拉的心被孩子們的擁抱溶化了。由於她誠實面對關係親近的人，因而得到了愛的信任，那足以撫慰她所有的情緒。

這件事讓我認清了面對現實的力量——即使面對現實是件難事。我們往往害怕目睹倒臥路旁的罹難者，或是任何其他不幸事故的場景。由於我們無法接受這種感覺，所以便裝出不在乎的樣子，或是企圖去保護周遭的人，直到領悟了坦誠不虛偽所具有的力量為止，就像在印度大街上，那些哀悼親人的人們一樣。

有一次在維京群島，我和一名計程車司機聊到人與人相處的問題。他對人的包容心態很簡單：「每個人都有不為人知的一面。」但是，我們卻急著把不為人知的一面藏起來；這多半是因為「心」幫我們隱藏了殘酷的事實，以致於不但別人找不到，甚至連我們自己也遍尋不著；因此，療癒之道便在於揭開並探究令人不愉快的現實，這樣才能讓埋藏地底的部分重見天日。

心的視覺幻象

心之所以能輕易讓人忽視那些被埋藏的事實，是因爲它的構造所致；心就像一個裝置了很多機關的櫃子，裡面有一個大夾層儲存了一些危險的機密。這些祕密不被窺探、發現的原因，是因爲人們被那些較淺且曝露在外的小夾層給愚弄了，以爲這就是櫃子的全貌；因此，一旦我們知道心的祕密夾層，也就掌握了打開它的鎖鑰。

這把鎖鑰就是正念。正念爲何如此有用，和打開祕密夾層所看到的駭人景象有關；正念使我們不致被令人不安的事實擊倒，因爲它在心裡建造了一處避難所供人躲避那些事實。

不過，我們首先要知道心的巧妙構造。雖然這一章裡提到的細節可能有點難懂，但是瞭解心的機制後，在探究主宰生命的情緒習慣時，可以幫助澄清一些事情。

開始囉。

我們的心可以接收併排通過的好幾道訊息；舉例來說，在聽朋友說話的時候，我們的心有好幾條管道，註記她的聲調、臉部表情、手勢、節奏和意義等，然後從中歸納出她話語背後的情緒。如果她一方面說「我很好」，可是她顫抖的聲音和淚汪汪的眼睛，卻讓人感受她實際上有多麼沮喪；換句話說，我們的心把不同管道的資料總括起來，加以歸納後得到以上的結論。

這些管道所註記下來的，大多是意識覺察以外的心性作用；也許我們只是隱約得知那位朋友的感受，而如果她的感受明顯的話，我們可能會意識到她非常的哀傷；但是，往往大多數管道所註記的，位於全面覺察範圍以外，也就是說，雖然在我們內心的某處注意到她的悲傷，但是卻無法明白地覺察。

事實上，心接收到的訊息中，只有不到百分之一會被眞正覺察到；同理可知，我們對訊息所採取的大部分「反應」，其實一直在覺察之外。比如說，露出同情的樣子時，表示我們關心朋友；但實際上在那一瞬間，我們並沒有覺察到自己的表情。腦部所註記的訊息，以及我們每一刻對這些訊息的反應，大多由心性中的「隱形區」控制，這隱形區幫忙處理生活中大量的瑣事，避免造成我們的困擾。

然而，透過心的視覺幻象，我們會誤以爲自己接收到的訊息及所做的一切都在覺察範圍之內，而且這種錯覺持續不斷。儘管認知科學論者都知道，只有極小部分的認知和行爲可以被意識覺察到，然而對多數人而言，那「露在外面的小夾層」似乎代表了整個心智「櫥櫃」。

巧妙的裝置

通常，選擇性的注意力有益而無害。當你在聽朋友講話時，你並不想花功夫記下她使用的句法好從中理解她話語的意義；同樣地，你也不想去分析她聲調和臉部肌肉的細緻變化，以便知道她的眞實感受；幸運的是，你的心會立即自動幫忙處理這些事，你毋須特別注意。

譬如說，當你一面開車，一面和朋友講話的時候，你會把大半的心放在談話內容上面，除非偶爾有別的車子太靠近你的車，或是碰到行人要過馬路，你的注意力才會被打斷。這時，「隱形的夾層」會幫助你應付來往的車輛，決定何時踩煞車、何時踩油門、何時該打方向燈。

隱形的夾層具有存在的必要性。因爲儘管注意力替我們決定了關心的對象，但其實注意力的範圍是很有限的；心不停地揀選大千世界上的事物，好將它們放在有限的注意力範圍之內，但在此同時，有更多資料被註記在注意力範圍以外，而這部分的資料就被歸到心的隱形夾層裡去了。

另一方面，心智夾層好用的地方，在於它容許我們遺漏重要的訊息。比如說，心理學家製作了一分鐘錄影帶，內容是三名學生來回傳球；然後，影帶中出現一名身著白色維多利亞長袍的女子，拎了一把白色洋傘，漫步穿越球場。這過程前後大約四秒鐘。

心理學家問剛才看過錄影帶的人們，請他們回想一下，球來回傳了多少次，有的人回答二十三次、有的人回答二十四次等等。然後，心理學家再問大家，有沒有看到什麼不尋常的事物，大部分人反問：「我不懂你的意思？」接著，他再放一次錄影帶，大部分人看得目瞪口呆，因爲這是他們第一次看到女子穿越球場。

因此，雖然「選擇性注意力」對我們有所助益，但是它也有不好的一面；由於注意範圍受到限制，因此這意謂著我們沒注意，以及「沒注意到我們沒注意」。當然，這通常無傷大雅，因爲我們本來就不想讓那些被過濾掉的雜事打擾，但是，當情緒介入其中的時候，心的「選擇性注意力」就沒那麼有用了：我們逃避某件事的原因，可能並不是因爲它無關緊要，而是因爲它可能會使我們不安。

這個論點被另外一位心理學家證實；他用一種裝置追蹤眼睛注視某樣東西時眼球移動的情形。他先讓一群自願受試者接受心理測驗，看看他們對「性」的熱衷程度；然後，他讓這些人看一些模糊的線描圖片。其中一幅圖案，是由一名女子裸體的軀幹構成前景，而一名正在閱讀報紙的男人則構成了背景。

關心性的人，對於這幅圖片的回應相當令人矚目，因爲他們連看都沒看那名女子一眼，反而是盯著背景的那名男子看個不停！對於這個現象的假設是，在他們的視野外圍察看到了裸體女子之後，便把眼睛移離她的胴體，來到了這幅圖案的中性地帶。當這些人後來被問到是否見到裸女時，他們都不記得了；因此我們可以合理地假設，他們沒有覺察到她的存在。

裸體女子已經退隱到每個人的祕密夾層中藏了起來，這相當於「心智隱身術」（mental vanishing act），並且足以解釋爲什麼當心一再避免注意一些煩人的事，某些祕密夾層就逐漸被塞爆了。

我們在一天中的所爲所見，有不少溜進了心的祕密夾層；這種「隱身術」使我們的自動反應以及許多想法和情緒變得更加複雜化。當這些心的伎倆越來越純熟時，就可以像個精練的魔術師用神奇的幻覺來哄騙我們。

打開摀住的雙耳

如果一再重複某個不經意的舉動，那舉動就會變得很自然，和任何一種積習並沒有兩樣，雖然這點小事對日常生活的影響微不足道，但是當這些潛在的例行公事背著沈重的情緒負擔時，它的影響就相當深遠了。

例如，一個人從早年生活中無數次的家庭事件，學到爭執將導致相互吼叫或是生悶氣，然而在往後的生命裡，每當他和妻子爭執，相同的情節卻一再發生。

雖然積習掌控著他的行動，但是「一吵架就吼叫或生悶氣」和「意見不合」的連鎖效應中的關鍵，包括這個效應的來源等，都被收藏在他內心的祕密夾層中；一旦這些事實被塵封以後，他將不復記憶童年所養成的習慣，同時也不會覺察到即使多年後的今天，這習慣還繼續在控制他。他很容易忘記這種慣性反應對他的影響程度，不過他可能知道它所造成的後果：只要他一遇到爭吵的情況，就會以吼叫或生悶氣來回應，至於為何會這樣，當事人也是一頭霧水。

再舉一個真實案例。我的一位病人傑克，經常埋怨女友不能體諒他在週末和三個女兒的團聚，而「週末探視權」也是當初離婚時協議的條件之一。他告訴我說：「女兒在我家的時候，我女朋友準是悶悶不樂。」

可是，當他和女友討論這個問題的時候，她卻有另一種看法。她說：「我當然能體諒你必須和女兒共處的事實，而且我也贊成你這麼做，問題是當你和她們在一起的時候，我完全被你忽視了；事實上，我也想成為你們之中的一份子。我希望當你和她們計畫事情的時候，也能考慮我的意願，而不是對她們言聽計從。可是，你和她們在一塊兒時卻好像出了神，完全無視於我的存在。」

於是我建議傑克，如果他想改變他對女兒和女友的反應方式，那麼就必須分毫不差地意識到他究竟如何反應；也就是說，他必須覺察究竟是什麼喚起了他的慣性回應，同時將關注的焦點對準他意識覺察之外的一連串想法、情緒和反應。

對傑克而言，這樣的建議，等於是要他覺察，是什麼樣的恐懼，促使他進入女友所抱怨的「出神狀態」；當他對於這些從未觸及的時刻開始有了更準確的覺察後，他明白自己以前抱持的想法：「如果我不盡量討好女兒，她們恐怕就不愛我了。」由此可知，他對女兒的殷勤，以及對女友的忽視，都是受非理性的恐懼所驅使的；但是，當他覺察到自己的自然反應後，便能夠接受一項新的挑戰——遠離恐懼所驅使的「出神狀態」。

開啓祕密夾層

正念在此切入。習慣性專注某些事物，導致我們對生活中的許多其他細節視而不見，而正念的目的則是導正此種情形。正念的專注新鮮、敏捷，而不是機械性的行事；正念會留意大部分被心忽略的事物。

機械般的生活使意識逐漸麻痺；這時候，正念提供了良好的對治。正念將光線投射到內心覺察不到的角落，使得我們的心具備認識自己的能力。

有了正念，我們對於心的祕密夾層究竟有些什麼便不再毫無覺察，特別是會想在光明之中一探究竟，看看這個祕密夾層裡面，到底塞滿了什麼，爲我們在情緒上的困境提供線索。

正念覺察提供內心一個轉圜的空間，理解並解決那些自發的習慣，就好像是一間私人的舒適房間，人們在那裡除了閱讀以外，還能把最私密的片斷以記日記的方式反省。所以有位病人說：「正念讓我不忘對自己誠實。」

重複如何形成習慣

首先，祕密夾層究竟是如何被習慣塞滿的？佛教比丘向智尊者，對於「重複」如何形成習慣，簡要地表達他的見解：「一時的衝動、偶爾的放縱或是瞬間的怪念頭，都有可能因爲重複，而成爲無法根除的習慣，或是難以抑制的慾望，最後終於成爲自發作用而不再被質疑；當慾望一而再、再而三被滿足後，習慣於是形成，而慣性的制約進一步演變成強制的行爲。」

以上見解，相當程度地符合諾貝爾獎得主、神經科學家杰瑞德·埃德曼（Gerald Edelman）的見解，他以現代科學的眼光，提出了他對習慣的解釋。埃德曼指出，透過單純的重複動作對腦細胞間連結產生的影響，我們的習慣，包括了最熟悉的思考、感受和反應方式，便在這個神經層次形成；腦部某一特定迴路越常被使用，腦細胞之間的連結就越形堅固。

向智尊者指出，原本只是一時的興致或衝動，經由持續重複，就會成爲不變的慣例；這是因爲當我們一再重複一個習慣，和這習慣相關的神經連結就被強化，相對而言，其他習慣的神經連結就會變弱。在這「雀屏中選」的迴路中，腦細胞開發出越來越強的連結，而負責別種回應的腦細胞連結則越來越衰弱。這就好比在泥巴地的叉路上，如果每個人都選右邊走，經年累月下來，右邊的叉路就會產生深陷的車轍，自然而然地把車輛都導引到右邊的路去。

情緒反應也是如此。當我們要在兩種反應中擇其一時，腦神經連結性較強的反應往往會勝出，就像是車痕累累的道路一樣；當抉擇時刻來臨，不管是憤而反擊一件微不足道的事，還是沉默以對，那一再被選擇的反應很可能會演變成自發性的反應。至於沒有被選中的一方，則會因缺乏使用而越來越弱；這意謂著它的神經路徑越來越不明顯。

心的捷徑

積習的術語叫作「基模」（schema）。「基模」最通用的意義是：心對一個既定任務所採取的組織、儲存及處理的配套方式。基模讓我們從混沌當中理出頭緒，當心接收到由視覺和聽覺進入的一波波身體信號時，基模開始發生作用，以便使信號產生意義；重要的是，基模也爲我們的注意力挑選它認爲重要的信息，並淘汰掉它認爲不重要的。換言之，基模決定哪些信息該進入隱形的內心夾層，而哪些則該進入覺察的明光之中。

此外，基模建立了一個架構，解釋我們知覺到什麼。同時基模也爲我們擬定了反應的計畫。比如說，我們有一個基模是關於如何騎腳踏車或是如何訂飛機票。基模是經驗的模型，當我們思索如何才能買到機票時，我們會將這個模型叫出來，裡面包括了已知的航空公司和班表、信用卡、電話號碼、如何找到減價機票等等。這張心智圖譜教我們如何讓這些要素合作無間，以便達到最終目的。

這些心智模型是複雜世界中不可或缺的導航儀。我們經常用到它們，事實上更是一遍又一遍地演練，因此，要不了幾次，我們就已經學會並開始應用，不但無須多加思考，甚至是連想都不用想。

當我們正在學習一個新的習慣，比如說，學習如何使用電腦。這時候，腦部負責執行這個習慣的區域會變得非常活潑，同時將大部分的能量用來串連並建立和這個習慣相關的神經細胞迴路。可是，一旦我們熟悉了這習慣，腦部的執行區域就不會花太多力氣來執行——除非你同我一樣沒有學會電腦的迴路！當心智習慣變成自發行爲時，心會立刻找到適當的基模，和我們正在做的事情配對，而不須特意費勁。於是這個新的基模，就被我們儲存在隱形夾層裡了。

絕大多數的基模，都代表內心有效率的捷徑，原因是執行時無須太過費心。基模像是一群隱形、無微不至而且機智的小精靈，它們是實行家，幫助我們管理生活，可事先料到每個臨時興起的念頭，採取必要行動，卻不打擾到我們。

但是，在探討到「支配情緒習慣的基模」時，問題就來了。在情緒的領域裡，大部分的基模都是有用的，但有一些基模不具生產力，甚至弄巧成拙；在這種狀況下，我們經常重複的一些行爲模式，最後被證實不具任何意義，可是當時的我們似乎無力改變。不知爲什麼，我們就是沒有去考慮其他的作法。這種弄巧成拙的基模，符合阿姜・阿莫若（Achan Amaro）所說：「在習慣的動力下，我們很可能會一再重複相同的事，即使結局令人痛苦。」

在所有的心智習慣當中，情感最爲豐富的，恐怕是我們對於自己以及所愛的人產生想法和感覺的模式。這些專屬個人的基模，渲染並侷限了生命中最私密的區域。如果我們內心的有色眼鏡是清晰而準確的，那麼我們對自己和他人的認知也將是清晰且準確的。但是當這些現實的模型被扭曲，麻煩就來了。

認識心智的習慣

你可能還記得，你剛開始學騎腳踏車的時候，會先裝上輔助的小輪，或者有人會扶著車子，直到最後你學會自己騎。不過，現在這一連串過程的細節，在你記憶中可能已經很模糊，只剩下某幾個時刻的印象最爲鮮明，其餘的則是混在一塊兒，記不得哪一天幾點鐘發生什麼事。

情緒習慣也是如此。這些習慣並不是我們與生俱來，而是透過學習養成的；由於我們已經將情緒習慣牢牢記住，以致那些讓習慣形成的重複情節，在我們的記憶中已經變得模糊不清了。

如果一個家庭每當意見不合的時候，必然導致相互叫囂和人身攻擊，那麼在這家庭中長大的人，在幼年時期一定會學到同樣的相處模式，或是學會對這種模式反應的方式，例如，從小爭吵就讓某人產生窒息感，藉以迴避相互叫囂的結局。有了這些心得後，他會對他人自然產生既定的想法和期望，例如：「要讓別人注意我的感受和需求的話，唯一的辦法就是大聲吼叫。」或者：「如果發生爭吵，我一定要先發制人。」因此儘管我們不記得當初究竟是如何養成這些情緒習慣，但是就像學會騎腳踏車一樣，由於已經熟悉這些情緒習慣，所以習慣成自然。

這些情緒習慣因爲根深柢固，它們所發生的影響力都在我們覺察之外，而情緒習慣對我們的生活會有如此大的影響力，多半是因爲我們沒有意識到的緣故。正因爲我們覺察不到情緒習慣逐漸成形，也不記得這些習慣當初爲何成爲我們偏好的習性，自然也就無法覺察情緒習慣控制我們的方式。

當然，情緒也受到許多其他潛藏因素的影響，包括先天的性格、氣質在內；不過，在這裡我們所關切的是後天養成的習慣，這也是能夠加以改變的部分。

測知潛藏的情緒模式

「我剛度完假回來，心情還很輕鬆，所以打了一通電話給我媽。」一位病人告訴我：「她問到關於旅遊的事，我準備一五一十地告訴她，可是，她卻中途打斷我，立刻講起她自己的事來。這舉動引爆了我的情緒，我覺得，她一點也不關心我，我很難過，然後越來越生氣。不到幾分鐘，我們又吵了起來，並且大聲指控對方，我實在是氣瘋了，就掛了她電話。可是我眞的搞不懂，爲什麼這樣的情節會一再發生在我們身上。」

原因很簡單。當我們被捲進憤怒或恐慌的漩渦時，一切變得令人困惑、失控、無力抵抗，且難以預測。但是，如果我們能夠退後一步，看看整個情節的發生經過，同時目睹事件分解成許多類似的情緒騷亂事件，我們就會認出某種潛藏已久的模式，即驅使這整件事的基模特性。此外，後退一步使我們測知，在引起反應的事件、這些事件依循的軌跡、紊亂的想法和感覺，以及我們在事件中的言行舉止之間，有哪些相似之處。

我的病人花了幾個月時間探究生命中的情緒模式。現在，每當她覺得被母親忽視時，她能夠立即測知自己對母親的想法、感覺和反應有什麼共通點；同樣的反應在她與先生爭吵時，也能夠在第一時間測知。每當她感到對方不關心自己，並且對她的需要和感覺充耳不聞的時候，情緒習慣會以同樣的模式演完整齣戲碼，不管是夫妻關係也好，母女關係也好。現在她能夠體察到，自己的反應依照特定的順序進行：先是一連串的想法，接著情緒反應，最後則以憤怒的爆發收場。

我們的情緒生活中有許多混亂狀況，其實是被那最深層的情緒基模所迫使的，這些情緒基模烙印在認知和回應模式上，導致我們一再用適應不良、習慣性的既定想法、感覺、反應，回應引起不安的事物。

當情緒習慣上演時，保持正念專注將賦予我們另一種觀點，讓我們看清構成情緒困擾的根源。在我們複習完主要情緒基模以後，便能以同理心和覺察對待這些情緒模式。

基模指揮它自己的「實相」——也就是我們在它的控制下所看到的事物樣貌。認識隱藏的模式能夠幫助我們認清事實眞相——不受限於自身習慣的制約，而是根據更完整、更準確的認知。這觀點爲我們所受的苦，換上一幅新的框架，當我們認識了是什麼原理在主導，就不再感到無助，更不再成爲相同情緒反應下的犧牲者。找到了槓桿的支點之後，便可從那兒開始轉化自己內心的景象。

第二部　進入——掀開事物的表面

5 情緒慣性的破壞力

一句禪話是這麼說的：「美女在情人眼中是愉悅，在比丘眼中是雜念，在蚊子眼中，則只不過是一頓饗宴罷了。」

這句話言簡意賅：事物在眼中的樣貌，會因爲所戴的「眼鏡」而不同，有的眼鏡只是暫時戴戴，而那些戴一輩子的眼鏡，則創造了我們對「實相」的觀念，而且這觀念是持續且永久的。

公元五世紀以前、第一位現代心理學者尙未產生時，那些將佛教心理學系統化的古代內心世界硏究家，已分析起心性在每一刻的細微變化，而這些細微變化，塑造了我們所認知的實相。早在當時，佛學已涵蓋了完整的心理學體系，這點令多數人感到相當訝異；佛教心理學是一門心性科學，無論是不是佛教徒，這門科學對每個人都極具價值。

這些早期硏究人內在世界的科學家發現，各種不合的心智狀態相互競逐，想要脫穎而出；勝出者爲我們的心智狀態定下基調——可能是憤怒、鎭定或喜樂等。心智狀態並不會瞬間消逝，除非是被另一個心智狀態取而代之，否則可能就此成爲心性的習慣狀態。

如果心性狀態只停留短暫片刻，那倒不成爲問題，但是當某種狀態成爲心性的固定習慣時，它開始定義我們的觀念。古代的佛教心理學者發現，人們往往會養成心的軌跡（mental rut），讓最受用的心性狀態主宰自己的心智體系。而當某種心性狀態成爲持續的習慣時，就會影響整個人格。倘若那佔優勢的心性狀態是負面的——譬如騷動不安或是充滿敵意——那麼，即使剛開始只是一時的心情使然，但終究會定形成持續的騷亂。

一部五世紀的佛教經典即指出，對於那些經常發怒的人來說，他們行爲的特定模式顯露了內心的狀態。舉例來說，他們在掃地或做家事時匆忙而缺乏耐性，而且還經常抱怨食物難以下嚥或是床太硬等瑣事；相較之下，愚癡的人掃地則是隨隨便便，而且是快樂地接受一切，包括難吃的食物和太硬的床，因爲他們幾乎沒有分別好壞的覺察力，以作爲判斷的依據。

如果憤怒或愚癡在心性中留下軌跡的話，便會塑造一個人的心理實相。達賴喇嘛將心性的負面習慣稱爲煩惱（mental affliction），他的定義是：「破壞內心平衡的心智扭曲狀態，不單製造了不安、焦慮或不快樂，而且終究會衍生出更嚴重的問題。」

適應不良的心性狀態

古代的佛教心理學家，指出某些心性狀態是健全的，而某些則否；套用現代術語則是「適應良好」（adaptive）或「適應不良」（maladaptive）。他們區分心性狀態的原理很簡單但相當深奧：使內心安祥的，就是健全的心性狀態；反之，使內心不安的，則是不健全的心性狀態。現今心理學將心智習慣或基模區分爲適應良好與適應不良，所用的準則與佛教相當類似。

「基模」是一組具有影響力的負面想法和情緒。我們爲了避免受到令人不安的心智狀態掌控，於是學了一套阻撓它的策略，幫助我們應付基模的全面發作，而「基模的全面發作」也是我們竭盡心力想避免的不幸狀況。

儘管如此，基模的策略之所以會生根，是因爲它曾經在某方面或多或少幫助我們調適。基模之所以會形成，是因爲至少在年輕時幫忙解決了某些問題。比如說：基模教我們在面對挑剔的長輩時要更加努力；或者，爲使自己不被其他孩子遺忘，基模要我們踴躍參加群體活動。雖然基模剛開始曾經爲我們解決一些問題，不過現在可能不再那麼好用了。

每一個基模，都可被視爲滿足基本生活需求的企圖，這些需求包括安全、人際關係、自主和能力等。只是企圖也可能會出差錯。當一個孩童的基本生活需求被滿足時，便會長成健全的大人；相反地，如果基本需求不被滿足，基模便會開始生根。

每一個基模都有它專屬的情緒特質，也可說是一種獨特而發自肺腑的強烈感受，當我們落入基模的控制時，便完全被這類感受牽制住。另一方面，這感受會重複我們早年遭遇創傷事件時的情緒，而基模也就是在此情況之下形成。每一次基模被引發，就會再次掉進恐懼的深淵，或是變得激憤、愁苦難當。

話雖如此，基模所採取的策略（或稱作「情緒習慣」），仍然隱含了一些珍貴的特質。比方說，有些人具有一種基模叫作「嚴以律己」，他們通常是嚴守紀律、自動自發，在工作方面，他們甚至是拚命三郎。這基模使他們無論做什麼都很成功，許多表現傑出的人士經常具有這個基模。然而，當他們把自己逼過頭，導致餘生在痛苦中度過或是把自己累垮的話，那麼嚴以律己就成了適應不良的模式。因此，他們需要找到平衡點——明白自己不需要做到一百二十分，有的時候做到七、八十分就夠了，並且好好過日子。

另一種人具有「情緒被剝奪」（emotional-deprivation）的模式。他們長期覺得被剝奪了愛、注意力或關懷，因此產生強烈的同理心和照顧他人的能力，在本質上這也正是讓人敬佩的天賦；問題是，當他們和每個人相處時都習慣性地照顧對方，而自己卻又非常渴求得到相對的同理心和呵護。於是，這個特質就成爲適應不良了。

基模的策略只能解決人生中部分的兩難狀況，也就是在人生中有一再出現的問題（像是需要親密關係或是愛）時的慣用解決之道。基模只能爲迫切的難題提供部分的解決方式，然而這些因應之道可以稍稍緩解痛苦，卻從來無法根本解決困境。

矛盾的是，雖然基模是迫切需求下的產物，卻又引導我們的思想和行爲去遵循的某些方式，導致需求得不到滿足。也就是說，基模不斷遵循不利於己的模式以便繼續存活下去。比如說，某人因爲具有情緒被剝奪基模，需要人際交往和他人的關懷，但是又一而再、再而三地愛上那些不願付出而冷漠的人。到底是什麼原因造成適得其反的結果呢？答案是：錯誤地期待「這一次會不同」。她期待這次會找到一個男人，雖然「好像」吝於付出（好熟悉自在的感覺），但是終究會給予她渴望得到的愛和關懷。

適應不良的基模使得人們開始尋求情緒反應方面的解答。一方面，這些解答是爲了滿足人類基本需求和願望而採取的策略，例如被愛、被瞭解、被接納等；而另一方面，這些解答卻弄巧成拙，破壞了最初的出發點。換句話說，雖然基模所欲達到的目標迫在眉睫，但是它們使用的手段卻有瑕疵。

適應不良的情緒

有一回，我到一處自然保育區的海邊，看到了七隻小鴨排成一列，興奮但不知所措地沿著海灘搖搖擺擺地走著，這時我卻不見母鴨從附近的池塘裡探出頭來。這些小鴨子才剛生下來幾天，牠們信心滿滿地跟在其中一隻最壯的小鴨子後面。不巧的是，這隻帶頭的小鴨子和牠的跟隨者沒兩樣，一副迷路且不辨方位的模樣。

或許，小鴨子察覺到我們在海邊見到如此窘境時流露出來的關切之情。牠們搖擺地走向其中幾個人，看看他們之中有誰身上寫著「新媽媽」的記號。小鴨子們一度「相中」了一位女士，她正巧有著一頭像鴨絨般的金髮，唯獨髮根的顏色比較深，或許正因爲這樣，讓牠們想起了自己的親媽媽。

我們溫柔地將小鴨們捧起，放在一條海灘巾上面，準備送回林中的池塘，那兒才是牠們的家。這時候，我感到一陣劇烈的恐慌感，我想，當牠們四處尋找媽媽的時候，一定也有這種感覺。

於是，我以極度恐懼被遺棄的心情，仔細思索以前一位病人的特質。在亟欲獲救的企圖背後，很多人都有著恐慌的情緒模式，而且嚴重的程度就像是生死存亡之鬥般，恐懼自己遭到消滅的命運。

然而對這些可憐的小鴨子而言，恐慌其實是正常的，因爲那適當反應了牠們身處危險卻得不到母親的保護。不過，對於一些時時恐懼被遺棄的人而言，即使令他們恐懼的狀況已不復存在，那「曾經適當」的情緒反應卻已經盤據在他們內心。前後二者最大的不同點是：基模反應是過度反應，而不是針對困境所做出的適當回應。

探索情緒習慣時，不要忘記：多數情緒反應對某些狀況可能是適切的，只有當這些反應不再奏效的時候，才被歸類爲適應不良。

舉例來說，以前有位病人的男友對她施以肢體暴力。當她搬走後，這名男子甚至用槍威脅她，因此她對他的恐懼是有事實根據的。她的反制行爲是取得一紙限制禁令，這是極爲恰當的舉措。但同時，這段關係喚起了她的某些基模，特別是恐懼被遺棄。這也是爲什麼她先前即使挨打，也要留在男友身邊。由於這種慣性反應原本就適應不良，因而跟別的情緒反比起來特別引人注目。

找出破壞性習慣

比較一下適應良好和適應不良的情緒基模有什麼不同。從小受到愛和關懷的兒童，會在適應極良好的基模下成長。心理分析理論學家艾力克・艾力克遜（Erik Erikson），將適應極其良好的基模稱爲「基本信任」（basic trust）。在孩子一生當中，往往一開始會假設世界上沒有人會對他產生威脅，認爲每一個人都値得信賴，除非他們自己表現出不可靠的樣子。具有基本信任的人比較容易交到朋友，因爲他們總是充滿善意地接近別人，並且把別人想得很好，因爲這個緣故，他們的人際關係往往是穩定的。

相較之下，早年受到虐待的兒童，有可能在適應極其不良的基模下成長，這種基模稱爲「不信任」(mistrust)基模。他一開始就假設不能靠別人來滿足需要，再者他也許會妄下定論，將一些中性、甚至是正面的行爲解釋成威脅，或是用來證實「人皆不可信」的基本假設。當然在童年時，這種行爲是適度的自我保護，但是長大以後，如果和人交往還是疑神疑鬼的話，就會發現自己很難交到朋友並維持親密關係。他們很容易在別人的行爲中看見敵意或是不好的一面，所以和自己親近的人一天到晚都在交戰。

校園惡霸往往具有不信任人的基本心態，他們把無害的暗示話語誤解成威脅，便在受到威脅的錯誤印象之下發動攻擊。類似的行徑也出現在一些打老婆的丈夫身上，他們對於遭到遺棄經常感到極度恐懼，害怕老婆會離開他，久而久之，老婆一個無傷大雅的舉動（例如吵架時走出房門外），就被他們疑神疑鬼的眼光看成遺棄的徵兆。這個單純的動作以及對遺棄的錯誤解讀，使這種丈夫從內心受創變得怒不可遏，最後終至發生罪無可恕的暴力行爲。由此可知，就這麼一個基本不信任的基模，扭曲了每天的人際關係，更迫使人們身處敵意和危險之中。

「找出破壞性的情緒習慣」這項課題，是延續早期佛教心性科學家的研究，他們論及「隨眠」（anusayas，譯按：大、小乘佛教對「隨眠」的定義不同，簡單說是「煩惱的種子」或「煩惱」的意思），也就是一直潛伏心性中、隨著那些造成心智或情緒不安的事件爆發出來的意向。佛教心理學認爲，即使「隨眠」並沒主宰我們的生活，它導致斷然採取行動的潛在可能性，使它成了心中的地雷區，只要不小心走錯一步，人就陷在情緒混亂和內心的困惑中跳脫不出來。

類似的是，現代心理學把基模比喻成儲藏系統，保存了一些「情緒學習的知識」（emotional learning）。人們學會：受到不公平對待時感到怨恨；應該對哪些舉動敏感；當我們發覺別人用這些舉動來對待自己時，應該採取哪些反應等。這個儲存系統不只是將以前所學的保存起來，而且還會把一生中的經驗添加進去。平時這些行爲模式蟄伏不動，但是等到某個事件發生的那一刻，基模便進入心中，老套的情緒和回應就會自然重現。

不知是否因爲與生俱來的氣質還是好運氣，有些孩子就是比別的孩子愉快，因爲他們成長在相對來說不受基模宰制的環境；另一位手足則是扛著好幾個基模的包袱長大。心理學對此現象的解釋是，家裡的每一個孩子，其實是長在「不同」的家庭裡；比如說，最年長的孩子在父母離婚時，可能已經大到能夠自力更生，而最小的卻成了沒有爹或娘的單親兒童。

核心矛盾

基模在某種程度上，爲我們實踐自己已經放棄的部分。馬斯洛（Abraham Maslow）說了一句名言：「如果保有自我的唯一方法是失去他人，那麼一般的小孩寧可放棄自我。」某些基模以及我們學會的因應之道代表的其實是：人們會犧牲自己的潛在利益來換得人際交往。

用圖形表示那些形成每天所見實相的心智模型和傾向，對心理學來說一直都是項挑戰。艾力克森的門生大衛‧夏普洛（David Shapiro），爲這個私密區域提供另一個引人入勝的指示圖。夏普洛針對人們的認知習慣，標示出他所說的幾種「神經質類型」（neurotic styles）——也就是獨特而扭曲的認知及行爲方式。

夏普洛的「神經質類型」屬於認知基模的類型，相當於佛學家在公元五世紀所列出的心智型態和傾向的現代版。例如，某些人具有夏普洛所說的「強迫類型」（compulsive style），會硬梆梆地盯著細節，忠實地遵守「應該」做的事，而從不展現自發性或獨立性。他們好像是靠著熟讀「生活規範」的指導原則過日子；相形之下，屬於「歇斯底里類型」（hysteric style）的人，則往往根據第一印象衝動行事，不但忽視細節，更不在意事實；他們解讀狀況的方式好像在瀏覽報紙的頭條新聞一樣，完全不記得詳細內容是什麼；至於「偏執類型」（paranoid style）的人，則是用狐疑的眼光看世界，把人生看成近似八卦小報的「陰謀論」，對任何已經證實的線索仍然抱持警覺。

上面幾種心智的有色眼鏡讓事情完全偏離現實，同時也扭曲了注意力、記憶及認知，以便遷就心智上的偏差。如果我們看待自己和他人都透過有色眼鏡的話，它所形成的不僅是我們對事物的看法，而且是整個人生觀。

看看下面的例子中，適應不良的基模有何影響。

有一個男人暗自害怕被女性拒絕，覺得自己是個沒份量並且有缺陷的男生，得不到他理想中女性的愛。

於是他以強壯肌肉男的外表來掩飾內心的恐懼。在這層僞裝之下，他信心滿滿地和心儀對象交往。

但是，當關係逐漸親密，對方開始提出讓他無法招架的要求——她要他忠誠，付出時間和關注。在他心裡面，他覺得自己是弱者而且不完美，永遠無法滿足她的需要。因此，他對她重新評估，心想也許她根本不是理想對象，他看到她的缺點，開始對她無禮，希望離開她。另一方面，她對他的拒絕則報以哭泣、傷心和狂怒，使他覺得自己更加無能，最後便離開了她。

他一離開她便開始覺得孤單。於是，他又想和另一個女人交往，但他還是暗中害怕沒有女人會接納他，所以他又覺得自己像個懦弱、有缺陷的男生，沒辦法得到他想要的愛……

於是，這名男子的基模就這樣無止盡地循環下去。這個案例，是由加州大學心理學者瑪爾地・荷洛維茲（Mardi Horowitz）博士所帶領的研究團隊努力獲得的成果。它所代表的只是多年來針對荷洛維茲稱作「適應不良的人際關係模式」所發表的上百件個案研究之一。荷洛維茲認爲，這些生活模式是觀念偏差的結果，我們用這些觀念束縛自己，也束縛與我們共同生活的人——包括那個覺得自己懦弱、不完美的男人在內。

人所偏好的基模往往適應不良，一次次出現在我們的思想、言語，甚至是夢境中。在這些「固戀」(fixations) 中，有些是一個人過去及未來的基礎，相當於每次交往過程中重複唸誦的腳本。這些核心矛盾都有一個主題，人在自己最重要的人際關係裡，都會依據這主題從頭到尾演一遍。

解構核心矛盾

根據萊斯特·魯伯斯基博士 (Lester Luborsky) 所言，每一種核心矛盾有三個部分。魯伯斯基博士在賓州大學 (University of Pennsylvania) 的研究團隊，發現了三十幾種常見的固戀。每一種都包含了一個願望或需要，預期得到的典型回應，以及對這回應的反應等。在核心矛盾中，最常見到的期望有三種：我要別人瞭解我、以同理心待我、用正確的心態看我；我要別人尊重我、珍惜我並且公平對待我；我希望對自己滿意，有自信。

當然，以上的願望放諸四海皆準：每個人私底下都想實現這些願望；矛盾的是假設和某些人相處以後，就預期所有的關係都是一樣的。在適應不良基模的作用下，對方往往成爲妨礙我們實現這願望或需要的障礙，接著導致預料中一連串的絕望反應，包括斷定對方不在意且不體貼我的感受，或是對方一定會利用我或藐視我等等。

可想而知，如果用這些方式回應，一定會招致回絕和失望、憤怒和怨恨，或是白費力氣和茫然無助的感覺。

造成關係失敗的原因在生命早期就已成形，而且一生中會以些微的變化持續存在著。魯伯斯基借用文學的比喻說：「幻想的情節不變，只是角色和場景變了。」這些情節的力量非同小可，不管是和朋友、愛人、配偶或同事，都一直用相同的順序演出。這固定的情節甚至主導病人和治療師之間微妙的相互作用，也就是心理分析學家所稱的「情感轉移現象」（編按：transference，通常指病人不自覺地將平常的情緒對象轉移至心理醫師身上），心理治療師成了與受治療者對戲角色的替身，再次上演同一齣老掉牙的通俗劇。

一位女士在團體治療中，道盡適應不良基模對人際關係的破壞力。她的核心基模使她渴求情感上的接觸，但又害怕自己得不到，結果，她對任何一點點自己受到忽視的線索便極度敏感：「我下班回家，想和我先生聊天。」她說：「只是想花點時間陪他，感受親近的關係。可是當我一回到家，就看見他在客廳死盯著電視足球賽，從公司帶回來的文件散得到處都是。更糟的是，他連看都不看我一眼。我當初早就料到他以後一定會忽視我，而且不關心我或我們的婚姻，結果果眞應驗了。」

她演練多次的反應是生氣和退縮：「所以，我衝出家門去買東西。我出去四個小時，是爲了惹他生氣；果不其然，我一回到家就和他大吵一架，類似的事一直不停地發生。」

常見的適應不良習慣

談到適應不良的習慣時，讓我想起《華德在哪兒？》（*Where's Waldo?*）系列兒童猜謎圖畫書。在這本書中，華德躲在一幅大圖案中，讀者得把他找出來。同樣地，我們適應不良的情緒習慣，也是躲在豐富而混亂的人生當中。

想要改善這些情緒習慣前，必須先把它們給找出來。因此，最好先取得一張指示圖，提供一些關於這些習慣特徵的線索。雖然我並不想將這些模式看作實質的東西，但是如此一來便可以幫助我們獲得一個概念性的架構，從混雜困惑中理出頭緒。爲了擺脫這些模式的控制，在過程中澄清事實是有必要的。

就讀研究所時，我曾經就教於一位心理學者，他發展了一套「描述心理學」（descriptive psychology）的理論架構用來區分這些習慣。這套理論和其他系統使我明白：勾勒一張指示圖或是某套方法對釐清適應不良的習慣極具價值。

後來在八〇年代中期，我和一群同僚參與了一個病案討論會，我們一群人貢獻的觀點，催生了傑佛瑞・楊博士所建構的適應不良基模模型。楊博士曾師事於發展「認知治療」（cognitive therapy）的亞倫・貝克（Aaron Beck）博士，只是楊博士的研究後來轉到新的方向。他大膽超越了傳統認知治療的界限，進入另一個心理學領域，而這領域一直被歸在心理動力治療（psycho-dynamic）之下，旨在幫助人們改變從童年經驗開始成形而根深柢固的情緒習慣，其破壞性可一直延續到長大成人。

誠實地看看自己

楊博士一面繼續修正，同時發展他出色的負面生活型態模型（如果你想瞭解更多有關他的基模模型，請閱讀《再創人生》（*Reinventing Your Life*）一書）。在從事心理治療師的生涯當中，我發覺以他的模型爲基礎的某些論述，能夠掌握到最多病人的基模。因此，楊博士的模型可算是適應不良心智習慣的總表。

當你讀遍這些描述的時候，可以找到符合自己的模式。這發現對你大有助益，只不過你應該在找出自己的行爲模式和維持整體的健康之間尋求一個平衡點。正如喬．卡巴金提醒我們：「我們正常的地方，遠比不正常的多得多。」即使「不正常的部分」仍是潛藏的危機，正念讓我們與根本的正常、健全再次接軌。

適應不良的基模可以被視爲心智中的迷霧，或叫作「情緒愁雲」，可能將我們的心暫時遮蔽，但只是短暫地掩蓋了我們本質的淸明和寬闊。在探究這些情緒愁雲之際，正念幫助我們保持更大的格局，提供更寬闊的視野，讓我們看見在愁雲周圍一望無際的天空。我們會知悉自己的限制，卻不將它看得太過眞實而被它打敗，更不會因爲心智習慣所造成的偏狹信念，讓自己完完全全被這些信念定義得死死的。

如果你有任何適應不良的基模，那麼你並不孤單，因爲很多人的性格，就某種程度而言，都是由適應不良的基模塑造成的。這些情緒習慣，可以視爲解決人生痛苦的企圖，或是爲逃避不安情緒所想出的法子。比如說，我們會利用「過度補償」(overcompensating) 的方法，努力將基模推向另一個極端，藉此說服自己不會被基模擊倒；另外我們可能採取逃避的策略，鬼鬼祟祟，以免將基模喚醒。如果這些策略成功的話，就可以暫時減輕情緒上的痛苦。

不同策略所代表的意義是：同一個基模在不同人的行爲上表現出極大的差異。事實上，即使在相同情緒環境下長大的兄弟姐妹，也可能會採取不同的策略，來面對生活中父母離婚、遺棄或死亡而消失所帶來的創傷。

其中一個孩子可能會以過度補償的方式反應而變得非常黏人，而且在日後的人際關係中，一再要求對方提出保證；而另一個孩子，則可能採取逃避的方式而不依戀任何人，因爲他怕再度遭到童年所受的痛苦。兩個案例所使用的策略不同，而目的則無非是希望不要再度體驗被遺棄的恐懼。

至於爲何兩人會採取不同的對策，原因並不明確。可能是因爲孩子先天氣質的差異，或是依據孩子無意識選擇父母中的哪一方或哪位兄姊爲成長典範而定。

我鼓勵你用慈悲心探索內心世界。由於我們需要極大的勇氣，才能夠誠實省視心中的祕密夾層，所以盡量對自己溫柔一點吧。

還要記得的是，每個策略對解決人生問題多少都有些用處，換言之，這些對策都有或是曾經有一些可取的地方，基本上在生命早期都行得通；但現在儘管流於僵化頑固而效果不彰，這些對策還是一再重複使用。

由於對策的種類繁多，基模會依人們採取的對策以不同面目顯現。我在本章和下一章所描述的基模形式，會提到這些基模的表現方式，好讓你從自己的行爲中辨識出基模。但是，請記住我們每一個人都是獨特的，因此這些描述可能和你自己的模式不盡相符。

掀開潛藏的模式，將它們攤在覺察的明光下，讓我們擁有改頭換面的機會，就像是整修心中老舊的閣樓一樣。但是，好比我們在閣樓裡會找到一些陳年發霉的遺物，有些東西就是割捨不下，即使已經沒有任何用處了。有時候你會寧願把閣樓的門關上，繼續對抗這些模式，不然就乾脆不去管它。但是，假使這是你面臨抉擇的時機，那麼這內在的探索就開闢了一條道路，讓你活得更眞實，而不再生活在情緒習慣這付有色眼鏡的陰影下。

1 遺棄

第一個基模的成因，來自對「失去」的反應。「在我大約三、四歲的時候，最寵我的爸爸突然心臟病發作。」一位病人回憶著：「我七歲的哥哥一直哭，當我問他怎麼了，他回答說爸爸死了。從那時起，我就一直覺得很寂寞。我媽總是太忙而沒辦法兼顧家庭，而且她經常出差，所以我也有被她遺棄的感覺。從此以後，我總是渴望生命中重要的人一再保證不會離開我。即使像現在，當這些人的行爲有遺棄我的跡象，比如說不馬上回我電話，或者約會遲到，我立刻就覺得受到了傷害，很難過。有時候我甚至想結束關係，即使事情並沒有糟到那種地步。」

遺棄基模（abandonment）的核心情緒是：不斷害怕別人會丟下自己。這個模式是源自眞實的童年經驗，比如說，父親或母親去世，或是當雙親因離婚而分居。

但是，遺棄不一定是具體行動。象徵性的遺棄一樣能夠造成不小的影響。例如：經常搬家、有個不穩定、不可靠或情感疏離的父親或母親。如果父母任一方不能成爲孩子的靠山，對子女的照顧時有時無，情緒不穩定或是酗酒，這些都可能形成孩子被遺棄的恐懼。

有這種基模的人們，對於孤單的潛在可能性會感到深刻的哀傷和孤立感，而遺棄模式最後導致的情緒，就是恐懼和恐慌。

一個小孩如果害怕被生命中的重要人物遺棄，最自然的反應就是黏緊一點。對孩子來說，這種衝動純粹是自然反應。拚命抓緊不放，或是再三要求對方保證不會離開或是可以倚靠，都只是用想像力來對治他們害怕的遺棄行爲。「黏人」的習慣早就形成，通常一開始是積極的調適行爲，因爲這小孩藉由尋求對方的一再安慰，以撫平心中的恐懼感。但是，當某個成年人面對親近的人，仍舊一再浮現相同的恐懼感時，黏人就不是很恰當的方法了。而對付遺棄的方法，不免導致焦慮的執著，像是要求對方一再保證關係很穩固，沒有分手之虞；然而，一再要求對方保證的結果，反而會把人逼走，而這又更加應驗了自己將被遺棄的預言。

有遺棄基模的人會變得杞人憂天，擔心只要自己稍有閃失，愛人便會琵琶別抱。他們的對策之一是逃避，也就是勉強自己去忍耐一段不理想的關係——又是因爲恐懼對方會離開的緣故。另一個對策則是先發制人，也就是不等對方離開便先走人。這是避免遺棄恐懼的另一種辦法。

爲了避免孤單帶來的情緒，有遺棄基模的人會不斷尋找下一個糾纏的對象，好讓自己遠離孤單的恐懼。這種不顧一切找尋伴侶的行爲若發生在女性身上，她會在剛開始和異性交往時就緊迫盯人，瘋狂地想要每分每秒都與他同在，或是在他能對這段關係做出任何承諾之前，就搬去和他同居。同時，她對可能遭到遺棄的蛛絲馬跡異常敏感，因此隨時想好一套酸溜溜的說辭，控訴他另結新歡。

這個基模讓人拚命找出對方可能離開的徵兆，然後把這徵兆曲解成關係即將終止。這類偏頗想法的徵兆之一，就是一和配偶短暫分離，就過度傷心，例如另一半出差在外過夜。遺棄基模喚起的恐懼，是擔心愛人永遠不回來，這和年少時的恐懼感一樣強烈。

無論是暫時還是永久和配偶分開，在具有遺棄基模的人心中所引起的恐懼感比一般人更為強烈。這種可能被遺棄所引起的恐慌感，和童年在遊樂場和父母走散的恐懼一樣嚴重。

如果你覺得這種模式很熟悉，解決的方法是：認淸自己可以孤單卻滿足，並不是孤立又絕望。恐懼被遺棄的人應該明白自己一個人也沒問題，而且他們擁有的心靈糧食足以滿足自身所需，因此就算有人離開也不會因此而崩潰。在療癒過程中需要特別留心的，是那些被遺棄的象徵性跡象就能挑起的情緒。在基模開始佔據你的行為以前便加以追蹤，例如，對分手或孤單過於敏感，拚命黏住對方，以及生怕自己被孤立等。在這段追蹤的過程中，學會信賴對方則代表你的一大進步。

2 剝奪

有位病人的父母都酗酒，因此自小就覺得被忽視。「我從小就知道，」她說：「當我想要某樣東西的時候，一定沒有人聽到，甚至不想接近我，因此在婚姻中，我不敢開口要求什麼。每當我提出情感上的要求，就會覺得自己非常脆弱。」

「我想要的一定得不到」這句話總結了剝奪基模（deprivation）的基本信念。問題多半來自童年時期，當時父母一方或雙方都忙於自己的事，不管是忙於工作，還是忙於解決自己的問題——如酗酒或是其他問題——因此根本沒有注意，甚至不在意孩子的情感需求。當孩子長大成人以後，只要有任何不受注意或不被關注的徵兆，往往會引發剝奪基模，而剝奪基模則進一步使他們對這些徵兆變得異常敏感，特別是徵兆的來源是關係最親密的人。

由於確信別人永遠不瞭解或不在意自己，因此剝奪基模的主要情緒表現是嚴重的悲傷和絕望。有這種基模的成年人就像被怠慢的孩子，經常因爲自己的需求被忽視而憤怒，而憤怒卻又是造成孤單和難過的根本原因。

起源於童年的剝奪基模可能有幾種形式。對某些人而言，剝奪來自於得不到養育、溫暖或愛；對另一些人而言，剝奪可能是因爲得不到別人的同理心，因爲沒有人想眞正瞭解孩子的感覺、傾聽他的憂愁或是給他完整的關注；還有些人的剝奪基模，可能只是缺乏每個孩子都需要的指引和方向。

對付這個基模的策略因人而異。比如說，一位病人會憤怒和怨恨地攻擊使她失望的人。可是她那頤指氣使的態度，卻使得家人益發不能以同理心相待。

另一位同樣具有剝奪基模的病人則是表現出不尋常的親切，不辭勞苦爲別人付出，但是，儘管密友很多，他仍然常常感到難過，因爲似乎沒有人會像他對朋友一樣體貼他、照顧他。當他有需要的時候，他會因爲沒有人注意他、鼓勵他而異常傷心——即使他根本沒有把自己的需要告訴別人。他希望別人都會讀他的心，從那若無其事的外表感受他的需要。

在上面兩個案例中，第一位是太努力想要滿足自己的需求，而第二位則太過含蓄。一樣的基模，不一樣的回應，而不變的結局則是失望。

不管別人付出多少，剝奪基模的人好像永遠都嫌不夠。而無止盡的要求，只會讓人敬而遠之。有時候他們覺得，不用明說，別人就知道他們要什麼，或者會任性地買一些自己負擔不起的東西，甚或以暴飲暴食來滿足自己被養育的渴望，但是，這些都無法滿足情緒上被養育呵護的眞正需要。

相較之下，第二個案例中，許多缺乏父母養育的小孩學會照顧別人，就算自己從未受到照顧。於是，他們成了早熟的「小大人」，有時甚至表現得像是「父母的父母」。那些孩子很早就瞭解，如果要得到任何養育的話，他們必須自己供養自己。

雖然在這個策略之下長大成人，照顧別人的習慣卻會在他們成年後繼續製造問題。一方面，一直照顧別人的人很少把自己的需要表現出來。雖然他們已經做了不少，還是很容易因爲做得不夠而感到慚愧；另一方面，他們既渴望得到相當於自己所付出的照顧，又害怕一旦別人知道他們的需要以後卻辦不到，因此，便裝出一付幽默又能幹的樣子。

這些人做事似乎總是條理分明，不需要別人的關注，而人們也找不出理由來關心或照顧一位這麼能幹的人。有時候，具有剝奪基模的人會被「助人」的行業吸引，例如，社會工作、護理、心理治療等。但是，如果「助人」是被基模驅使的話，有時可能適得其反，尤其是當別人強迫他付出太多使他招架不住的時候。

剝奪基模的另一種表現方式，則是和別人保持距離，使自己不在感情中受傷，因此而與人更加疏遠，而且由於害怕別人無法滿足自己，從不將感覺或需要表現出來。這種模式在童年時期便已被當作自我保護的策略，避免因自己的需要被漠視而再度受傷。

剝奪基模的有色眼鏡，將焦點聚集在「被怠慢」的徵兆上。我們可能因平常關心自己的人，做了稍微不如自己意的事而失望不已，儘管眾多跡象顯示這個人一直以來都非常關心自己。這種曲解導致我們對周遭的人長期感到失望。

如果你發覺自己有剝奪基模的特質，你必須更瞭解「需要別人的照顧」是如何塑造自己的人際關係。我們將明白如何藉由正念來覺察剝奪基模，使它不再是人生的隱形舵手。你要先注意自己容易曲解別人行爲的傾向，比如說，假如你覺得別人只會向你要東西，那麼你要學會克服那種想法，瞭解別人也許只是喜歡與你爲伴，如此而已。你也可以讓正念來改變自己的行爲，例如，把需求一五一十地告訴對方，或是尋求幾位在情感上支持你的夥伴。

3 服從

「我母親極度喜歡駕馭別人。」一位女士在團體治療時告訴我：「從我十幾歲開始，她就替我決定一切，幫我買鞋子，幫我買衣服，但是從來不問我喜歡什麼，什麼事都要按照她的意思做。現在我和人交往時，永遠說不出自己想要什麼，我只想依著對方的要求就好了。」

服從基模（subjugation）與親密關係長相左右，情況往往是一個人的需要永遠不重要，而另一個人則永遠統治一切。服從基模的中心思想是：「每次都要聽你的，我永遠沒份。」

雖然具有服從模式的人很容易屈服，他們的怨恨卻越積越多，一直在心裡悶著，直到累積成憤怒爲止——即服從基模的典型情緒表現。簡言之，壓抑造成挫折，最後再演變成憤怒。

這個基模多半是童年受到控制慾強的父母支配而無法表達意見的結果。父母對權力的過度主張遠超過常理，以致完全忽視孩子自主的需要。主張絕對權威的方式，從全然的暴力和脅迫到比較巧妙的控制都有，只要是孩子表達了一點點自己的意願，便用不贊同的表情、皺眉頭、音調等來回應。

在這種氛圍之下長大的孩子早就明白，他們的情緒和需要並不存在，或者根本就不算數，因爲別人全替他們決定好了。於是，他們對自己的願望和喜好感到無力且無助。長大成人後，他們與人相處時很習慣讓對方支配自己，不再思考自己眞正想要或需要什麼。如果要他們決定到哪家餐廳吃飯或看哪部電影，他們會無從選擇，必須由對方代爲決定。

如果父母太過強勢，孩子可能採取消極逃避的策略，這樣就不再恐懼被吼叫、被處罰或是非難。只要不說出喜歡什麼和想要什麼，或者完全壓抑下來，這樣的「乖孩子」就能確保家裡些許的和平。如果長大成人後仍然延續這種模式的話，他們在關係中往往會過度取悅對方。習慣服從的人通常會從事父母爲他們選擇的事業，聽從強勢配偶的命令，甚至孩子的任性要求；但是，在他們和藹可親的虛飾外表背後，怨恨已經沸騰到頂點。挫折感加上氣憤自己被設計或不能自主，是具有服從基模的人的共同特點。

他們對於服從的反應方式不一而足。有些人會因爲叛逆行爲而惹上麻煩，尤其在幼年或是青春期，結果反而讓蠻橫的父母更使勁地掌控他們。這些叛逆行爲可能演變成不受管束、一旦有受到控制的輕微跡象就反應過激，或是對權威表達第一時間的憤怒等。

另一種反應是不願意做任何承諾，以免被承諾束縛，採取這種方式的人，可能連幾點鐘在餐廳見面的小事情都不肯允諾，因爲同意被特定時間和地點的約會束縛，會使他們有掉入陷阱的感覺，而那種象徵性的服從又引發他們的恐懼感。

另一種調適方式則是投降。這種人不清楚自己喜歡什麼，有什麼意見，甚至不曉得自己是「誰」。他們把主要焦點放在取悅別人，完全忽略自己的慾望和需要。容易順服強勢而且愛掌控的配偶，儘管因此有被陷害的感覺而懷恨在心，但至少這種似曾相識的人際關係，讓他們很有安全感。

討好別人的傾向終究會失去平衡。這些人沒有辦法限制自己要做到多少，結果往往是做太多份外工作，或是爲別人做太多事，不僅完全看不見自己，而且也忘記要求公平對等的回饋。

如果你自認隨和又好商量，但極少對親近的人發表自己的意見、喜好或需要，那麼你可能具有服從基模。雖然表現出隨和的樣子，你卻有被利用或受控制的感覺，而以爲別人都在佔你便宜。可想而知，你經常感到憤怒或怨恨，但從不表現出來。或許你會採取間接的回應方式，像是拖延事情、趕不上期限或習慣性遲到等。

一旦你發現自己有服從基模，你必須正視自己長期被控制所導致的怨恨及挫折感。你除了應該大聲說出自己的願望和需要以外，還可以藉由正念的力量，追蹤自己的自然反應、憤怒、還有害怕再一次被控制的念頭。

4 不信任

瑪麗是我意外發現的典型不信任基模案例。我與她素昧平生，是從報紙上讀到她的故事。瑪麗是一篇探討女性童年受虐文章的女主角。瑪麗和十個兄弟姊妹有位酗酒的母親，當她還是個小學生時，有個親戚開始對她進行了長期的性騷擾，而且還威脅她如果說出去的話就要對她不利。她和姊妹們因爲害怕再次受到侵害，每晚抱在一起睡覺以尋求保護。後來她終於鼓起勇氣告訴母親，可是得到的卻是輕率的回答：「他可能沒有那種意思。」

多年後的今天，不信任感威脅著她的人際關係，而且每況愈下。雖然瑪麗算得上迷人而且活潑，但是只要有一點被背叛的跡象，她立刻變得多疑、充滿敵意。瑪麗坦言：「我不知道自己爲什麼這麼偏執！」她因爲和同事或主管爭執而丟了一連串工作；只消察覺到一點點的冒犯，就足以讓她勃然大怒。現在，疑心病滲透到瑪麗和男友的關係，只要聽見他半夜在屋內走動，瑪麗會衝到小女兒的臥室，確認她沒有被不當碰觸。

疑神疑鬼是不信任基模的典型，其基本信念是：人皆不可信任。隨著這個信念而來的，不只是容易「憤怒」，而是容易「爆怒」的情緒特質。這種模式使人們對人際關係保持警戒心，因爲他們擔心自己會吃虧或遭背叛。由於過度擔心別人的意圖，而且一下子就預設最壞的情況，所以很不喜歡親近別人並與人交心。矛盾的是，有著不信任基模的人，往往會一頭栽進他們最害怕的關係，或是和那些不能善待自己的人交往。

不信任模式，往往源自小時候遭虐待或不良的對待。虐待可能是身體上、情緒上或是性的方面。如果一個人受到肉體方面的虐待，父、母親的認知偏差會讓他以爲懲罰「是爲了他好」，所以並沒有什麼不對的。至於情緒上受到虐待，則會使人吹毛求疵，喜歡貶損他人，口出令人不悅的言語；另一種情緒受虐的人則會讓人抓狂，捉摸不定，一下子親切可人，一下子卻又突然拒人於千里之外。

如果受到的虐待是性侵害，施虐者多半是堂（表）兄弟，舅舅（叔叔），或是某位父母的朋友——換言之，是一位受虐者認識而且信任的人。性侵害對情緒產生深遠的影響，讓人深切感到被背叛、恐懼、羞恥和激憤。如果受虐者隱瞞或否認實情，則更加深被背叛的感覺。通常，性虐待發生得越早，或是持續的時間越久，就會導致越嚴重的不信任基模。

不信任基模和其他基模不同的地方在於，父母或加害者是故意傷害和殘忍對待；由於在孩子的人生中存在如此駭人的事實，因此不信任成了他們對這個眞切的威脅所做的調適性回應：生命當中重要的人都不可信賴，然而爲了生存下去，一定要小心偵察周遭的人。當孩子長大後問題便一一浮現：疑神疑鬼會損害人際關係，因爲大部分人是不應該被懷疑的。

這類基模可能導致幾種行爲模式。第一種是懷疑每一個人，逃避所有的信任關係；或者，一開始她可能會把對方理想化，當成靠山或堅實的臂膀，但是到頭來卻因爲對方看似背叛的行爲而勃然大怒，並開始厭惡他；第三種行爲模式則是由於童年情境的重現，陷入一連串的關係中，而每一段關係最後都演變成虐待。

受虐者有時候可能會變成施虐者，將虐待的行徑傳到下一代去（幸運的是，受虐兒長大成爲施虐者的案例相對來講還算少）。

不信任基模可能會以令人不解的方式被「促發」（prime），其中一種方式是堅信每個人背後都隱藏了動機，因此有人想認識自己，是因爲他有所企圖，而這種想法使他們不願結交新朋友。

如果你透過不信任基模的有色眼鏡曲解人生，那麼人際關係就成了危險地帶，因爲別人會利用人際關係，隱瞞想要傷害或利用你的意圖。一旦有人對你好，你會馬上懷疑他背後的動機，可能想要操縱你。你的疑心會曲解別人的言行，怎麼看都是要背叛你的樣子。因此，覺得應對背叛的可能性保持戒心，小心別人會對自己不利。雖然疑心病可能發生在任何關係上，不過最嚴重而且持續最久的，卻是在與你最親近的人的關係上。

如果你有不信任基模，就必須建立一個可以信賴的關係。你可以尋求一位專精受虐案例的治療師，一旦治療師讓你產生安全感以後，治療的結果會讓你重回記憶中最初的虐待行爲，學會對施虐者表達你的憤怒——這是情緒上必要的一步。正念可以幫助你覺察不信任別人或是老以為自己被背叛的傾向。然後，就可以挑戰這些想法，好讓自己更適當地信任與你親近的人。當你不再忍受被虐待的關係，或是不再沈迷於一個會虐待你的伴侶，這就表示你已大有進步。

5 不被愛

「我不值得人愛」這個千篇一律的假設是不被愛基模（unlovability）的典型。它的核心在於老覺得自己有瑕疵：任何人只要認清你的眞面目後，一定會發現你是有缺陷的。事實上，這個基模也可稱為「缺陷基模」（defectiveness schema）。

對泰莉來說，這種模式重複發生在她與男人交往的過程中，使她感到脆弱而焦慮。泰莉回溯到她父親當年為了另一個女人而離開她母親：「這件事對我的意義是，我是個不值得愛的人，因為同樣身為女性，我強烈認同被拋棄的母親。但我以為每一個女人，終將被男人發現她欠缺一些基本特質，而被輕易地拋棄。為此，我一直怕男人發現我是個有缺陷而且不夠好的女人。」

羞恥和屈辱是缺陷基模最明顯的情緒表徵。覺得自己有瑕疵而且不值得被愛，經常是由喜歡吹毛求疵、侮辱或貶低人的父母逐漸灌輸形成的觀念。父母不停的非難，傳遞的是「你就是不夠好」的訊息，這個訊息充滿孩子的小小心靈，漸漸成為他對自己的認知。這個訊息不一定要用言語表達，因為孩子非常能理解非言語形式的厭惡和輕蔑，例如，挑起的眉毛以及諷刺的語調等。而且訊息本身和孩子眞正的個人特質或價值沒有一點關係，只是他被迫這樣看待自己。

有些孩子對付被貶低的方法，就是完全投降並且照單全收。他屈服了，並且在內心深處認定自己是個不完全的人；還有一種孩子則是樹立勇敢的外表，寫在他臉上的膽量，其實在掩飾自己有缺陷的根本觀感。

不管是缺點已經被人知道，或是害怕被人知道，都會令我們羞愧得無地自容。對於有這種基模的人而言，缺陷藏在內心深處，只要別人更瞭解自己，那些缺陷便會曝光，而他們也會因此遭到拒絕。

他們瞧不起自己，一如父母瞧不起他們，所以，在成人的人際關係中，他們小心不讓內在缺陷顯露出來：「如果他們認清我的話，他們一定不會喜歡我。」

在不被愛基模的人身上，經常可見兩種主要模式：有些人因爲覺得自己一文不值而容易讓步，他們缺乏自信，擔心自己一定有某些特質而無法被人接納。這種想法促使他們更加隱藏自己，不輕易流露情緒和想法，最後導致他們變成難以瞭解的人。抑或是他們和人交往卻又非常擔心被拒絕，生怕表現太多自我會遭到批評和侮辱，最後的代價是：建構一個空洞、虛僞的自我，以便躲開那個讓他們感覺自己一文不值的內心世界。

另外一些人則是躲在高傲逞強的外表下，讓自己看上去比自我的認知還要好，藉此掩飾缺陷感。他們特別努力博取別人的讚美以彌補內心不足，有時候會因此獲得公眾的認可，也緩和了部分有缺陷的感覺。

不值得被愛的感受會使人際關係出現問題。由於伴隨親密和接近而來的是缺陷被發現的風險，因此具有缺陷基模的人保護自己的方式，是和冷漠的人交往。如果你有這種基模，你可能難以眞心且毫無保留地對待對方，同時又相信伴侶會像之前一樣愛你。

如果你覺得不被愛基模很熟悉，改善的方法之一是，挑戰那些將所犯錯誤誇大以及懷疑自我的想法，這樣才能認淸自己眞正的長處。缺陷基模的徵兆比其他基模更微妙，因此以正念追蹤這些徵兆特別有用。缺陷感所導致的反應包括：獨處時深切的悲傷，伴隨著沒有人想和你在一起的想法，或是把自己的情況歸咎於別人，要不就是自怨自艾。當你有信心，即使所愛的人瞭解了你的缺陷，仍會愛你，這就表示你已經跨出一大步了。

你在自己的人生中，也許能找到一種或數種前面提及的模式。當你讀到自己的問題時，難免會將這些問題以及伴隨而來的情緒挑動起來。重要的是承認自己的情緒反應，以同理心接受基模存在的事實。在下一章探討完其他主要的基模後，我會更詳細地探討這一點。

如果想更瞭解自己的基模……

當基模開始啓動的時候，試著去追蹤並深入探究。

當你感到煩惱異常，陷入某種揮之不去的情緒當中，或是行爲衝動而不合宜，請你採取以下幾個步驟：

1.承認當下的一切　不要企圖粉飾太平，把它從心中甩開，或是跳到下件事情去。相反地，以當下的正念代替一切，不管那個時間點上你的情緒正在沸騰，還是事後回想發現事情嚴重。察覺自己的無法自拔、過度反應，或是不合宜的言行。

2.坦然面對自己的情緒　以正念覺察，探究此刻你對這事件最強烈的情緒。這麼做是因爲基模通常有著獨特的情緒表現，例如：遺棄基模會引發焦慮；不信任基模引發的是爆怒；而剝奪基模，則是悲傷莫名。你現在覺得如何？你最近是否有過相似的感覺？

3.留意你的想法　你在想什麼？你如何對自己交代曾說過的話和做過的事？你的想法是如何證明自己所爲是合理的。

4.這讓你想到什麼？　你遇過類似的事件嗎？這些事件讓你憶起過去的遭遇或感覺嗎？

5.尋找模式　和其他幾次相比，你看出你的類似反應有什麼脈絡可循嗎？大體而言，這模式和你在這一章讀到的任何基模相似嗎？如果不一樣，把這些模式記在心裡，繼續閱讀下一章提到的其他基模。

6 與外在世界的不良關係

前面提到的五種基模和親密的關係有關，一再出現在我們的感情生活、家人相處及友誼之中。這一章所要探討的五種基模，則影響學校、職場和團體生活。前面五種模式，主要源自最早與父母和家人的互動關係；至於其他的，則是當生活範圍擴大到近親以外，面臨獨立自主和自身能力的挑戰時，才會部分或大量地浮現。

1 孤立

「我成長於印第安那州的某個小鎮附近，人口大約只有兩千人。」一位女士在治療團體裡說：「住在鎮上的女孩子最幸運了，因爲她們放學可以一起去買汽水喝。我就沒那麼好命，因爲我們住在幾英里外的農莊，放學後也沒有玩伴。從那時候起，我就開始覺得自己像個局外人。」

發覺自己是局外人，譬如在學校裡不屬於任何一個小團體，是孤立基模（exclusion）的主要成因。「我不屬於……」是這個基模的標語。孤立基模離不開我們在團體、職場、家庭、交際圈，甚至會議或派對中對自己的角色認知，而認知所得到的訊息往往是：「你和我們不同，所以我們不喜歡你。」

這種基本信念，通常使得一個人隨時做出讓自己更加被排斥的舉動。孤立基模的典型情緒是焦慮，尤其在團體中或是和陌生人在一起的時候，另一種典型的情緒，則是因落單或寂寞而感到哀傷不已。

剝奪基模和遺棄基模主要形成於幼年時期，而當情緒發展到「被其他孩子接受」顯得越來越重要的階段時，孤立基模便會在這時候形成。孩子的需求隨成長和發展而改變。在小學時期，父、母親的關愛和教養方式會加深孩子的幸福感。不過一旦孩子的世界擴大，同儕便開始發揮相當於父、母親的影響力。即使僅僅是被一個好朋友接納，對孩子的重要性也不容小覷，相反地，如果成爲別的小孩玩樂時排擠的對象，後果可能不堪設想。

但是，被同儕排斥可能只是孤立基模的眾多原因之一。事實上，被排斥感也可能因爲自己的家庭在某些方面不同於四周鄰居所致，甚至可能因家庭變故而產生——比如說，孩子因父母離婚後再婚組成混合家庭，而感覺受到忽略。

覺得自己遭到排斥的孩子可能會試著調適，他們的方法不外是繼續做個局外人，或是不參與團體，將被拒絕的傷害降到最低。如果長大成人後還是遠離群體，或只是站在邊緣觀望，這個人就不會主動和他人交際，讓自己被群體接納。

孤立基模會一直惡性循環下去。他人的仔細打量或拒絕會引起焦慮，最後使他成爲拙於社交的人。簡單來說，孤立基模造成某種行爲模式，使得「我不屬於……」的基本信念必定成眞。

爲了避免社交被拒的可怕經驗，在陌生人面前手足無措的人在聚會時會瑟縮到一隅；另一種作法，則是想盡一切辦法融入團體，對於能否成爲一位完美的團體成員表現得過分在意。

還有一種策略是極盡誇張之能事，並且爲這種不羈的角色感到洋洋得意。這種情形可能發生在崇尚歌德風的十來歲年輕人身上，他們將頭髮染成紫色並剪成銳利的北美洲原住民摩霍克族式樣，在身上到處穿孔、穿黑色皮衣。這些年輕人想傳達的訊息是：「我跟別人不一樣，不屬於任何團體，而且我無所謂。」

如果以上任何敍述適用於你，正念將助你舒緩社交焦慮，讓你從不自在的念頭退後一步，這樣你才能挑戰這些念頭。你也可以學著一反常態，感受並挑戰自己的恐懼。此外，你應該試著打開話匣子，不要再退縮不前。此外，改變行爲之前應該先改變心態，也就是先要學會控制焦慮，如此一來，無論身在任何團體，都無入而不自得。

2 易受傷害

「我十四歲的時候，爸爸差一點因心臟病去世。」一位女士在團體治療時告白：「爸爸在養病的時候，有一天對我說：『妳是我想活下去的唯一理由。』於是我開始害怕，因爲他的生命操在我手裡。後來上了大學，我選讀醫學院預科，而如今，我成了一位心臟科醫師。

我擔心周遭所有的人，而且擔心得過度。我母親以前也是這樣，我每次出門，她一定會問：『有沒有帶鑰匙？有沒有帶錢？有沒有穿毛衣？』這些問題好像在暗示不好的事一定會發生。現在我也是這樣，每次和男朋友外出約會，當他鎖車門時，我會憂心忡忡地問：『有沒有帶鑰匙？信用卡呢？錢呢？』快把他給逼瘋了。」

「失去控制」是易受傷害基模（vulnerability）的核心。易受傷害最明顯的情緒特徵，是一種誇張式的恐懼，就好像大災難即將要發生的樣子。在他們眼中，稀鬆平常的恐懼會演變到難以控制的地步，這種現象又稱爲「災難化」(catastrophizing)，也就是把一件不重要也無須擔憂的小事，誇張地想像成徹頭徹尾的大災難。

易受傷害基模起因於父母中有一方也有災難化的傾向，或可追溯到一直覺得會有不幸事件發生的某個生命過渡期。無論是前者還是後者，孩子學到了過度憂慮——可能是以父母爲榜樣，或是因爲眞的有令人憂心的問題發生。無論何者，孩子得到的訊息是：這是個充滿危險的世界。等他們長大成人，相同的焦慮會集中在財務、事業、健康及人身安全等方面。

當然，如果擔憂使人更小心，或是促使人們做好萬全準備來面對眞正的災難，那麼擔憂便是調適性的行爲。如果擔憂或焦慮即將發生的實質危機，而促使我們採取必要行動，那麼擔憂或焦慮便是有益的。比如說，聽到颶風警報時，把窗戶用膠帶貼起來，或是發現住家附近竊賊猖獗，加裝防盜系統等都是。

但是，假使擔憂的習慣一直持續，逾越了面對問題所需做的準備時，擔憂就成了機能障礙。當人將一切「泛危機化」，導致對完全正常的狀況或合理的風險憂心不已時（比如說家人搭乘飛機旅行），這種「不成比例」的焦慮，就是易受傷害基模的典型徵兆。

這種基模讓人過度謹慎以確保安全感。常見的例子有：過分節儉，拒絕任何享受，或是採取極端的飲食或保健方式，以避免得到某些疾病。易受傷害基模會讓人變得非常畏懼風險，不是旅行時絕不搭乘「危險」的交通工具，就是絕不在晚間外出以免遇到歹徒襲擊。這個基模最極端的形式是恐懼症，例如害怕飛行、害怕細菌、甚至是害怕開車經過橋下。容易突然恐慌的人，經常是易受傷害基模的受害者。

易受傷害基模的另一種特徵是：拼命準備以求得安心，或是嚴格限制自己的行動。這種人通常會藉由不斷尋求保證來緩和心中的疑慮。比如說，他們會去做不必要的身體檢查，或是一再打擾投資顧問，焦急地詢問對方自己投資的錢安不安全。他們甚至發明一套私人「儀式」，以減輕心中過多的憂慮，比如，出門前爲了確保門鎖好了，得來回檢查三次。

另一個截然不同，甚至是矛盾的現象，則是藉由「冒險」來過度補償自己易受傷害的特性。這種人會從事像滑翔翼之類追求刺激的活動，拿自己的命運下注，藉此告訴自己不必害怕。

如果這個基模適用在你身上的話，療癒的重點之一是挑戰恐懼。別讓恐懼使得你卻步不前，相反地，應該讓自己的行爲更加自由。在此，正念幫助你認識自己的恐懼，讓你認清恐懼純粹只是一種想法，而不是實相。用正念監控你的想法，以免讓想法支配你的行爲，於是你便可從恐懼那兒贏得情緒上的自由。除此之外，正念禪的寧靜和舒緩效果，讓造成身體緊張的一波波焦慮平息下來，這樣你就能夠按部就班地對抗恐懼。一旦用正念有系統地挑戰想法，過去的恐懼就不能再對你予取予求了。

3 挫敗

即使流行樂歌手珍娜・傑克遜（Janet Jackson）與維京唱片（Virgin Records）簽下一紙八千五百萬美金的合約（有史以來最高價的合約之一），她卻覺得自己不配成功。雖然成就斐然，她卻承認自己感受極大痛苦，原因是她確信自己還不夠好。無論成就多麼偉大，依然覺得自己有缺陷，這就是挫敗基模的典型特徵。

造成珍娜基模的成因很典型。在一次訪問中，她回憶童年說：「小孩之間也可能殘酷地對待彼此。換句話說，你必須擊潰別人才覺得自己比較棒，而這竟然發生在我和幾個家族成員間。另外，學校的老師喜歡故意挑我毛病，讓我在全班同學面前覺得自己是個大蠢蛋，這些事情真的很傷人。回到家以後，如果還是有人給我相同的感覺，我會開始想，自己真差勁、真沒用，而且還是個騙子。我就是在這種感覺的陰影下長大的。」

珍娜的案例，是挫敗基模幾種常見成因之一。有時候，過分嚴苛的父母會使子女自覺無能，造成挫敗基模；第二種原因是經常被兄弟姊妹或同學在公開場合苛責；第三，則是別人不斷將你當作反面教材，拿你和其他小孩或成就卓越的父、母親相比。

無論原因爲何，挫敗基模的特徵是：不管多有成就，還是覺得自己不及所有的人。最典型的想法是，你覺得自己根本沒有好到可以成功的地步，而伴隨這種想法而來的情緒，則是極度的自我懷疑以及焦慮的神傷。

前一章曾探討到不被愛基模的起因，是覺得自己有缺陷且不值得被愛，然而挫敗基模卻是從成就和事業中產生。挫敗基模會讓人覺得自己不配成功，或是無論多努力都不可能成功。

挫敗基模可能導致對失敗的長期恐懼，因而努力逼迫自己一定要成功。這種情況造成了「冒牌現象」(imposter phenomenon)，也就是說，即使是一個成就卓越的人，內心深處依舊覺得自己是個騙子，一切成就不過是僥倖或是錯誤，終究會被發現、揭穿。他們覺得別人是因爲受到愚弄，才會覺得他們比「實際上」能幹許多。因此，他們活在擔憂之中，害怕有朝一日做了什麼事，讓「假面具」遭揭穿。

挫敗基模其實已註定了挫敗的命運，因爲它使一個人採取了肯定失敗的行爲方式。由於堅信自己一定失敗，於是採取逃避策略——不敢嘗試新方法或接受新挑戰，即使如此便能夠成功。或者，他們可能會延遲一些事情，直到趕不上時限，再不然便是預先編好說辭來解釋預料中的失敗。

如果挫敗基模對你來說很熟悉，那麼改變的契機在於你如何看待自己的成就以及成功的能力。這個基模會使你認爲自己一定不會成功。但是，正念幫助你找出那輕易佔據內心的批評與苛責，並且向它下戰帖。如此一來，你可以更準確地評估自己眞正的才能，或是相信自己能達到成就，當之無愧。

4 完美主義

雪莉連珠砲似地抱怨：「我日以繼夜準備音樂課的教材，事實上，我準備的比別的老師都充分，而且我教的堂數也比任何人都多。我拼命工作，連私生活都沒有。可是只要有一位家長輕輕批評一句，我就會爲此自責好幾天。」

其實，造成這種模式的原因很常見。雪莉接著又說：「記得我小時候，每次把成績單拿回家，不管成績多好，我爸爸總會批評一番。事實上，我大部分都是得到甲呢。假如我得到一個甲下或是甲的話，他會問爲什麼得不到甲上。對他來說，我做的事沒有一樣是夠好的，我到現在還是覺得自己一無是處。」

雪莉的童年記憶反映完美主義（perfectionism）的嚴苛標準。如果父母一直批評孩子的表現，那麼不論孩子的表現多傑出，他們還是自覺不如別人。這樣的孩子很早就曉得要努力再努力，因爲他們希望藉此得到父母的愛，而且他們確信這麼做一定會奏效。

這個基模的基本觀念是：無論多努力還是註定要失敗。這種感覺背後隱藏的是悲傷，難過自己一定還要更努力才能獲取父母的愛和認可。伴隨而來的另一種悲傷則是：父母能接受的是那個優秀卻非眞實的自己。

完美主義者用超越現實的高度期望來看待一切事物。他們的座右銘是：「我一定要很完美。」隱藏這種心態的人會驅使自己全力以赴，甚至是鞠躬盡瘁，非達到最高標準不可，絕不自我寬待，也因此在事業、運動或其他方面容易有所成就。

爲了使自己不被批評，他們逼迫自己更努力，即使沒有必要。但是無論表現得多好，那自然還不夠。他們還會鞭策自己，最後終其一生在痛苦中度過——不論這痛苦是來自於健康、人際關係或是享受人生的能力。他們鞭策自己的方式增加了罹患壓力失調症的風險（例如結腸炎和緊張性頭痛）。雖然，完美主義者很容易因不耐煩而發怒，但背後的情緒卻是悲傷，以及將生命浪費在職責上而產生的無奈感。

挫敗基模和完美主義基模，都和我們成功的能力有關。挫敗基模使我們對自己的期待太少，而完美主義基模則是自我期許太高。完美主義基模造就了工作狂，如果一個人每晚同事下班後還留在辦公室加班的話，事業表現可能眞的會比較好。但是，不管表現得多好，他仍會逼自己還要更好。努力達成遙不可及的目標，下場是失去工作以外的生活。

不過，完美主義可能不只是針對工作而已。無論表現多好都不夠的基本觀念，也可能激勵人在運動、課業、外表或社會地位上努力，甚至會想盡辦法擁有最漂亮的房子。

完美主義基模的有色眼鏡老是看到不對勁的地方，成天想到的只是表現上的瑕疵和曾經犯下的小失誤。換句話說，對自己的批判和譴責不遺餘力。

有些完美主義者，將他們對待自己的超高標準加諸別人身上，結果只看到別人的失誤而加以撻伐，即使這些人事實上做得非常好，或者只是觀點不同罷了。這吹毛求疵的眼光可能運用在任何狀況，而且永遠挑得出毛病來。他們經常分不清楚自己挑剔的，究竟是眞正的問題還是純粹的主觀判斷，無論如何都認爲自己的批評正確而中肯。

完美主義基模的第一種徵兆，是不斷覺得必須不斷鞭策自己做得更多或更好；另一個徵兆則是因爲時間不允許完成全部目標而感到焦慮；第三種是嚴格要求自己的作息活動，以致連到健身房運動之類的休閒娛樂也成了追求成就的激烈競技場。總而言之，完美主義者拒人生的樂趣於千里之外，雖然一直夢想有一天能眞正享受人生，但又一再拖延這一刻的到來。

如果你有完美主意基模，正念將助你克服偏差的思考模式以及驅動這模式的自我批判和譴責，在你又一次逼迫自己以前拉你一把。你必須明白「放寬標準」是解救自己的方法，唯有如此，你的人生才有餘裕來滿足其他需要。挑戰追求完美的習慣將讓你生活得更健康均衡，同時也讓自己稍事休息，享受單純的樂趣。

5 我行我素

這種情緒模式的問題核心，在於如何接受加諸於身的限制。典型的案例如以下一位病人的自白：「我受不了依速限行車。我總認爲我想開多快就可以開多快，如果有輛慢速車擋在我前頭，而我剛好不能超車，我會火冒三丈。有一天，我開在一條兩線道的路上，擋在我前面的是個開大轎車的老頭子，他開得不快不慢，剛剛好就是速限四十五英里。我簡直氣瘋了。於是，我猛對他按喇叭，還拼命對他閃燈，想把車子拉出車道好超越他，顧不得那是一條雙黃線的彎路。他不肯減速讓我超車把我氣得半死，當我到了開會地點，所有的停車位都沒了，害得我只好去停殘障車位。」

我行我素基模的人通常覺得自己很特別——特別到想做什麼就做什麼。他們的座右銘是：「規則對我不適用。」我行我素的人戴的有色眼鏡，讓他們以爲自己凌駕眾人之上。法律、規則、社會習俗等都是爲別人制訂的，與他們無關。

有這個基模的人，完全不管自己的行爲對別人多不公平，對於那些被自己利用的人沒有一點憐惜或關切之意；理所當然地將車子停在殘障者的保留車位；吃飯的時候，即使食物不夠吃，也會把別人的份一起吃掉；雖然不照顧老婆，卻要求老婆對他無微不至。

造成這種心態的原因，是從小被父母當成小王子、小公主來寵愛的緣故。這些小孩多半生長在富裕家庭，有可供使喚的傭人，享盡金錢帶來的一切好處，因此他們認爲自己無論在任何狀況下，都應該得到特殊待遇。另一種我行我素的成因，則無論在富裕或普通人家的孩子身上都可能發生——對放任的父母。無論何時，孩子要什麼就給什麼，不但很少責備孩子，而且不要求他們負任何責任，甚至不用做任何家事，孩子長大後變得暴躁、幼稚而且自私。

還有一種我行我素的成因，則是和不被愛基模的原因一樣：父母的愛是根據孩子是否具有某方面的特長而定，如美貌、運動天份或是學業上的成就等。這些孩子因此誇大自己的成就，使自己看起來很特別，並要求特殊待遇。然而在這些行爲的背後，他們仍然感到能力不足，甚至是可恥，只不過這一切都被自戀的高傲掩飾了。

這種模式的第三種原因，可能是童年未受到關注、疼愛，或是物質慾望未獲滿足的緣故。他們因爲童年受到不公平待遇而忿忿不平，覺得自己有權力得到更多，以補償童年的不足。

「覺得自己是特別的」不同於能力受到肯定而產生的自信心。具有充分理由的自尊心，驅使人們爲了達成具挑戰性的目標和成就，而甘冒風險、全力以赴。另一方面，我行我素的人雖然表面上誇大自己的英勇事蹟和能力，實則經常突然感到能力不足。於是，他們就在錯誤的自我認知下，產生一種浮誇不實的傲慢。因此，我行我素基模的人，最容易把自滿誤認爲理由十足的自信心。

由於我行我素基模的徵兆之一是認爲自己很特別。因此，如果別人對他說「不」或無法滿足他的要求時，會使他非常惱怒。其他特徵還有缺乏自律、縱容自己衝動行事，同時不計後果來滿足自己的慾望。常見例子像是大肆揮霍以致破產，不管這錢是向朋友或家人借的，而且金額之大，遠超過他們所能償還；毫不遲疑追求自己設定的目標，使自身長期處在一事無成的狀態，導致心急而衝動行事，結果又使得生活一團混亂。因此這個基模的典型徵兆常是永遠亂糟糟、堆滿雜物的家。

基本上，有這種基模的人，對別人受到的負面影響往往視若無睹，希望全世界都給他們特別待遇，只要一有人反對他們逾越常規，就非常訝異而惱怒。這個基模招致痛苦的時刻，也就是當他們自食其果的時刻：紅單未繳而被起訴，無法完成交代的任務而遭到解雇，或是過於自我中心導致配偶訴請離婚等。一言以蔽之，一旦基模使他們痛苦難當的時候，往往需要付出相當大的代價。

如果你有我行我素基模，正念可以教你發現內心的衝動，在你再次越界前把自己抓住。正念也可以幫助你進入內心深處，接觸那造成基模的感受，這樣你就更可以對症下藥。還有一種改變，對於脫離這個基模的控制特別有效——開始留意你的行爲對周遭的人造成了哪些負面影響，體會別人的感受。此外還有一個重點是：你對自己的義務、衝動的習慣以及逾越的行爲等，應該負起更多的責任。

成群結隊的基模

雖然一次描述一個基模有助清楚認識，但在實際生活中，基模經常是集體行動而且成群發生作用。比如說，娜塔麗所面臨的困境，包括先生漠視她的需要，總是堅持要她依著他。於是她屈服了，努力做個好太太，竭盡心力確保先生在家時孩子們不吵不鬧；換言之，她總是盡其所能討好他。但事實上，她對現況深惡痛絕，內心卻無法驅逐一股強烈的恐懼，害怕稍有閃失，他將會離她而去。

我和娜塔麗一同解開究竟是哪些基模塑造了這模式。答案是剝奪、遺棄以及服從等三個基模。剝奪基模使娜塔麗一方面掛慮先生的需要，卻從不讓他知道自己在婚姻中沒有得到應有的重視。遺棄基模使她非常恐懼他的離去，然後就衍生出服從基模——只要是他想要的，她都會照做，好把他留在自己身邊。結果，表面上看來美滿的婚姻，背後卻有一位非常不快樂、心懷怨恨的妻子。

只有一個基模的人少之又少。我們大多同時有好幾個基模。有些基模的影響層面是單一的，主要影響的可能是親密關係，然而對工作等其他生活層面，則毫無影響。

所有基模在發展的時候都會彼此互動。比如說，孩子小時候所得到的某種基模，可能會使他長大後更容易發展出其他基模。在不被愛基模的影響下長大的孩子，可能需要經常證明自己，結果卻導致完美主義基模。完美主義者不斷致力追求的卓越，會是「收買」父母的愛或關注的好方法，常見的是把全部都是甲的成績單帶回家或是贏得運動比賽等。這些行為的出發點都為了博取父母的讚賞，然而父母卻時常讓孩子感到一無是處。

另一個例子是，我行我素基模一開始可能是對治剝奪或缺陷基模的方法之一，因為這兩種基模使孩子以為自己非得要漂亮、表現傑出或是有特殊才華，否則便得不到愛。尤其對那些具有剝奪基模的人來說，過去經歷的痛苦使他們以為自己理應受到特別待遇，於是我行我素就在這種心態下形成。至於那些具有缺陷基模的人，我行我素則成了他們過度補償內在深刻羞恥心的方式。

辨認基模的種類

無論基模從何而來，也不管基模是以何種方式呈現，每一種基模都有專屬的特徵，包括基模的導火線以及反應的模式。換言之，辨認每一個基模的方法，都可以從引發基模的狀況開始，接著是這些狀況所激起的自然情緒和感受，最後則是情緒和感受所導致的反應。

舉例來說，一位女士在團體治療時談到她的剝奪基模是如何被引起：「我男友一面和我道別，一面述說他往後幾個禮拜有多麼的忙碌，對於什麼時候再見面卻隻字不提。」

她第一個念頭：「他在躲我，他不在意我，我的需要在他眼中不算什麼。」

她的感受是：深受傷害，外帶著一絲悲哀。

她的自然反應是，以冷漠的抽離來掩飾受傷的事實，就好像一切安然無恙，完全不爲其所困。因此，她以非常冷漠的態度回應男友。

當然，基模反應所造成的問題，在於這些反應不具建設性。當男友發現她突然變得很冷漠，就問她：「爲什麼每次我說再見，妳就變得很奇怪呢？」他才剛說完，她便對男友的不自在潑了一盆冷水：「沒事，我很好，祝你下週愉快。」她這麼做的同時，也放棄和男友開誠佈公討論她的反應進而改變這個模式的機會——如果她沒有被基模控制的話。

「在我家裡，」她回想：「激烈的情緒會被當作『戲劇表演』而被嗤之以鼻。所以，我學會把感覺隱藏起來，用冷靜的邏輯表現自己。對我來說，告訴一個人『我很生氣』是很恐怖的，因爲我相信自己一定會遭到斷然拒絕，或者更糟的是——被忽略。每次這種時刻來臨，我滿腦子想的是，反正我命中註定要受到忽視，既然如此又何必費神表達自己的需要？反正我要的一定得不到。」

想當然爾，堅信自己的需要一定得不到，這是剝奪基模者的信條。

反省時刻

如果你一面讀著適應不良基模的相關描述，同時發現你具有其中某些模式的話，這時候你可以停下來，想想這些基模給你什麼感受。這些模式都充滿豐富的情感，抓住我們最迫切的需要和恐懼、希望和失望。當我們思考這些基模的時候，情緒難免會有些起伏。

這時候，我們最有可能說「別管它」，然後轉而處理手邊的雜事。但是只要你願意，此時此刻你該專注在自己的情緒上，而不受旁騖的干擾。

比如說，如果剝奪基模引起你的共鳴，那麼光是讀到它，就可能讓你感到些許悲哀、憤怒；另一方面，易受傷害基模可能讓你想起可怕的事；而讀到孤立基模的時候，你可能會開始回想哪幾次經驗讓自己覺得是個局外人。造成這種情形的原因之一是基模作用的慣常方式。任何提醒自己基模的事情，往往會促發這些深層的情緒習慣，那怕只是輕輕觸及，也會引發。

這是件好事，因爲在坦然面對強化這些模式的情緒時，其實我們已經步上療癒的階段了。面對情緒習慣背後的感受，需要的是勇氣，而那股精神力量正是和你並肩解除頑強基模的戰友。

療癒基模的第一步是堅定不移地檢視自己——雖然可能有點難。我們必須體驗情緒上最根本的痛苦或恐懼，同時認清唯有深入這塊內心的禁區，才能毫髮無傷地存活下去。接觸被基模深鎖的根本情緒具有良好的修補作用，就像免疫細胞能夠中和致病的病毒一樣。中和基模的根本情緒將減弱基模對心性造成的強制力量。

當人們第一次聽見有關基模的描述時，他們的反應往往是：「老天！我幾乎每一種基模都有！」因而感覺無力。可是，無論有多少模式在生命中同時出現，某些基模就是比其他的要來得頑強。因此，儘管基模經常相互重疊並同時發生，我還是建議一次解決一個。

一次解決一個基模，最後終究會大功告成，但是你最好調整步伐，以免一次承受過多的結果反而讓你更困惑。由於介入每個基模的方式都不一樣，瞭解基模的分佈與結構能夠提供概念性的輪廓，對釐清現況有所幫助。但是，不要試圖畢其功於一役——這對完美主義者是個眞正的危險，可想而知，他們會把過度工作的習慣帶進療癒的過程中！

當我們坦然面對基模時，一定要先理解內心挑起激動情緒的那部分——而且要在急著改變自己的反應之前。首先，我們必須和那個堅信基模見解的自己交戰，「第十一章」將會提到，我們甚至可以促使基模和正念本有的智慧進行對話。

基模讓我們不致受到無法抵擋和難以承受的情緒影響。基模原本是對策，也是適應逆境的求生機制，當我們第一次養成基模的時候，它們對情緒有一定的幫助。然而，繼續任由弄巧成拙、偏差的信念、情緒反應，來指導我們過日子，那麼最終付出的代價將是難以計算的。

不安的情緒使我們想要逃避，無法完整而誠實地面對基模。一旦我們釋放情緒並身歷其中，對情緒的恐懼感也隨之解除。我們知道自己能夠毫髮無傷地存活下去，同時也瞭解，被遺棄的恐懼和必須服從的憤怒根本無法將我們擊倒，因爲情緒並不如想像中那麼恐怖。事實上，感受那受壓抑的情緒，不但代表收復了心中的一塊失土，同時也和自己產生更眞實的連結。

打開生了蟲的情緒罐頭

情緒療癒之道是一種持續的決心，以及不妥協地誠實面對自己。一旦我們發現情緒模式的藏匿地點後，就可以一面挑戰過去的制約和自我觀念，一面拋開自滿，重新評估自己。

在某個時間點上，你會想逃離這一切。這有一點像是打開一只生了蟲的罐頭——可能是一整罐毛毛蟲——你會想把牠們再塞回去。可是，一旦你走過這一段以後會發現自己更自由，而且和自己的人生以及生命中的人產生更直接的聯繫。當你建立更大的自由度和眞實感後，就不太容易再走上回頭路了。

這就像是在內心的火山即將爆發前，無論多麼危險都必須面對解放的到來。眞相帶來的痛苦要好過自我欺騙的痛苦。當我們習慣這個歷程後，在放下過去的身份、熟悉的習慣和存有的方式之前，將會體驗到自然的哀慟。最後，「毛蟲」會散開，結成一個個的繭來保護自己，接著改頭換面。只要在解開基模外圍的薄膜，就可以破繭而出，好像長了一副翅膀般地感到輕鬆又快活。

經歷過正念的探查，人們對自己的智慧更具信心。有些人認爲這種現象，就像認識了一個指點迷津的內心聲音，並學會更相信這個直觀又充滿智慧的聲音。

一位病人曾說：「一旦從極難處理的情緒中抽離，我整個人就好像完全知道該怎麼做——如何哭、如何釋放痛苦情緒。這一切發生得極其自然，好像情緒也有生命一樣。我可以放下想要掌控一切的慾望，讓療癒的過程自然發生。」

「情緒」（emotion）源自於拉丁文的 emotere，意思是「移走」。因此，情緒暗示著「移動」。我在聆聽傳奇藍調音樂家巴迪・蓋（Buddy Guy）迷人的現場演出時，體驗到情緒的移動。藍調使人自己的情緒感到自在，因爲它能傳達深切的熱情和痛苦。任何感覺都可以無拘無束地接受這種靈性的擁抱：「讓它進來吧——我們應付得了。」我們掌握情緒但不是緊緊捏住不放。藍調的靈性讓情緒在身上流竄，將情緒的感官世界開啓。

正念就好像靈性的擁抱，用原始的感官和溫柔的情緒與我們近距離接觸。不要評斷、拒絕，更不要死纏著這些感官和情緒，就這麼自然地感受，讓它們在我們周遭移動，同時用同理心的覺察力擁抱它們。

如果想多瞭解自己的基模……

學著辨認基模的特徵，承認並試著瞭解它們。

由於每個基模都有獨特可供辨識的元素——也就是重複出現的特徵——因此當我們熟悉基模的這些部分後，就等於擁有一件有力的工具，幫助我們分辨何時將受到基模攻擊。我們可以把這種熟悉感當作對自己的提示，提醒自己基模又在作祟了。

察覺到「唉呀，我又有這種感覺了」或是「我又有那些基模的想法」，讓我們能夠自由地從基模的迷惑中醒來。正念可以加強這種分辨能力，因爲正念代表一種觀察但不隨波逐流的能力。

你可以先熟悉生活中最常出現的徵兆，再從這些徵兆中辨認基模的種類。你可以用一、兩週或更長的時間記錄自己的基模，寫下它們可能在你煩惱時運作的線索——尤其是當你回想起自己可能過度反應的那幾次。過一陣子，當你回想當時狀況時會發現，自己反應得並不得體，比如說：「他遲到是不得已的，我爲什麼覺得難過而憤怒？」有時候，讓自己充電，再刺激一下情緒，是有幫助的。你可以和一位好聽眾談談自己的過度反應，也可以藉由日記來反省，或只是在心裡沈思冥想。

基模的任何元素都可以作爲線索。用以下方式追蹤你能立即辨認的模式部分：

1. 首先，你的反應有沒有「適應不良」的情況？反應的結果是導致良好的互動，還是讓偏差想法、緊張情緒或過度反應，弄得你心煩意亂？區分這一點非常重要，因爲這樣你就會明白，發生的一切是導因於基模作用還是有效的回應。

2.導火線是什麼？ 你曾在職場或聚會中感到被孤立嗎？如果有，這是孤立基模的徵兆。由於引發每個基模的原因各不相同，因此注意讓你爆發的情境，是基模啓動的另一個線索。

3.你當時的情緒是什麼？ 基模有其獨特的情緒表現，比如說，挫敗基模會引起羞恥感，易受傷害基模則會使擔憂的恐懼傾洩而出，而服從基模則導致怨恨或爆怒。只要檢視體內的反應，你就會明白究竟是哪個基模在作祟。

4.你當時在想什麼？ 你是否曾經害怕自己得了肺炎之類的重病，結果實際上只是個小感冒？以上代表易受傷害基模的徵狀。

5.你採取了什麼行動？ 和想法與情緒一樣的是，當基模開始活躍的時候，你的所作所爲可能是自發的慣性行爲。因此，在聚會時自然而然地避免與人接觸，八成就是孤立基模的徵兆。

6.什麼是基模的源頭？ 基模是否和你的童年經驗產生共鳴？舉例來說，配偶約會遲到而且沒有來電告知而使你暴跳如雷的情境，是不是讓你回憶起兒時不可靠的父母，或是他們曾經放你鴿子的經驗？如果答案是肯定的，你可能具有剝奪基模。

連續一個星期，將最常發生的基模記錄下來。隨身攜帶一本日記簿或筆記本，寫下每一個元素，如此一來，你就可以在基模發作時立即將它們辨認出來。

7 基模的原理

從前有個年輕人，常聽別人提起一位名叫蘇巴哈（Zumbach）的巧手裁縫，他做的衣服讓人穿起來既帥氣又時髦。於是有一天，年輕人去找蘇巴哈，請他爲自己訂製一套西裝。蘇巴哈爲他量了腰身，叫他一個禮拜後再來取貨。

一個禮拜過去了，這位年輕客人等不及想看看西裝做得如何。蘇巴哈煞有介事地拿出了西裝讓他穿上。西裝看起來還不錯——只不過一支袖子比另一支長，扣子扣不起來，還有褲子也太短了！

於是這位客人便開始抱怨起來。蘇巴哈覺得受到了侮辱，忿忿說道：「問題不在西裝，而是你穿西裝的方式，如果你把左手肘彎一點，袖子就一樣長，如果你把背部隆起並聳起右肩，扣子就扣得天衣無縫了。再把膝蓋彎曲一點，你就會發現褲管一點問題也沒有。」

於是年輕人照他的話又試了一下——我的老天爺，西裝就像手套一樣貼身哩——還不只這樣，看起來簡直帥極了！

基模就像蘇巴哈的西裝一樣，扭曲了我們的認知和回應，好遷就它對「實相」的乖僻見解。基模讓人以爲扭曲後的實相才是事物的本質。它限定了我們認同自己的方式。簡言之，基模限制我們的生活，規定我們一定要依循它的專斷想法、感覺和反應，不讓我們展現與生俱來的適應能力、創造力、歡喜心和慈悲心。

基模只容許單一的理解、思考和感受事物的方式，只允許一種慣性的反應方式。這反應不僅一再證實基模的存在合理，而且嚴重限制了我們的選擇。

基模就像一種叫做「連連看」的遊戲，用四條直線一口氣連接九個點（一排三個點，共三排），而且筆不能離開紙面。如果乖乖地遵守這個規則，不敢超過九個點的範圍，那麼將永遠得不到解答，因爲解答是在那九個點範圍以外的地方。

基模也是如此，不僅不讓我們放寬視野，做出更有彈性的反應，也侷限我們，僅用狹隘的方式思考——就像蘇巴哈的西服一樣。

瞭解基模對於情緒焠煉而言是必要的。我所舉辦的團體治療，目的之一是針對基模的運作方式，找出解決基模問題的方式——換言之，如何瞭解自己，提升洞察力和對於概念的理解能力。深入瞭解基模，是從心智牢籠中解放出來的第一步。

窄視

如果你觀賞過女子花式溜冰比賽，等於是目睹了一場完美主義基模創造的實相。欣賞世界級的溜冰好手表演，著實是讓人坐立難安的經驗，你知道她已經將自己逼過頭，不斷練習以求動作臻於完美。你對她的自信心以及溜冰時的優雅和精準感到既敬且畏，並且對人體能夠達到的程度驚嘆不已。

接著，當她來個三轉跳卻不幸失去平衡摔到冰上時，你也跟著目瞪口呆。還好她很快恢復過來繼續表演，爲剩餘的表演盡心盡力。可是表演完畢時，稀稀落落的掌聲，又使她如洩氣的皮球灰心喪志。

這時候，你聽見電視播報員用混和了遺憾和評論的語氣，分析她剛才犯下的錯誤。電視上一面用慢動作重播她摔跤的一幕，播報員則一面將她未能完成眾所企盼的動作，一點一滴點精確地指了出來，等於是告訴大家她是如何讓我們失望。接著，你看到那位溜冰選手強忍著淚水滑到場邊，對自己的失望不言而喻。事實上，沒有一個人——包括她自己在內——爲她百分之九八的精彩表現喝采，而將目標對準了她失誤的那一刻。

當裁判公布成績時，她頹萎地坐在教練旁低頭不語。你希望有人過去讚美她其他方面的表現，讓她知道她的表現大體而言極爲出色，同時說服她相信這次的失誤並不代表她是人生的失敗者。但是，她既不能從大處著眼也不能原諒自己，相反地她只想逃跑。你可以感覺這個挫敗將會糾纏她很長一段時間。

當基模制服了心的時候，恐怖的情節呈現出由基模創造、幽閉得令人恐懼的宇宙。結果就如靈魂附身一般，在那當下指揮著我們的體驗。基模影響我們對事件的認知，就像一副戴在臉上的有色眼鏡，我們得透過它來理解實相。基模一方面爲我們決定該注意什麼、該忽略什麼，但是又不讓我們意識到它扮演的角色。基模呈現實相的方式看似忠於原著，但實際上，一個小小的失誤，在完美主義者的心裡卻被無限放大，使她不記得自己的表現其實已經非常優秀了。

雖然我們都是基模的受害者，但在人生一再重複的災難中，我們對基模扮演的角色卻視而不見。基模的實相決定了認知和記憶，卻讓我們渾然不覺它對我們內心的影響，這使得我們往往把問題視爲「外來」，而非來自內心。

在基模的魔力下生活的人，就好像以下誇大不實的情節裡描述的男士，他向心理治療師抱怨說：「我剛被老闆炒魷魚，這已經是今年第四次了。我的婚姻也處在破裂邊緣，已經離過五次婚。請你告訴我，爲什麼社會上有那麼多人把事情搞砸呢？」

荒謬的心智習慣

「關於我的畫作中所隱含的神祕感和謎題，」超現實主義畫家馬格利特（René Magritte）曾經評論說：「我認爲這充分證明我突破了荒謬的心智習慣，這些心智習慣大部分已經取代了存在的眞實感。」

適應不良基模的確符合馬格利特所謂「荒謬的心智習慣」。基模不讓我們立即而且直接體驗當下。基模扭曲我們的認知，使我們以爲人生就像它們所呈現的一樣。基模不讓我們將事物的眞實樣貌註記腦中，更讓我們無法據實回應，如此便奪走我們的自發性和調適能力。我們陷在習慣的軌跡中，總是針對成套積重難返的理解和反應模式做出反應。這些加諸於身的習慣使我們無法直接體驗當下的一切——也就是馬格利特所稱的「存在的眞實感」。

以下幾種心智和認知上的扭曲，足以代表基模在內心的作用：

選擇性認知　單向思考並且不接受相反意見。比如說，一位完美主義的學生，期中報告除了老師一個負面的評論以外，整體而言得到了不錯的成績。但是他卻會一面反芻負面評論一面自責，完全無視於得到好成績的事實。

過度概化　一個單一事件足以代表恆常模式。例如：經常使用「每次都」、「從來不」。又，因爲公司裡另有更適任的人選導致一個具有失敗基模的人沒被晉升，他便會告訴自己：「我一無是處。」

擅加推論　讀心的人往往將別人的行爲解讀成最壞的動機和念頭。她武斷地解釋，就好像這些說辭都已經過證實。假設某個具有剝奪基模的人坐在餐廳裡等候一位遲到的朋友，就不禁開始猜想對方遲未現身表示自己一定會被放鴿子，然後回想起自己說了什麼話、做了什麼事，使得她的朋友想和她絕交。

遽下論斷　一個基模的特性是它所相信的壞事都是有憑有據的——儘管事實上一點根據都沒有。比如說，一個具有孤立基模的人參加聚會，會自然產生「沒有人想和我說話，我不屬於這裡」的想法。

誇大其辭　一件芝麻小事卻成了大災難。譬如，易受傷害基模的人一有喉嚨痛的徵兆，便立刻確信自己得了致命的肺炎。

詩人的邏輯　基模爲我們人生的原始體驗添加它特有的激情。基模決定我們解讀的事實有哪些情緒意涵，以及這些意涵給我們什麼感受。

基模將一句簡單的陳述句或一個念頭解讀成某些情緒意涵，代表著基模的「眞相」。而基模的眞相也存在於簡單陳述或念頭背後所隱藏的悲慘預言、期望、歸結和假設。

由於基模是被「象徵性」實相所引起。因此在這層意義上，基模的運作模式比較像是一首詩而非敍述句。敍述句的意義相當淺顯易懂，所傳達的是明確的訊息，然而詩卻不能用字面意義來理解。詩的意義在於詞句上的象徵意義、情感上的意涵，以及和情感意涵相關的自由聯想等。

基模和詩一樣都依循某種非理性的邏輯，這有一點類似於佛洛伊德的「原始過程」（primary process）中孩童的思維模式。在這過程中，事實和眞相都遭到扭曲，以配合對事物的不同理解方式——就像夢境一般。

究竟當下純粹的事實被解讀成哪些意涵，端視過去個人經驗形成的經驗樣貌而定。比如說：「我考砸了。」這個陳述句的意義很單純。但是對一個有失敗基模傾向的人，這句話的情緒意涵可能非常強烈，就好像一些類似詩的句子會這樣起頭：

　　我考砸了。

我失敗了。

我每件事都做不好。

以上片段為失敗基模的中心思想做了很好的註解。接下去的句子可能是：「我老是失敗。我注定要失敗。我沒有成功的條件……」於是，心智地圖會因此斷言：「這個人不但無能，而且沒有可取之處。」因此「考試考砸」的事實，便呈現出這首「詩」中陰鬱消沈的涵意。

我們已經瞭解，失敗基模的形成，往往是早年遭到多次失敗或是經常受到無情貶抑的緣故。相較之下，對那些曾經克服挫折並對自己能力較具信心的人而言，他們的心智地圖較為正向樂觀。因此對後者來說，「考試考砸」就會被解讀為：「我下次再用功點就會考得更好。」但這個結論的前提是：「我一定會成功。」此外，這種人滿懷希望，而非覺得自己一無是處，意志消沈。由此可知，基模就是用這種方式來決定各個事件對我們人生的影響。

剖析基模的發作

「我在以前工作的那家公司認識了前男友。」泰瑞莎在一次團體治療時邊回想邊說道：「幾個月後我們分手了。分手後兩個禮拜，某天早上我見到他把車開進停車場，有個女的在他車裡。

「我既難過又憤怒。我想：『他們已經上過床，而且他已完全不忌諱了！』雖然當時我們已分手，而且正在和別人交往，可是我還是深覺被背叛了。

「於是，我滿懷怒氣地衝到他的車子前面，確定他看到了我以後，便昂首闊步走進大樓，還把門『砰』的一聲關上……幾天後，我才知道他和那女的根本不是男女朋友。他不過是因爲她的車子在上班途中拋錨了，才載她一程。」

也許每個人見到前任情人和新伴侶在一起時，多少會有些不舒服。可是，泰瑞莎的反應遠超過了一般的妒忌心——她怒火中燒。這種高於正常的怒氣，讓泰瑞莎分析自己的基模時，追蹤到了一種強烈的被遺棄恐懼，而這種恐懼則大多歸因於童年時期。她的父親曾拋妻棄女，投入另一個女人的懷抱。而前男友的舉動，象徵泰瑞莎童年創傷重現，使得她既傷心又憤怒。

當我們像泰瑞莎一樣無法和情緒抗衡時——不管是狂怒、傷心、害怕或難過——腦部的情緒中樞會從較爲理性的思考區攫取力量。另一方面，主管理性的區域可能會警告泰瑞莎，在怒氣爆發前應該想想其他的可能性。

這種過度反應就是「基模發作」，也是基模引爆的情緒。基模發作的徵兆是非常迅速、激烈、不合宜的過度反應——細察之下，其中顯現出某種引發基模的象徵性意義。比如說，某人的冰冷音調引發了孤立基模，所以因應之道就是將自己孤立在群體邊緣；冷冰冰的語調象徵懼怕的社交被拒，腦中充滿「沒有人想和我們說話」的想法，同時，隨著這種想法排山倒海而來湧現在心中的，是種熟悉的焦慮情緒。

就像泰瑞莎發脾氣一樣，基模發作源於腦部的情緒中樞，這個部位在腦中很早就被開化並具有龐大力量。情緒對人類的存活深具意義，我們的腦部藉由情緒作用，能夠確保我們及時反應以便從威脅中脫困。當情緒中樞知覺到警急狀況時，不管這是實質還是象徵性的危險，我們的腦會立即賦予情緒力量，進而讓情緒引導我們做出反應。

儲存基模的倉庫

前面提過，這類基模發作的引爆點位在腦部的情緒區，這區域又稱爲「杏仁核」。杏仁核能夠解釋泰瑞莎爲什麼會在一瞬間做出令她事後懊悔不已的事。杏仁核就像腦部的倉儲中心，裡面儲存了負面的情緒記憶，將生活中令人驚嚇、恐怖、憤怒的時刻都製成龐大的檔案庫。每當憤怒或焦慮一湧而上、悲不可遏或是傷心欲絕的時候，這些情緒便在杏仁核內留下印記。

那麼，假設在我們養成情緒習慣的那幾年間，曾經發生過好幾次情緒激動的時刻。這時杏仁核除了在腦部做了情緒的印記外，並忠實儲存我們在這些時刻的反應，不管這反應是害怕得全身顫抖、憤怒地痛罵還是麻木不仁。簡單來說，杏仁核充當基模的倉庫，也是負面情緒習慣的陳列室。

煩人的記憶以及我們在那些時刻的行動，就像情緒雷達一般掃瞄所有的經驗。當現在和過去的情緒苦惱在外觀上吻合，像是「他不但拒絕我，還要把我拋棄，就像我父親以前爲了別的女人拋家棄子一樣！」我們從過去事件中學會的反應就跟著被挑起：基模就發作了。

遇到這些狀況時，杏仁核回到最熟悉的反應，就好像電腦的「預設選項」(default)。由於杏仁核尋找一種快速的回應方式，因此會採用立即可得的現成回應。杏仁核喜歡用同一種反應方式，只要是經過無數次重複養成的習慣都可以。如此一來，它就能夠馬上依據排練多次的基模腳本演出。

比方說，配偶沒有依承諾打電話回家，不信任基模讓妻子將此視爲背叛而勃然大怒。由於她腦中印記的軌跡如此之深，以致基模發動攻擊的時候，沒有什麼選擇餘地：即使理智可能認清整個事件的不合理處，我們卻一次次做出相同的回應。

設計缺陷

腦神經後面有條小巷弄，大約一個神經細胞長度的連結，介於腦視丘(thalamus，所見所聞最先進入的腦部區域)與杏仁核(負責叫情緒記憶掃瞄所有經歷的區域)之間。但是，這種結構有個問題：進入腦中的資訊，只有一小部分到了杏仁核的神經迴路，結果便形成一部失焦電影的模糊畫面。事實上，只有大約不到百分之五的信號，經捷徑從腦視丘進入杏仁核，其餘的則都到了腦部的思考區新腦皮質(neocortex)，進行更有條理的分析。

杏仁核憑藉著朦朧不清的事物圖像，在很短的時間內做出判斷，至於更清晰的畫面則傳到了新腦皮質。由於新腦皮質在下結論前都經過較爲透徹的理解，因此它所採取的回應也比較愼重而精準。

杏仁核做結論所需的時間，遠比思考區的理性迴路所需時間爲短。事實上，在腦部的思考區還弄不清楚來龍去脈之前，杏仁核就已經做好快速的判斷了。

於是問題來了。相較於腦部思考區，杏仁核是憑著模糊的印象做出閃電般的反應，這在人類的進化過程中運作得相當順利，因爲當時存在著許多具體的威脅。即使現在，我們仍會對象徵性的威脅做出回應，而反應激烈的程度，就好像那是眞正的肢體威脅一樣。這道理就像泰瑞莎在停車場見到的一幕，引發了她的遺棄基模。

神經構造的設計缺陷，意謂在昏昧中倉促做的決定可能直接導致基模發作。這種在遠古時期曾經立下汗馬功勞的腦部反應，在現代則可能導致災難。當泰瑞莎看到前男友和某女子一同開車上班時，她的過度反應就像猛踩油門加緊馬力的車子，讓人避之唯恐不及。

基模的促發

當杏仁核被叫醒時，它讓身體氾濫著壓力荷爾蒙（stress hormones）以準備應變。壓力荷爾蒙有兩種：一種提供迅速、密集的能量給身體，足供一回合劇烈的打鬥或賽跑，這項反應是遠古時期的求生本能經過演化的結果；另一種壓力荷爾蒙則是在不知不覺中逐漸進入身體，提高身體對事件的整體敏感度，讓我們對即將到來的危機保持高度警覺。

這些生物上的回應，表示在充滿壓力的一天當中，即使是很小的危機也會讓體內的壓力荷爾蒙急遽升高。尤有甚者，假如某件事情和基模產生共鳴——比如在電視上看到一個獨裁的母親和自己的母親神似時——可能會引起你的服從基模。於是，你對日常生活中任何類似服從的事情就變得高度敏感。

基模發作的時間可能長達數小時，在此同時壓力荷爾蒙在我們體內竄升。被促發的基模使我們更容易被其反作用力影響，因爲基模促發的過程環環相扣，一個事件接著一個事件，日復一日地玩弄我們的敏感度。事實上，我們平常體驗到的基模，並非每次都全面發作，反而大多處於被促發的狀態，以巧妙而低調的方式影響我們每一天的生活。

基模的促發導致一個人選取自己偏好的對策。如果我們知道過度補償可以對付服從基模，可能會變得既霸道又跋扈；反之，如果採取逃避方式，我們就變得比較順從。

使頭腦保持警覺的荷爾蒙，讓我們在生存競爭上更加敏銳而且反應更機靈。透過基模的有色眼鏡，我們在面對困境時變得更脆弱，困境成了煩惱的來源，而非稀鬆平常。我們的基模一觸即發，只要一有目標接近就準備迎戰。

當腦部進入高度警覺狀態時，我們所戴的有色眼鏡將基模推向頭號警戒目標。在此情形之下，基模發作的標準就會降低許多：我們隨時都可以爲某件事憤而撲向某人；但如果我們處在較爲圓滿的心性狀態下，應該是可以平靜度過的。只要基模維持在被促發的狀態下，我們就比較可能一再用熟悉的慣性方式因應基模。

腦部研究顯示，如果杏仁核過度活躍或是過熱的話，負面的想法和情緒就不容易停止。換句話說，如果我們已經在爲別的事煩惱，基模就會在很短時間內發作，結果是煩惱熾盛得更難以止息。

有證據顯示，過熱的杏仁核會使身體充滿高劑量的可體松（cortisol），它是一種受腦部刺激而分泌的荷爾蒙，用來引導身體採取應變措施。不幸的是，可體松使整個情況惡化，這是因爲腦部有一個稱爲海馬體（hippocampus）的構造，將我們的行爲和狀況配對，以確認我們的行爲恰如其份，然而當基模發作、使負面情緒高漲時，海馬體就會被可體松打得落花流水。

記住：基模發作的特徵是「過猶不及」。比如說，孤立基模使人在群體中變得過分羞澀，而遺棄基模則對自身落單的徵兆感到憤怒。從我們對腦部的認識得知，如果基模被引發之前越是煩惱，接下來的基模發作便越不得體，在錯誤的時機、對錯誤的人採取錯誤的反應。

多重自我

基模對我們認知的實相的統御力量，相當於傳統佛教心理學所持的一種觀點：某一時刻的心性狀態會塑造人們對事物的認知及反應方式。因此，當心性狀態轉變之時，認知和反應就隨之發生變化。

在某層意義上，這些轉變對我們的影響，端視當時的情緒狀態而定。內心「居住」著多重自我的觀點，與近期現代人格理論及認知科學思維頗多吻合。現代心理學不再將人格視爲一組既定的傾向或喜好，而認爲人會隨時間和情境轉變，而且有時候轉變是激進的——儘管如此，不同實相同時存在，並不表示我們無須對自己的行爲負責。

每一種情緒或多或少代表著某種情境。憤怒或恐懼的激情佔據著我們大半的注意力和記憶，因爲我們比較容易回想起或是專注於與當下情緒吻合的事物。基模可以被視作「小型的自我」，集合了一群情緒、想法、記憶和行爲傾向，決定我們每一刻所見到的「實相」。

基模有時讓我想起電影《異形》中有名的一幕——一隻像食人魚的怪獸，從某位太空船的成員腹部中竄出。基模就像住在心中的生物體，像異形寄生蟲般努力求生存，而且多數時間無往不利。情緒習慣也有自己的生命，即使我們設法避開情緒習慣的影響，它仍舊會產生一定的作用。

在某層意義上，基模藉著扭曲實相和情緒生活，確保自己能夠存活下去。基模的存活技巧是：先控制我們每一個反應，然後再用結果來證實偏差信念的正當性。基模表現得就像一個百發百中的預言家，不管是對我們自己、別人，或在我們看來無可避免的人際關係模式，似乎都提供了有用的理論和假設。

舉例而言，有不信任基模的人抱持著「人皆不可信」的態度與人親近，表現出一副小心翼翼的樣子，無時不刻在懷疑，並且緊抓住任何遭背叛的跡象。他的防人之心令人不自在，因此別人也就不太可能以熱情和坦誠相待。如果別人「以其人之道還治其人之身」——這是防人者通常得到的下場——那麼他將永遠無法發展親密互信的人際關係。

此外基模能夠繼續存活的原因，也是因爲它曾經以某種原始方式幫過我們。別忘了當初基模是爲了回應惱人的情境而養成。基模這個戰術讓我們覺得好過並免於恐懼，幫助我們度過動盪不安的情境。

基模之所以能夠得其所哉，是因爲它多少具有某種情緒功能。舉例來說，易受傷害基模最迫切的目標是確保恐怖的災難不會發生。而擔憂的確是一種調適行爲，尤其能讓人準備待變。然而這種基模背後藏著一種錯覺：只要擔心可怕的災難並沈迷其中，就代表我們已經採取防範行動了。這種近乎迷信的信念，使人一再經歷過度憂慮的儀式，即使這麼做會腐蝕自己和周遭人們內心的平和也在所不惜。

一位病人提及這種模式，她說她自知長期的憂慮對周遭的每一個人都造成困擾，但她說：「我就是停不下來。如果家人或男友外出，我就擔心會發生災禍，憂慮到自己無法承受的地步。我幻想有人闖進他們的旅館房內，甚至更糟的情況。於是不論多晚我一定要打電話給他們，只是想確定他們一切安好。」

矛盾的是，易受傷害基模迫使她對無害的眞實情境過度憂慮，而過度憂慮似乎眞的「見效」了。她的錯覺是：「就是因爲我擔心的緣故才會平安無事，既然大夥兒安好，我終於可以鬆一口氣了。」在她心裡面，過度憂慮好像有著保護的力量。

接下來呢？

我認識一個人，她與男人的交往模式令人搖頭嘆息：她著迷於情感退縮且吝於付出的男人，而那些人多半使她感到被忽視而孤單寂寞。她多次與不同的人交往，但最後都是同樣令人失望的結局。

一天我問她，之所以對冷漠的男人情有獨鍾，是不是與她長期和冷淡疏遠的父親相處有關。

她一開始的回答是：「可不可談點別的？」

但是我們談了一會兒後，她終於坦白：「我知道這其中必定存在某種關連，只是我不知道該怎麼辦。」

很多人經常挫折不斷。我們知道自己的人生有些不對勁的地方，甚至能夠將眼前的問題和早年制約延續下來的模式連結起來。要做到這點需要許多洞悉和覺察的能力，但是最終的問題卻是：「接下來呢？」

有時候人會希望從未打開過生蟲的情緒罐頭，正如一位朋友最近自我嘲諷地說道：「我知道自己有難以解決的情緒問題，但是我就是喜歡把這些問題塞在心裡，假裝它們並不存在！」

她的心境雖帶諷刺，卻也相當常見。

在面對引起基模的原因時，我也有過這種感覺。即使長期以來努力解決自己情緒習慣上的問題，但是在我心裡仍不時想起《勞來與哈台》這部經典喜劇中，勞來狼狽地對哈台說：「瞧你幹的好事，哈台。」

不過，從另一個角度來說，片刻的情緒自由帶來希望：希望不用再忍受不公平的對待，也希望不用再忍受別人不關心自己，更希望不用再忍受活在恐懼災難和被孤立的感覺之中。獲得情緒自由的片刻指出一條脫離制約之路，讓制約不再遮蔽我們對自己以及周遭人們的認知。

在情緒自由的時刻，箝制我們的制約逐漸鬆弛，讓我們感到輕鬆愉快。我們一直相信並遵循制約，然而這個時刻讓我們認清，自己並沒有受困於那些模式，被壓得動彈不得。

在徹底解放前，應該要先承認自己被困住的事實。當然，重要的是不能停在這個毫無希望的地方原地不動，而是將人生中的苦難視爲積習造成的後果。接下來要瞭解的是，我們可以選擇不再繼續受這些習慣危害。

瞭解基模的機制和分佈圖像，並且領悟它如何在我們的生活和人際關係中發作，就可以更小心地做出眞正永久的改善。這絕非一蹴可及，需要付出時間和精力。我們的情緒習慣就像任何習慣一樣能夠讓覺察進入並接受改變。

四聖諦和基模

當有人受到基模控制時，我們不能夠只是說：「唉呀，你的剝奪基模又在作祟了。」可想而知，單是利用簡單分類法而不認眞思考其情緒的正當性，一定會讓對方不好過。因此，在試圖做任何改變前，同理心不可或缺。

筆者不僅身爲一位治療師，同時也致力於自己的內在修鍊工作，我認爲：先瞭解對方感受、解釋他的處境，接著再以同理心看待象徵性的實相，是件很重要的事。因爲一旦他感覺自己對基模實相的認知爲人所瞭解，就能夠坦然面對其他觀點，包括開始觀察基模的有色眼鏡是如何扭曲了他的認知和反應。

首先，藉由正念的同理心接觸被基模封鎖的情緒，並試圖表達出來，而「正念的同理心」也就是和情緒共存但不企圖改變它。當我們體驗這種深層情緒時，常常不由自主地從基模的來由聯想到當下的情緒及回應。這時洞察力會自然產生，用嶄新的方式來觀察舊習，同時以不同的觀點挑戰過去的假設。

深入探討情緒的過程中會產生某種固有感受，那是塵封已久的往事、情緒、身體負擔所造成的緊張以及能量的阻塞等。洞察力會依個別狀況產生自己的時間節奏感。

一旦開始同情自己的基模情緒，就不會再像以往一樣過於理性或是刻意阻絕情感，但這不表示停留在感覺的層面就可以了，重點是：千萬不要抗拒並逃避感覺。

有些人在某種層面上或許知道基模沒有益處或不合常理，但實際上不打算百分之百地接受這個觀點。同理心使我們更有勇氣去認清心性的扭曲狀態，而正念則讓我們與過去的情緒和模式共存，卻不受它們影響、限制。

正念讓我們自在探索一切情緒相關的層面——包括認知上、情感上、行爲上以及心靈上。有時候，重塑、探察及挑戰思考模式，進而洞悉情緒反應，是很有用的方法。另外一種積極的作法是，刻意用嶄新、不同的方式作爲。對某些人來說，用肢體表達情緒，或是接觸、解放足以構成生理障礙的情緒，都是有效的方法。還有人可能受到具修補作用的情緒經驗吸引，不論是內在的，或是經由人際關係所獲得。最後，某些虔誠的靈修者喜好以覺察一途化解情緒。

不論我們對以上何者較感興趣，也不論何者對我們最有幫助，重要的是將內在修鍊當作是自己的事，用自己的方式和內心保持聯繫，目的是從嚴苛的情緒模式中解脫出來。

佛教將痛苦區分爲好幾類，基模被歸類爲制約——也就是積習——所肇因的痛苦。佛教開示的精髓是「四聖諦」（Four Nobel Truths，譯按：即苦諦、集諦、滅諦、道諦），描述我們爲何經驗痛苦，以及痛苦如何止息。對照之下，四聖諦與情緒焠煉的步驟互相呼應。

「苦諦」是認識自己的痛苦——對照前面幾章，就是辨識自己的基模。本書的後幾章將重點放在如何辨識基模帶來的痛苦的眞相。

一旦基模被辨識出來，以同理心深加瞭解後，便可開始著手改變它們。瞭解什麼導致慣性模式盤旋不去，相當於「集諦」——亦即苦因。

「滅諦」的意義是：一旦開始瞭解並挑戰基模，就可以從痛苦中解脫。而最後的「道諦」，則詳述如何在情緒模式造成的痛苦中，獲得更多的自由，這也是本書從下一章開始要強調的重點。

第三部　轉化——把正念融入基模治療

8 正念在四個領域的應用

智慧不為烏雲遮蓋
如日之純淨與光耀
將吾人從煩惱和心性陳痾的睡夢中喚醒
愚癡的無明於焉消散

這段古老的藏密祈請文，在經歷數千年後依舊發人深省。祈請文中的智慧不但使內心澄淨，也完美地說明如何運用「正念」幫助你我消除基模製造的障礙。

「障礙」(obscuration)經常出現在佛教經句中，代表認知的扭曲、窒礙以及偏頗。從佛學觀點看，障礙以念頭或情緒的形式呈現。另一方面，正念讓我們培養精煉的覺察，並探知情緒和認知模式的細微區別，這正是我們在日常紛擾中最容易忽視的一環。正念讓我們分辨扭曲和實相的差別——也就是事物的表象與實際的樣子。

在接下來幾章裡，會探討到如何將正念融入基模治療的理論和實務中，以清除適應不良的情緒習慣造成的障礙。我們的心擁有無比力量，既能以慣性的情緒反應來蒙蔽自己，同時也能盡除障礙，回復原本自然寬廣的明性。

幾年前當我在接受基模治療訓練的時候，正念與基模治療便已自然整合。那幾年間，我也參與了密集的正念閉關，當我將兩者整合到臨床治療和內在修鍊時，我很訝異地發現這兩種方法對於消除情緒障礙，竟有雷同之處，而且合作無間、相得益彰呢。

基模治療專注在想法、情緒、行爲和人際關係四個領域。情緒焠煉則是運用正念，掃除認知和情緒的內在障礙，以及行爲和人際關係的外在障礙。我們馬上就會瞭解正念在這四個領域上的確實應用。

毫無疑問，每個人都是獨特的。因此在進行心理治療時，我會先花些時間來瞭解治療對象，然後再依據個別情況設計療程，而不是用制式化的療程一體適用在每個人身上。有些人對自己的情緒起伏天生就很敏感，因此認爲基模治療對情緒領域最有效；而其他人則覺得挑戰自己的想法能帶來特殊的力量；甚至還有人覺得，改變某個關鍵的適應不良習慣，積極改善人際關係，才是努力的重點所在。

無論一開始是什麼問題最切合實際，最後終究要涵括所有的領域，因爲上述每個領域相輔相成。比如說，因爲專注在某個基模的扭曲想法，忽略了助長基模的原始情緒，結果只做對了一半。如果不能以同理心看待基模造成的情緒，一味只想趕快解決一切，反而經常導致假性的轉變。

人的行爲往往暴露出自己的想法和情緒。而基模治療意在解開習慣造成的束縛，使得在改變一再重現的慣性模式時，我們的回應將具有更多彈性與自主性。相反地，如果越是頻繁地重複某種慣性回應方式，習慣就會越來越頑強，我們也越容易在不知情的情況下重蹈覆轍。

情緒焠煉運用「正念」強化基模治療。正念提出了一套方法供人解開習慣的枷鎖，於是乎，能夠以不偏頗且明澈覺察的正念來觀察情緒習慣，哪怕是已經到了無法自拔的地步還是能夠挑戰成功。由此可知，在快要無法自持的那一瞬間，以正念挑戰威力強大的情緒習慣，會是最有效的解決方法。

對我的一位早期病人來說，正念成了治癒恐慌症的捷徑。她第一次向我求助時，有著恐慌症的典型病徵。她會突然莫名所以地害怕災難即將發生，這種焦慮使她透不過氣來，害怕自己會暴斃或者窒息死掉。她習慣性地預期災難降臨，意味著「恐懼」會在最短的時間內轉變爲「恐慌」。

在開始修習正念一段時日後，她知道如何在症狀產生的第一時間運用正念覺察，也因此，她觀察到自己心裡開始將危險誇大成災難；但是這次她並沒有向那如驚濤駭浪襲來的恐慌屈服，而是將這些想法和感受當作提示，自己仍然專注在呼吸之上。剛開始她感到更爲焦慮，但是修習了一段時間後，她發覺這的確能讓自己平靜下來，並且讓思維更加清晰，清晰到能夠挑戰恐慌的想法，而不再讓這些想法佔據整個心。這時候她提醒自己，即使感到恐懼，她仍是安全的，透不過氣只是短暫的焦慮，不表示她將窒息而死。

正念對治恐慌的方法是：體驗當下、不再迷失於焦慮的念頭中。我的病人以正念覺察治癒了恐慌的惡性循環，不再任由奔流不止的駭人念頭和恐懼感越堆越高，而是以內心的寧靜避免了恐慌症的發作。後來她甚至停止長期服用、緩解恐慌症狀的藥物，而恐慌症也終於根治了。

不斷以正念觀察自身的情緒習慣後，終將讓我們掙脫這些習慣的束縛，而且更有能力扭轉偏差的人生觀。一旦情緒習慣逐漸失去影響力，就能夠持平地觀察事物，同時以更有彈性的方式回應，而非一成不變地慣性反應。

正念的時刻

處在煩惱不安的時候，正念幫助我們改變當下的看法。換言之，如果以正念看待煩惱和不安，它們便不再顯得負面，我們反而能夠從中看到轉變的契機。如已故的西藏大師，同時也是佛教心理學專家曲揚仲巴（Chogyam Trungpa）仁波切說：「當問題產生時，不要把它看成單純的威脅，因爲『問題』不但是學習的教材，也提供機會讓我們挖掘更多自己內心的事物，繼續我們的旅程。」

開始修習正念後，效果將以不同的方式顯現在生活中。有時正念使我們不再如往常被苦惱激怒，有時正念幫我們找回忽略已久的感覺，並側耳傾聽感覺所傳遞的訊息。有時正念使我們擁有更多的同理心對待他人或自己。最後，正念讓人洞悉情緒反應的來源，或是對自己的反應不再充滿無力感。

正念的影響因人因時而異。一位病人告訴我說：「自從我開始修習正念後，我更留意周遭的事物，而且也會花時間傾聽他人的聲音。相較之下，以前的我總是太忙、沒耐心，或是力不從心而不願花時間。」她發覺，正念的心態改變了她和同事、先生以及十幾歲女兒間的關係。首先，她發覺自己和同事爭執的次數明顯減少；她對先生關心的事物更加在意，因此先生對她所關心的事物似乎也就更有興趣；最後，當她女兒說「媽，妳可知道，現在和妳聊天，輕鬆多了」的時候，她便知道母女關係不同以往了。

另外一位病人則是受到「表演焦慮症」的折磨。由於她的事業，她必須做現場的舞台表演，因此她長久以來一直在對抗這種焦慮。每當即將上台表演，或甚至表演到一半，她會突然認爲觀眾在台下竊竊批評她表演得一塌糊塗。

經過一段時間的治療後，她已經能在念頭發生的瞬間運用正念覺察，看看這些自發的恐懼感究竟是如何將她制服。因此每次上台以前，她都會讓正念充滿自己的內心，還不等自我批判的念頭開始作怪，便抓住它們、挑戰它們。比如說，她會提醒自己：「觀眾怎麼想，並不代表我就是那個樣子。」她暫停下來，以正念思索自己的恐懼，如此一來，她便可以全神貫注在音樂表演上發揮創意，不再因爲觀眾可能有的看法而感到困擾。

另一位病人則告訴我：「一旦你不再逃避情緒，它就變得一點也不恐怖了。」她領悟到，正念的修行讓自己有能力面對並接受親友帶來的傷心和難過——「親友」包括她的母親和某些朋友在內。她發覺一旦開始探查自己的情緒並且探知那些情緒是由哪些模式所引起，她和這些人相處時，情緒便不再如此容易激動。

上面提到的轉變都是人們利用片刻修習正念獲得的成果。無論何時，只要你從機械般的生活中甦醒過來並清晰地覺察，那麼就具備了正念。人生中情緒反應激烈的時候，就是最需要清醒的時刻，而正念幫助我們保持清醒。

「有一次我身處在憤怒即將爆發的情境中。」一位病人說：「我只是觀察當時的狀況，以及內心所累積的情緒。我自知心中即將生起火苗，卻沒有燃起來。在那之後，我就明白自己不必再受情緒控制了。」

正念的雷達

當基模準備全面控制我們的時候，正念將它逮住。我們平時總是忙忙碌碌，在情緒習慣開始行動的時候往往渾然不覺，因爲心早就飛到別處去了，這時，正念覺察能夠讓心慢下來，讓我們清楚觀察當下一切，如此一來就有更多選擇機會，而不再倉促、不加思索地反應。正如一位病人所說：「正念就像降落傘——它把事情放慢，好讓我留意到更多事物。」

當我們對心性狀態有了更深一層的領悟時，我們和心之間的關係就不一樣了。如果以正念覺察像憤怒這種負面情緒，那麼我們對於憤怒的觀點將會是清新的：我們能夠以全部的身、全部的心來體驗憤怒，而不只是被憤怒的浪潮沖走。我們能覺察情緒並讓它過去。只要不抗拒令人不愉快的情緒，或只是想盡辦法延續快樂，那麼就可以接受情緒和心性狀態的本來面目。以前我們總是被情緒牽著鼻子走，然後再如往常般做出機械式的反應，現在我們不但有選擇，而且可以富創意的方式回應。

用正念消除煩惱的方法有好幾種。依據情緒頑強的程度，總共有三種不同層次的正念。向智尊者在其著作《正念的力量》（*The Power of Mindfulness*）一書中，依據內心混亂的程度，為正念的層次訂定經驗法則，其中大原則是：以「恰到好處」的正念來對治相應的煩惱。

如果以「蜻蜓點水」的正念對治輕微的情緒困擾，無須過於強調或專注於細節，便可保留氣力解決其他問題。有時候用很快的速度留意擾人的念頭和情緒，就好像在內心點個頭打個招呼一樣，不用和它們進行內心的交談就足夠了。

這麼「蜻蜓點水」式的正念有時能夠洗滌心靈。如果煩惱並未使人不安、如果基模發作的程度輕微或有鬆綁的跡象、如果我們的專注力量夠強，那麼光是留意到煩惱便足以將它從心中驅逐出境。

因為正念的緣故，使得我們聽見埋藏內心深處的焦慮與念頭的喃喃低語。正念幫助我們探知並掌握不自覺的想法，但如果繼續放任這種想法繼續存在的話，可能導致基模發作。例如，孤立基模通常是這樣引起的：「我絕不可能屬於任何團體，我是永遠的局外人。」至於服從基模則是：「我身不由己。」這些想法在覺察不到的地方，無聲無息，準備引發基模。如果在基模還未發作之前便運用正念「雷達」掃描，那麼鬼鬼祟祟的慣性想法便在覺察之下無所遁形，不但可以挑戰這些想法，還能夠遏止基模的作用。這讓我們瞭解基模其實很脆弱，因此千萬別讓恐懼基模的念頭輕易控制我們。

一旦將不自覺的想法攤在覺察之下，同時以事實證明這些想法的謬誤，就會發現這些想法真是不堪一擊。比如說，我們仔細思量後發現，某人過去幾次遲到並不代表關係生變，或是自己在聚會中曾經遇到好些有趣的陌生人，就足以擊潰那些引起遺棄基模和孤立基模的想法。當然，具備正念並不表示就能立即瞭知一切，而是在於以寬廣接納的態度去體驗，不論何事發生、有何轉變，我們都能以持續的正念活在當下。

如果隱藏的情緒與想法浮上檯面，正念依然有足夠力量來維持內心的平穩。如同向智尊者所說，情緒和想法有時會「暴露出自己的可悲和脆弱」，就像《綠野仙蹤》裡巨大的幻影般。掀開它們藏身的布簾讓我們開始質疑那不堪一擊的假設和不自覺的情緒習慣，而這些習慣正是賦予基模無比力量的元兇。漸漸地恐懼將縮小到可控制的程度——甚至完全消失。

持續不懈的正念

假若基模被強大的力量激起而煩惱揮之不去，無獨有偶，在過程當中（經常是在一開始的時候）煩惱「果眞」揮之不去，這時候就需要集結更多正念的力量，更需要維持不懈的正念，每當煩惱生起，就以寧靜和穩定的專注來抗衡。假如能夠保持堅定、果決和平穩的正念，往往能讓激烈的情緒緩和下來，這和火一旦缺少空氣就不能燃燒的道理是相同的。

在運用這方面的正念時，「命名」（naming）往往是個有用的方法。所謂「命名」就是用一個名詞表達煩惱的本質。比如說，如果遺棄基模使你產生傷痛的感覺，你可以在內心輕聲重複「害怕」、「失去」或「遺棄」，這樣就可以幫你釐清現狀避免再陷下去。每當你感知煩惱消退的時候，都可以在心裡重複那些字眼，不需要像在唸咒語般地全神貫注，只需維持平等心，就像在點個頭代表看到了情緒一樣。

瑪麗安是個熱衷的正念禪修者，並且曾經追隨約瑟夫．葛斯汀進行爲期三個月的閉關禪修。在某次開示中，葛斯汀將慣性反應比喻爲老式自動點唱機的機器手臂，總是機械地伸出去，挑選一張唱片，然後把唱片放在唱盤上面。他玩笑式地建議，每當禪修者發現心裡產生慣性反應時，就把每種習慣貼上一個標籤——例如「B3」——就像自動點唱機的選擇按鍵一樣。

「一天早上，」瑪麗安後來告訴我：「我將這方法用在慣常的晨間思考。我每天醒來後基模都會鑽進腦海中引發的念頭有：『我辦不到』、『我很無力』，還有『我討厭自己』。於是我將它們貼上『M1』、『M2』、『M3』三個標籤，而標題則是『晨間思考卡帶』，這麼一來我就能更輕易地觀察到閃過腦際的慣性想法，同時不流於嚴肅，或是被這些想法纏住。」

當我們對於探知慣性情緒模式更加熟悉後，就可以追蹤到一連串衍生自這些模式的想法，然後用正念找到這種想法何時在腦中生起、繼而主宰我們、讓我們對它深信不疑。對正念而言，這些想法可被視爲近似內心的知覺。

「止」和「集中」的修習，對於發作中的基模和不安情緒也是有效的安撫方法。當引發基模的事物將平等心打亂，激起了強烈的情緒和反應時，首先要讓心寧靜下來，接著是以呼吸的正念禪讓情緒趨於和緩。

集中帶來寧靜，使我們的心念更加凝聚，另一方面，專注還協助我們脫離基模反應。當你產生更多的平等心和專注力，可以轉而以正念探查情緒和心性狀態。當基模開始活躍時，你將更加瞭解它的運作模式。

如果將正念應用在這些方面還不夠，就要趁著煩惱還在或更強時，更積極地將專注力放在那些助長基模的想法和情緒上。當正念融入基模治療中，便有一股力量形成，可用來挑戰那些引起煩惱的想法。關於這一點，往後的幾章將會深入探討。

正念的專注力幫助我們區分何者爲偏見、何者爲實相，明辨哪些是有害的扭曲想法、個人迷思和情緒模式。接著，設法擺脫它們的糾纏。到了第三個層次，正念的作用不同於傳統禪修，因爲它並沒有特定的專注對象，而是穩定監視著自然生起的一切事物。因此這時該對情緒模式採取概念性的探查。

概念性的探查方式，就好比是在心裡面想著：我從這裡可以學到什麼？藏在情緒後面的想法是什麼？此刻哪個基模正在作祟？我的觀點被什麼東西所扭曲？

探查基模

正念具有兩個層面。從「鎮靜」的力量來說，正念可以撫平因基模發作而動亂的情緒，至於「探查的本質」則是增長洞察力。這兩個層面可以先後應用。

卡洛琳教授一邊瀏覽著課程簡介，完美主義基模一邊讓她做出負面的自我批判：「其他老師開的課好像很有號召力，他們的組織能力比我強且更專業，開的課聽起來有趣多了。唉，一定沒有人想要修我的課。」

後來，她告訴我這件事，我說：「妳可以從兩方面著手。從鎮靜著手的作法是，當妳產生第一個自我批判的想法時，就對自己說：『看到這份課程簡介時，我就知道我一定忍不住會開始自我批判，將自己跟他人做嚴苛的比較。』然後，妳把課程簡介收起來，專注在別的事情或是呼吸上面，直到妳改變這種想法並平靜下來爲止。」

「或者妳可以從探查著手，當妳在自我批判或是和別人比較的時候，就用正念來對治情緒反應。不要放過任何細節，以覺察情緒對自己的影響——但是別陷入情緒反應或是情緒背後的細節——而是將情緒當作一次學習的機會。」

這種探查基模的方式讓我們的瞭解更精確。我們從持續專注中得到心理上的頓悟，包括引發基模的原因、基模帶來哪些情緒模式、基模因哪些情緒模式而更穩固，以及年幼時的哪些事件形成或引起日後的基模。

這種探究基模的形式，比禪修更能夠讓人進入情緒狀態背後的情節；另一方面，將正念的探查延伸到日常生活，對於在惱人的情境裡保持清晰覺察力是有幫助的。

身爲心理治療師，我經常在療程中嘗試讓人專注在需要被探查的情緒和模式上，以迎接療癒的到來；不過，我同時也要求病人不假外力地持續覺察，直到激烈的情緒狀態自然止息。

如果你正接受任何形式的心理治療，持續覺察可彌補治療不足之處。原因有二：第一，在療程與療程間，不厭其煩，觀察自己的體驗，同時將每天生活的一切事物作爲素材，如此你將從中獲益更多。第二，正念延伸治療的範疇，讓你自動自發地留意當下每一刻，以便將治療所獲的洞察力應用到生活當中。

智慧的反思

「智慧的反思」是正念探查另一個極爲有用的過程。長年在泰國深山廟寺修行的阿姜．阿莫若法師如此描述智慧的反思：「你先花片刻練習集中、收攝注意力，別讓它四處徘徊，接著進入探查階段，找一個你想要探查的標的物，將它放進內心的覺察中。讓你的心用反思的方式探查，不要刻意去思考。一旦你發現自己心不在焉時，回到呼吸上面，同時恢復集中注意力。

「然後你再開始覺察，用直覺感知你在反思時獲得的洞察力，這一點對於克服慣性模式極有幫助。當慣性模式尚未產生影響時，要對這些模式進行智慧的反思。當覺察充滿了正念和探查的本能，輔以智慧來反思這些慣性模式，否則它們會一再上演，直到用覺察打斷了慣性的枷鎖爲止。」

智慧的反思可能發生在不同的層次。有時候是比較概念性地將事物從頭到尾想一遍，有時則是以深入實修爲根基，從實修中獲得強烈的直覺。一位病人和我提到這個方法。

「今天早上我才剛開始禪修，就立刻注意到內心動盪不安。」她說：「有好多還未解決的難題牽絆著我的注意力，這些問題讓我這幾天傷透了腦筋。先前我才和我媽吵了一架，因爲她老是愛批評，我就對她大吼大叫，還掛了她電話。我的覺察力一直被打斷，因爲我想弄清楚問題究竟出在哪裡，即使事實已經無法改變。

「過了一段時間，我把心定下來禪修，動盪的心也平靜下來。在此同時，明性生起。這就像是潛水進入一個覺察清明的池子。再過一陣子，我把剛剛的雜念反芻一遍：爲什麼我禁不起母親的批評？我該如何改變這種模式？

「如今我的視野開闊了，一切變得容易解決、接受。我發現，先前的想法及完美主義與不被愛基模間存在某種關連，其實我對她的反應，這些年來每當被她批評時，一再上演。一想到母親，我就緊張得渾身不舒服，於是我繼續禪修。

「感覺比較專注後，我繼續反思。現在我覺得——這可能是第一次——我對她的反應不必和以前一樣，現在我的心能夠適時地抓住自我，對母親說的話和緩些，而不再是火上加油。」

透過禪修培養正念覺察，我們將發現內心的洞察力量能夠轉化情緒狀態。心可能正忙著處理某個問題，要不就是迷失在困惑之中，當轉化過程發生時，原本的矇昧無知變成直觀的瞭知。於是，我們找回了正念覺察的智慧本質，即明性、專注和寧靜。直觀和信賴讓我們從混沌的迷霧中理出頭緒。

相形之下，基模之所以引起騷動、恐懼以及用來對抗痛苦的慣性衝動，都是因爲我們忘失正念具有的智慧本質，才會任由基模來侷限自己的體驗。然而，倘若運用智慧的反思，就能用全新的方式領悟一切體驗。

修習正念力量無窮

爲使正念發揮力量，我們必須努力加強產生正念的能力。換言之，規律的禪修不但有其必要，並且應該在情況允許下閉關。但是請記住：禪修之前，需要再次訓練「專注」這個最基本的習慣。

平時我們很容易分心，而正念則強化了集中力以保持專注。我們的注意力總是一會兒在這兒、一會兒在那兒，看見的都只是事物的表象，而正念卻培養探查式覺察的能力，使體驗更加深入。

如果想將正念的特質運用到日常作息中，就該讓正念的禪修成爲生活的一部分。正念就像任何新的技藝一般，需要不斷練習才會嫻熟。一旦養成習慣，禪修就變得越來越容易，因爲禪本身就令人喜悅，也是混亂生活中一塊平靜的綠洲。

有位先生在團體治療結束後來見我。「您大概不記得我了。」他說：「幾年前，一位朋友帶我參加您主持的禪修初階，我當時染上毒癮，不過後來戒了，現在則是迷上了禪修。」當然，禪修的癮頭是正面的，就像規律的運動不但令人身心舒暢，而且因爲眞心喜愛，才願意持之以恆。

基模發作時的正念

雖然，正念在諸如靜坐的平靜時刻較容易產生，但是正念最具效力的時刻，卻是當基模發作時。這也就是每天都要練習正念的原因——好讓我們在行爲偏離正念時能倚靠。一位病人告訴我她的孩子遭到挫折一蹶不振時，藉由暫停一切，以正念和呼吸將自己清楚帶回當下，讓自己成爲孩子情感的後盾。

不過，最大的挑戰是：如何在煩惱中或是剛脫離極度不安時保持平等心。如果將專注力平均分配在激動的情緒上，可能會使情緒在消失或轉變前變得更激動。不過，就算情緒揮之不去，正念也會讓我們更明白情緒其實並非實體。

這時候如產生了憤怒之類的情緒，用正念觀察它，但不要爲它所困——不要一股腦兒地認同憤怒和諸如「我恨你！」的念頭，而是在憤怒的同時覺察：「這就是我現在感受到的憤怒。」重點是，既不壓抑也不應和情緒，只是單純地覺察而已。

一位充滿正念的人專注於覺察「過程」、而非覺察「內容」。舉例來說，一個修行正念的人注意到憤怒，但不會陷入憤怒的細節和內容之中；只要他開始在憤怒的原因裡迷失，腦袋裡不時想著：「他這樣對我眞讓我無法忍受！」那麼他已經不再存有正念，因爲他不單只是注意到憤怒，而且還認同了它。

然而正念並不等於壓抑。相反地，你要讓自己全然體驗憤怒之類的情緒，留意心中生起的念頭、身體的感覺、想要行動的衝動，或是即將做出的反應等。比如說，你或許會發現自己內臟緊繃或手臂肌肉僵硬，似乎想要出拳打人一樣，而心則充斥各種憤怒的念頭。

簡而言之，你得盡可能小心體驗憤怒。回應憤怒的原因時一定要保持正念，你的回應才會更有技巧。正念改變你對憤怒的看法，使你更明白當下一切，可以一面針對憤怒的原因表達感受，另一方面覺察正念的存在。這種反應方式不同以往，因為以前總是出於憤怒、無念地（mindlessly）做出反應。

運用正念就做得到連亞里斯多德也認為困難的事：「發怒要選對人、用對的方式、在對的時間，並且基於對的出發點。」

在基模壯大之前抓住它

就算真的注意到了基模發作，我們也往往在事後才覺察到。於是在回想時發現：「喔，我的『老毛病』又犯了。」正念在基模累積起能量以前，便幫我們把問題點出來，而且最好在重蹈慣性反應的覆轍前。這當中的關鍵是正念：覺察的力量越大，我們就越是能在基模發作前就注意到，而非事過境遷才扼腕嘆息。

一位病人和我提到正念閉關之後回到工作崗位的情形：「我回到工作崗位的那一天，很清楚自己內心的蠢蠢欲動，於是我設法去覺察這種蠢動的感覺。

「有位同事特別煩人。她想找人聊天，就喋喋不休地抱怨並發表意見。以前這種行為會把我惹毛而導致雙方衝突，最後弄得我好幾小時情緒低落。可是，這一次我試著保持正念，當她說一些我不苟同的話時，我發現自己的心一如往常地漸漸包圍了某個批評的看法，於是我提醒自己去覺察這些想法帶來的感受。當我一面以正念面對令人不悅的感受，同時觀看著這些不愉快的經驗煙消雲散，不再輕易使我心煩，我有了一種快活的感覺。這樣的平等心讓我的日子變得更好過了。」

在暫停一切、集中正念之時，我的這位病人從往常的慣性反應跨出了一大步，以明性與平等心取代內心長篇大論的批評。也就是說，正念的時刻將自我覺察帶進原始的感受和情緒衝動之中。相較於平時，當我們陷入某種情緒，感受會使我們不假思索地採取行動；換言之，我們只是純粹地反應而已。

然而，正念準確地覺察情緒作用的過程，足以分辨各種想法、情緒和衝動。這種經過強化的能力，能夠留意起心動念的那個時刻——也就是行動前的心智活動——一時之間，我們有了更多的選擇。

在做出選擇的關鍵時刻，正念賦予我們更多的自由。舉例來說，如果以正念專注在那些時刻的話，就能夠停留在憤怒所激起的感覺上，跟隨這感覺一直到它消失或是不再控制我們，進而不再任由感覺支配自己的行動。或者，還可以選擇另一種方式回應，可能是大聲說出所需，而非以爆發式的憤怒反應。

讓自我覺察更細緻，意味在反應「之前」就注意到衝動的存在，如此便能夠即時懸崖勒馬。基本原則是：越是在基模發作初期掌握狀況，就越容易截斷基模發作的一連串效應。

假如我們發現體內有種熟悉的感覺或想法，表示基模已經開始活躍起來，我們對於下一個步驟將有更多選擇。感受到基模發作的程度越是細微越好。而正念就是那副敏銳的雷達。

細微的理解能力

基模的活動並非總是喧嘩吵鬧。相反地，在基模發作並控制我們以前，通常有一段寧靜的醞釀期。這段期間，基模在我們覺察不到的地方被促發並潛伏著，但有時也可能會連續數日或數週處於被促發的狀態，只在偶然情況下才會引爆全面侵襲。

代表基模被促發的訊號包括：伴隨某些基模的想法，被基模挑起的相關情緒，或是隨基模而起的典型衝動行爲日益頻繁。

基模被促發前，和基模攻擊類似的小型衝突開始在心中醞釀。由於促發的基模容易讓人小題大作，因此一個沒什麼大不了的剎那，此刻也成了小型的引信，使基模隨時都可能被促發。

比如說，遇到一位總是引發你剝奪基模的人，一個無害的互動也往往能促發基模。舉例來說，你可能對別人沒有感恩圖報特別敏感，而開始懷疑對方的企圖，因此，某人沒有向你的善意致謝，你也可能會認爲對方只是想利用你——這就是典型的剝奪基模觀點。

如果基模以這種方式被促發，會變成一種基本心態，以細微、讓人幾乎感受不到的存在方式感染你對別人的認知。你能感受的唯一跡象是：凡是和基模有關的想法是多麼輕易地進入心中。

瞭解基模的機制亟具釐清作用，讓你清楚眼前發生了什麼。比如說，如果剝奪基模引起你的共鳴，那麼即使是輕微的漫不經心——某位同事外出，忘了幫你買杯咖啡回來——都有可能將基模促發。你可能還會翻出陳年老帳，一一指陳親友如何讓你失望，或是未能關心你的需要或感受。你可能對朋友的漫不經心感到難過、傷心或是惱怒；要不就是放縱自己吃一塊高熱量、美味的小蛋糕配咖啡，讓自己好過一點。

以上都是典型的基模反應，這些反應的共同點是無聲無息、幾乎察覺不到。有時候基模的反應是如此細微，我們雖然覺得有些不對勁，但就是不知道原因何在。如果以正念觀想這些細微的信號，就能夠偵知基模的活動，否則一旦它逃過覺察雷達的偵測，就會再度控制我們的反應。

以正念觀察被促發的基模

細微的感受和反應往往會成爲恆常的心情，這種較爲持久的反應會扭曲覺察，使認知萌生陰影。因此，將精準的正念覺察導入基模造成的心情中，讓我們理解，情緒以及情緒形成的想法，究竟是什麼所造成的。

我有位叫金柏莉的病人，她的剝奪基模之前被促發了。開始的時候，她只注意到自己所謂的「壞心情」，經過仔細觀察以後，她發覺胸腔和腹部有種沈重的感覺。接著，她繼續以正念觀察自己的反應，結果注意到內心被一種熟悉的想法佔據，而這想法和剝奪基模關係密切。比如說，當她收到一張字條寫著朋友打電話來請求幫忙，她立刻會想：「爲什麼只有在需要幫忙的時候，她才會打電話給我？」當下怨恨從心中生起。經過更仔細觀察後發現，她的怨恨中還夾帶些許悲哀。

因此，她以溫柔的同情心問自己：「妳覺得難過，對不對？」然後眼淚便從臉頰上滑了下來。她回想起最近一位老友在失去聯絡多年後，卻在她沒有心理準備的情況下打電話來借錢，這件事使她失望極了。她領悟到就是這個事件促發了她的基模，壞心情於焉產生。

基模被促發後，如果試著接觸我們被它影響的各種細微方式，等於是開始一步步脫離心情的陰霾。領悟當下一切，對金柏莉來說確實是一種良好的對治法，她不再感到無助，也不再陷入情緒而無法自拔，因為她已經知道如何停止被促發基模對她的影響。

兩種方式對金柏莉都有效。一種是關注當時的心情以及造成心情的原因，因為光是正念本身就足以令她紓解。此外，金柏莉也向一位關心並瞭解她的朋友訴說自己的感受。就這樣她內外並進地破除了基模的「模咒」。

以正念療癒基模

我們在往後幾章將瞭解，正念對於基模療法的四種層面來說皆能產生一些特定的影響。這四個層面分為：想法、情緒、慣性行為、人際關係。在此為了清楚起見，我將一一介紹。但是實際進行情緒焠煉時，四種層面齊頭並進。此外在某種程度上，四個層面的界線其實是人為的，舉例來說，在探究情緒的時候，也必須顧及造成基模的想法。

讓我們看看金柏莉如何以不同的方式對治剝奪基模。以往她在認知的層面上，經常會假想別人故意剝削她，要不就是覺得別人應該會讀她的心，不等她開口就知道她要什麼。後來，她將正念當作「內心雷達」來審視這些想法。於是當她發覺自己又產生「沒有人在意我的需要」這類基模發作的想法時，她會暫停下來，挑戰它，不再讓它控制自己或扭曲實相。

「剝奪」的感覺當中蘊含豐富的情緒，因此金柏莉經常不明就裡地感到極度難過或憤怒。在釐清混亂情緒時，她一面練習保持正念的覺察，幫助自己測知剝奪基模的跡象。而當情緒即將發作之時，即使有一股逃避的衝動，她仍然以正念看待自己的情緒。

難過和憤怒是剝奪基模的核心，使基模越演越烈。對金柏莉來說，將正念導入這兩種情緒當中，對於如何放下情緒很有幫助。她用日記來紀錄自己的情緒，藉此思考情緒如何從童年開始萌芽。有時她在心裡面和這位因剝奪基模發作而動彈不得的小女孩進行對談。她同情小女孩的感受，並承認這種感受曾經合宜。正念覺察具有舒緩的呵護力量，讓金柏莉保持專注的正念來對待令她痛苦的情緒，而這情緒似乎是一種象徵性的替代品，用來替代她自童年以來便渴望得到的關注。

有時候，金柏莉發覺她對人懷有恨意而刻意避開人群，特別是她的先生、母親以及好朋友，但她不明所以。正念介入基模造成的慣性行爲，幫助我們翔實記錄想法和情緒如何導致適應不良或不合宜的行爲。當金柏莉以正念覺察那些使她退縮並快快不樂的想法和情緒時，她發覺現在她能夠以一種迥然不同然而更好的方式做出回應，不再憤怒地假設自己的需求再次受到忽視而從人群中退縮。相反地，她開始對親近的人大聲說出自己的需要。

她和親人的關係開始改善。以往她在關係中一直扮演照顧者的角色，總是設法滿足別人，從不表達自己的需要。現在，她以積極行動改變慣性的互動模式，在掉進基模的習慣以前，再一次以正念將自己拉回來。另一方面，她先生對基模治療也產生興趣。於是在事過境遷後，她將兩人的衝突當作一次學習的機會，回想究竟是哪些基模引發了爭吵。不過，她發現有兩個朋友似乎一直無法改變，他們總要求別人配合自己，卻不肯相對付出。這一次，金柏莉不再被自私自利並剝削別人的朋友所吸引，她越來越少與他們聯絡，同時把精力用在願意同她一樣付出並照顧人的朋友身上。

當我們開始對治某個基模，情緒焠煉的進展是多軌並行的。正念是我們多方面的盟友，可彌補基模治療之不足，往後幾章的討論將讓你瞭解這一點。

如果想從不自覺的基模反應中解脫……

試著將正念帶到激動的情緒中。

1.正當你經歷不合宜的情緒反應時，留意它 不合宜的反應包括極端的過度反應，例如對一件無心小事大發雷霆，或是當某人離你而去時悲痛萬分。此外，還包括與狀況不符的情緒，像是應該憤怒卻感到傷心，甚至沒有情緒，在大部分人感到焦慮或憤怒的時候，你卻是腦中一片空白。

2.充滿正念　面對反應白熱化，你可能會於情緒激動的當中或是過後的幾分鐘、幾小時、甚至是幾天以後，發現自己的反應並不合宜。當然，在反應「進行中」就覺察到的話是再好不過，因爲過度反應可以提醒自己保持正念。如果正念的力量越強，越能夠早在反應中覺醒。

3.留意你的情緒　情緒通常是百味雜陳、強弱不一。比如說，你可能體驗到最強烈而明顯的是憤怒，但同時測知憤怒背後混雜的傷心和難過。

4.留意你在想什麼　過度反應時常會產生不同層次的想法。最明顯的是情緒反應當下那一刻的直接想法，也是情緒反應的火藥。比較細微的想法則隱藏在背後：「他不應該這樣對我！」這句話表達了受到不公平待遇時的憤怒情緒反應，同時也讓憤怒更加熾烈。任何極端強烈的情緒反應往往透露過去發生的事件，因而對你具有某種象徵性的意義。你反應激烈的程度取決於象徵上的「實相」，而非實際的狀況；不自覺的想法經常離不開象徵性的實相，並從那個角度來解釋發生的一切。

5.以正念觀察你的行爲或衝動　行爲和衝動也有不同層次，有些行爲比較明顯，表現在言行和音調上；還有些則比較細微，像是已產生但還沒有令人隨之起舞的衝動。

6.留意反應的變化　注意當你用正念觀察反應時，你是如何鬆開環環相扣的連鎖反應，讓你以適宜或正向的態度來回應。注意哪些習慣性的反應開始出現。當你一面坦承接受一切感受的同時，一面跟自己對話。此外，把那些過去熟悉的衝動、想法和情緒放在一邊，觀察你的反應如何轉變，別讓衝動、想法和情緒再度控制你。

以正念轉化憤怒

思考一下正念如何轉化你的憤怒。

首先問自己，這麼生氣是否恰當。在某些狀況下——例如受到不公平待遇或目睹某人受害——憤怒是合情合理的。不過，憤怒的發作往往是因爲與人打交道時，意識到某種象徵性的意義，即我們在基模誤導下對事物做出的解讀。在這些情況下，憤怒便無可避免地成了過度反應。

我們可以學著將憤怒融入情緒焠煉之中。生氣的時候問自己：究竟是什麼在火上加油？什麼是導火線，是某人說的話，還是他的音調？哪些想法在心裡急馳而過？我如何讓自己相信憤怒的正當性？憤怒正是靠這些自圓其說的想法得以維生，藉此蓄積它的爆發力，讓我們相信除了像火山一樣爆發外別無他途。

以後當你感到憤怒的時候，試著做以下的實驗：

坐著不動，同時以正念體驗憤怒。別讓憤怒將你拖走，也別陷入讓你憤怒的人事中。後退一步，從自己的想法抽離，就可以就事論事地觀察自己的「想法」。

和你的經驗同在，但不要特意去想它。對於身與心的變化保持覺察，但不要對體驗到的事物產生更多想法，以致陷入其中而無法自拔。

你可以將「無揀擇覺察」用在體驗上。或者，如果你發覺很難保持正念，那麼「心靈備忘錄」可以助你一臂之力。你很煩躁嗎？記下「煩躁」。你緊張嗎？記下「緊張」。你感覺自己脈搏或心臟正在亂跳嗎？就如實地記錄下來。

你還發現什麼？

或許你的憤怒潛藏一個明確的目的，又或許一種內在的力量從怒火中鑽出來。果眞如此，想一想如何將這股熊熊怒火——也就是內在焠煉所需的能量——轉變成一個契機？

或許在你掀開憤怒的同時還發現了其他的情緒，例如受到不公平待遇而感到難過。果眞如此，讓這些情緒一起在正念覺察之中融化吧。

同時，一些生理上的感覺可能也被火熱的憤怒點燃。以全然的正念觀察這些感覺以及感覺變化的情形。

還有一種可能是，當直觀或訊息越來越清晰，清晰到轉變或喚醒了內在的明性或信心——覺悟到自己可以藉由堅決的行動來治療憤怒的誘因，但是條件是多一份覺察、少一份排拒。

只要持續以正念留意憤怒，將爲你帶來轉變與契機。

9 掌握神奇的四分之一秒

有句新英格蘭的諺語說：「如果不喜歡今天的天氣，等個五分鐘吧。」

有段日子，我一直想騎著馬兒波狄出去蹓躂，可是總是因爲一大堆理由耽擱了下來。但某個充滿朝氣的早春晨間，我一覺醒來的第一個念頭就是：「今天我一定要騎馬！」

我到樓下喝了杯咖啡，禪坐了一會兒，接著便舒服地坐在日光室。敞開的門迎接春天的到來，我感受到空氣中有股活潑的味道，而暖洋洋如黃金般照射的陽光穿透植物。於是我思索起佛教的緣起論（Dependent Origination），也就是念頭和慾望影響行爲的方式。令人愉悅的天氣，不費吹灰之力便帶著我的心跟它走，渴望騎在馬背上，體驗外面的世界。

後來，正當我滿心期盼一個溫暖的晴天，一層烏雲遮蔽了陽光，不是那種輕薄的雲絲，而是沈重且黑壓壓一片、常常不知不覺中便籠罩整片樹林的暴風雨雲。

當可怕的烏雲出現時，我的觀感有了一百八十度的轉變。原本活潑的空氣，瞬間變得濕冷凝重，耳際還不時傳來風的嘶吼聲，我留意心中生起的一種不愉快感覺，抗拒的念頭從內心浮現：「這下子可能會冷得沒辦法騎馬了。下雨可能會把馬鞍弄濕。反正今天早上我本來就應該寫作。」

後來烏雲漸次散去，溫暖的陽光再次灑在平原上，把生氣又帶了回來。這時我重新思考，想像陽光溫暖我的背脊和那昂首闊步的馬，漫步在春天繽紛的花叢中感到無比愉快。想到這裡，我又對自己說：「今天眞是個騎馬天。」於是飛奔著去取馬靴。

生活的境遇也是一樣。我們受到感受、慾望和行爲的制約，只要稍不留神，就會發現自己總是懵懵懂懂的——迎合短暫的念頭和一時的興致，被愉快或不愉快的感覺牽著走。

然而重複對自己毫無益處的情緒習慣，終究要付出相當代價。佛陀早已洞悉感覺、慾望和行爲之間相互的關連性，因此，破除惡性循環的習慣或制約，即通往自由的大門。

破除習慣的連鎖

緣起論是佛教心理學的核心，這個聽來頗爲沈重的心性分析，解釋了人的習慣模式是如何形成而逐漸強化。此外，緣起論還握有一個祕訣，那就是破除這些具破壞性的習慣。

緣起論象徵心最基本的因果順序，這一點和現代的認知科學並行不悖。緣起論的第一個環節發生在感官接觸——包括視覺、聽覺和味覺等。環節之間緊緊相扣：感官因接觸而衍生感覺。感覺愉悅的時候，會渴望擁有更多相同的感覺，並對這經驗產生執著。執著導致行動，教人去追求更多愉悅的感覺；反之，讓痛苦止息。

佛教比丘阿莫若解釋，感覺如何轉變成「慾望」——自我中心的渴求——接著是如何變成緊抓不放或執著，最後導致行爲。「只要有私利，心就立即抓住它。」阿莫若如是說：「如果某件事物讓我們覺得『好漂亮喲！』，眼睛就會一直盯著看，同時心裡想著：『如果能夠擁有也不錯。』接著專注進一步變成執意擁有：『嗯，我眞的好喜歡，它實在是太美了。』最後是決定動手：『管他的，反正沒人看到……』。」

阿莫若說，接下來是物品到手時內心的悸動，到這裡已經踏上不歸路——我們可能會覺悟：「老天哪，我實在不該拿的。」但是已經來不及回頭了。一旦造成這種狀況以後，就必須承受後果，不管結果是悲痛、後悔或是絕望。

認知科學家從探究內在當中，也發表相當類似的心性運作順序，他們認爲感官引導認知（也就是根據感官所產生的想法），接著是感覺，以及對感覺的情緒反應。然後，想法和情緒再轉變成意圖和行動計畫。

神經科學在分析腦部處理訊息的層次上，也和緣起論有共通之處。它指出，每當我們感知某件事物時，資訊會立刻從眼睛或耳朵進入腦視丘這個轉播站，將原始的物理電波轉換成腦的語言。接著，資訊從腦視丘傳送到新皮質這個思考區，以及杏仁核這個儲存負面情緒記憶（例如我們恐懼的事情）的倉庫。假如杏仁核認知到，某種情緒的強烈刺激和過去引起激烈反應的事物類似，那麼杏仁核會使情緒一洩千里，同時引發相應的行動。

杏仁核儲存著包括基模在內的負面情緒習慣。遺棄、拒絕、不被愛或挫敗等引發的一切恐懼，就像魔鬼一樣潛藏著，隨時可能跳出來發動攻擊。

基模是一種過濾的機制，每一個事件都一定要透過它，就像是機場的安全檢查掃瞄一樣。情緒模式窺探我們的生活，只要遇上與之類似的事物、足夠引起它們恐懼、憤怒，或是任何原先塑造它們的事件，都會令這些模式異常警醒。如果基模和某種情緒模式配對成功，這個基模就會喚起過去學到的反應，不論是極度的恐懼和憤怒、想逃避、想對抗、想站著不動，或是對無助和不公平的對待產生恐慌等種種情緒習慣，基模將從頭到尾再上演一次。

引爆基模的引信

在人類進化的過程中，杏仁核的神經迴路在人面臨威脅時，一直是重要的生存工具，因爲它引起的立即反應可提高逃過劫難的機會。人類的腦部一旦意識到威脅即將到來就促發杏仁核，即使發生眞正威脅的機會微乎其微。「預防總比遺憾好」就是這部位的運作原則。

不過，從另一個角度來說，這還是可能令我們遺憾。由於杏仁核使基模一觸即發，於是往往爲了一些尚待商榷的理由，突然引發我們的情緒反應。換言之，即使是溫和的暗示都可能引發基模反應，任何細微的徵兆一旦被基模解讀成威脅，就會引來一陣風暴。舉例來說，有位病人告訴我，每次她先生打鼾就吵得她整晚睡不著，引得她怒不可遏，因爲先生打鼾引起了她的剝奪基模。「我覺得他根本不在意我需要一夜好眠。從理智的角度我知道他是不得已的，不過我才不管這些呢，反正我就是覺得他不在乎我的需要。」

她的反應不合邏輯，不過這不是重點所在。記住，腦部情緒區的運作模式，依據的是佛洛伊德所稱的「原始過程」，只要兩件事之間有相仿或象徵性的相似之處，就會被劃上等號，如同立體的雷射攝影（hologram）一樣，最小的一部分代表了全部。這說明了一個狀況：即使只是模糊地想起當初情緒習慣的來由，也足以成爲慣性情緒的引信。

舉例來說，幾年前我應邀擔任陪審員，基本資料表上問道：「妳覺得有任何原因使妳不適任陪審員嗎？」我回答說，幾年前一位好友因不正當的理由被逮捕，讓我對整個刑事審判系統的公平性產生了質疑。

十分鐘後，我和其他幾位陪審團候選人一同被告知：「妳可以走了。」我感到一陣怪異的解脫外加偏執。理智對我說，自己可能只是隨機遭到淘汰，不過我不由得感到自己受到了排斥。我於是苛責自己，因爲我的回答，使我被認定「不適合擔任」陪審團的一員。後來，我回想起童年時期經常四處遷徙，總是班上的新同學，常常感覺自己受到排斥而無法和同學打成一片。離開法院時，我又像個新同學一樣，渴望被同儕的社交圈接納，而那些孩子彼此認識已經好幾年了。

關鍵抉擇　情緒習慣使「感官—感覺—執著—行動」這個重複發生的連鎖反應越來越牢不可破。當基模被引發的時候，令人不悅的感覺促使我們採取一些行動來撫平內在的恐懼。比如說，當我們心中在乎的人顯得畏縮不前或拒絕我們的時候，害怕遭到遺棄的恐懼導致我們也採取退縮的行爲，以爲反擊。

在佛教心理學中，上述的習慣存在因果關係：刺激（拒絕）引起某種情緒（恐懼），接著引起某種行爲（退縮）。認知科學對習慣的認知與此大同小異。從神經科學的觀點來說，情緒習慣儲存在杏仁核，當人一再重複情緒習慣時，它便從網狀的迴路開始延伸，變得越來越頑強。

習慣的力量製造出一種心智的惰性，在傳統上被稱做「怠惰」和「麻痺」。習慣越頑強，就越不可能抹平它的軌跡。腦部總是選擇熟悉的路徑，一再依循著「感官—感覺—執著—行動」的反應順序，使我們成了自心的囚犯而無法從中解脫。

不過，緣起論也提供破除積習之道，關鍵存在於「感覺」和「行動」的連結，也就是：如何對體驗到的事物做出情緒性反應以及後續的作爲。這瞬間是我們抉擇的關鍵時刻，它的重要性不言而喻。

「打坐的時候，我突然心生一個念頭，」我的病人蘿倫說：「感到自己和男友之間存在一段距離，同時也強烈感受到某個變化將危及我們的關係。我男友經常出遠門，因此我們少有聯絡。想到這裡時，我完全淹沒在被遺棄的恐懼中，於是我專注在這股情緒上。我開始感到難過——那是一股圍繞著失落的恐懼和悲傷。我決定感受這些情緒，讓眼淚輕輕流下。之後感覺就慢慢地沈澱下來。

「禪坐完畢後，我開始忙我的，但是沒多久恐懼和悲哀就又回來了。這一次我還是感受著情緒，並且陷在可能和男友分手並孤單一人的想法中。我下定決心接受心中的一切，包括難過在內。這時情緒再次減弱，但仍舊隱約存在覺察的背景當中。

「我決定破除情緒心智的軌跡並做點振奮人心的事情，於是我做了一會兒激烈運動，然後又打掃了辦公室，我一邊做，一邊覺得能量急速上升。過了一會兒，我感到悲傷慢慢減輕，基模漸漸鬆綁，沈重的心也逐漸輕盈。

「現在我不再這麼擔心兩人的疏離，因爲我已經能夠接受疏離的事實。我很淸楚，一直以來因爲恐懼而採取的行動，使我焦慮地想緊緊抓住男友，讓他感到非常不自在，反而躲得更遠。因此，最好的辦法是順其自然，不要焦慮地纏著他不放。

「我發現我們的關係有一點像是生日蛋糕上的惡作劇蠟燭，不管你多使勁地吹，蠟燭一定會再點燃。我心裡明白，和男友的關係就像那蠟燭，即使有段時間關係似乎岌岌可危，最後終究會再度穩定堅固。」

我的病人以正念對治恐懼，她全程觀察遺棄基模從發作到平靜，同時也再次證實了緣起論的觀點。在此必須做出一個極爲重要的抉擇：我們究竟應該迎合衝動和情緒，還是靜靜地觀察想法和感覺從生起到幻滅的過程？

即使決定採取行動，在感覺被遺棄時伸手求助，最好等到極度渴望需要的感覺消失後才能獲得更多選擇，變得更有彈性。如果不作意迎合，讓感覺順其自然，我們就更進一步減弱了感覺和衝動行爲之間的連結。

神奇的四分之一秒

神經外科醫生班哲明・理伯特（Benjamin Libet）戲劇性地發現破除環節的關鍵，並從而說明正念能夠有效地將理智帶進情緒中。首先要說明的是：由於腦部沒有神經末稍因而沒有痛感，再加上神經外科醫師在進行腦部手術時，經常需要向病人確認以免進入錯誤的區域，因此病人在動腦部手術的時候並未全身麻醉，而是保持意識清醒。在這種情形下，病人仍然可以說話或是移動身體某些部位，好讓醫師知道手術進行得很順利。

理伯特緊抓住這個難得的機會，做了一個簡單的實驗：他在手術當中叫病人移動手指。他使用一種特別的計時器，這種計時器的測量單位可達千分之一秒。如此一來，當病人覺察到自己有動手指頭的「衝動」時，這計時器可以將當時的確切時間記錄下來。

在此同時，理伯特醫師也監視病人腦部負責手指運動的電流活動，清楚知道腦部確實開始活動的時間，以及何時到達顛峰。換言之，這讓他精確地辨別出「想要」動的意圖、「覺察」意圖產生的時刻，以及眞正「行動」的時刻。

令人驚異的發現是，腦部掌管運動的部位，在人們覺察到移動手指意圖的「前」四分之一秒就開始活動。也就是說，在我們覺察到自己想要採取行動前，腦部就已經將衝動開啓了。

理伯特發現，從覺察動作的意圖到開始行動之間，還存在四分之一秒鐘的時間，這個瞬間非常的重要，因爲我們可以在這時候決定要順應衝動還是拒絕它。也可以說，這四分之一秒是意志力的關鍵。這個瞬間給我們機會破除連鎖反應，不再盲目地追隨衝動行事。

在內心無念且不自覺地反應的時候，衝動就直接導致行動，而未經意識思考是否應隨衝動行事。每一種情緒的根源都是想要採取行動的衝動，衝動則是情緒固有的特性。我們往往未經思考便屈從了情緒衝動，先是感覺，接著就是依感覺行動，沒有留給自己停下來思考的時間：憤怒轉變成暴跳如雷、恐懼轉變成退縮、而傷心則演變成流淚。

由於正念將積極的覺察導入機械式的情緒模式中，讓反省的意識介入情緒衝動和行動之間，這就是正念可以紓解情緒的原因。情緒習慣的連鎖反應也就藉由這種方法破除了。

「無爲」的力量

正念指引出一條道路，引我們到達意圖和行爲中的空隙稍事停留，然後再用否決的力量打破習慣連結。平常總是默默引導我們、環環相扣的自發式反應，現在經過覺察的過濾，倏然提供我們前所未有的選擇機會，從此以後，我們不再隨著衝動起舞——我們也可以說「不」。

「搔癢」這個例子，正說明正念如何賦予我們力量，讓我們不隨衝動行事。如果在不假思索的情況下，你會自然地去搔抓癢處。但如果在行動前你以正念察覺了這個衝動，你可以選擇不去抓它——假如你是因爲不小心沾到了毒葛而起疹子的話，那麼不去抓絕對是明智的抉擇，以免適得其反。情緒也是同樣的道理。

如果能夠留意伴隨恐懼而來的衝動——不管是恐懼遺棄和疏離、恐懼被排斥，乃至恐懼災難發生等——我們同樣可以選擇不要去應和。藉由正念的影響力，我們得以留意衝動背後第一個機械式反應，讓我們自由地破除未經思考的反應環節。

當注意力集中在憤怒等情緒反應上，正念會將它轉移，好讓我們覺察心性狀態和感知的事物間存在何種關係。我們不再迷失在憤怒以及隨憤怒而來的想法和感覺之中，而能夠清楚地認識自己當下感受到的是憤怒。

如果不去管憤怒的內容——換言之，究竟是什麼使我們憤怒，以及該怎麼辦——而將覺察範圍擴大以涵蓋憤怒的全部過程，我們會眞正瞭解到憤怒僅只是憤怒而已。我們可以留意伴隨憤怒而來的想法，仔細觀察在「憤怒」的大標籤底下究竟混合了哪些情緒。我們也可以感應到自己想要採取行動的衝動——像是：緊握拳頭、眉心深鎖，以及喉嚨部位的張力等。

但是，我們不需要隨憤怒起舞，現在我們可以選擇要不要採取行動。雖然不必將憤怒發洩出來，但並不表示你得壓抑它。覺察和壓抑是兩回事，壓抑是指你不想知道，或是不想讓自己知道自己在發怒。

有了正念，憤怒會穩定地安住在覺察當中。你知道自己眞的很生氣，甚至想對著某人大吼，不過這些都逃不過自己的覺察：你感覺喉嚨很緊，而且心生怨懟。換言之，你盡可能一點一滴體驗憤怒，這一點和壓抑相當不同。

雖然你不壓抑憤怒，但是也不任由憤怒發洩；現在，你可以讓自己更有技巧地回應。或許你會需要堅定地指出不符正義的事，或是要求對方公平體諒地對待，但是你這麼做是出於正念而非憤怒，因此你的回應將更能達到預期效果。你能善巧地扭轉局勢，讓自己的聲音確實被人聽到，或是達到想要的結果，而不再拿情緒來要脅他人。

你可以將破壞性的憤怒轉變成建設性的能量；達賴喇嘛曾說，當我們以建設性的方式轉化憤怒時，我們就會明白接下來該做些什麼，而且擁有無窮的能量來完成目標。

正念如何啓動情緒的轉變

每當我們用根深柢固的習慣對情緒激動的狀況做出反應時，那一瞬間我們其實並沒有多少選擇。即使慣性反應已經證實會把事情搞砸，導致結局與我們的願望相左，但是我們還是注定會一再慣性地重複——除非在它快要掌握並控制我們前，就已經被我們洞悉。這也就是將心轉向正念覺察所產生的力量。

有了那一層覺察以後，你只要讓想法和感覺自然來去，同時以穩定的專注力觀察這些想法和感覺；既不隨之起舞也不批判，而只是用平等心觀察。這種觀察入微的覺察力，改變我們對想法與感覺的理解，不再刻意追求，火上加油，而只是保持旁觀的態度。

蘿倫的例子是，她很容易產生強烈的被遺棄恐懼感，只要一點點跡象顯示男友對她不再感興趣，都會引發這種反應。男友沒回電話就足以讓她胡思亂想，而幻想的內容總離不開她遭到拋棄的情節，像是：他和別人有染、他不再對自己有興趣、他對她厭煩。但這些都只是她的憑空想像。

一天，她顯然又處於煩躁之中，我叫她描述自己的感覺。

「我好像渾身在顫抖，很不舒服。」蘿倫據實以告：「強烈的懼怕感讓我抖得更爲嚴重，我很難集中注意力，我寧願去注意其他的事物。」

我叫她體會這種感覺、持續觀想，同時想像自己騎乘在洶湧起伏的感官之上。

「我的覺察力想往下跳。感覺上它好像被一波波的緊張氣氛給瓦解了。」

但是，蘿倫試圖穩住她的正念。順著感官一波波升高，就好像在撐著一條小船，隨著洶湧的波濤上上下下一般。穩定的覺察帶給她舒適感，一股暖流滲進她的身體——然後是她的心。接著，暖意從她的腹部升起，撫平了一波波的恐懼和騷動，於是她的呼吸緩慢下來，恐懼也消失於無形。

隨著身體感覺發生變化，內心也隨之轉變。她不再害怕自己被遺棄，而是立即產生「我自由了！」的念頭。緊接著，她想：「一個人也沒啥大不了的，我沒有問題。」她感知自己有一種放心的感覺，這感覺超越了她與日遽增、被遺棄的恐懼，當恐懼和身體的僵硬被軟化後，她對自己產生了全新的觀點：「有什麼好怕的？片刻前還在害怕的那個人去哪兒了？擔心失去聯繫和被遺棄的念頭跑哪去了？」

正念覺察具有偉大的力量——能夠把恐懼和想法加諸自身的限制解開。當然，透過正念獲得的自由不會一次到齊，因此需要讓內心堅定專注於整體感覺，包括愉快和不愉快的感覺。在蘿倫成功運用正念來克服被遺棄的恐懼前，她已經花了好幾個月來修習正念。如果我們用點心力培養正念，它將讓我們接觸到有益的心性本質。

避開慣性反應

在某層意義上，慣性的情緒反應幾近一種渴望，而渴望則是慾望的縮影。找時間試試：當慾望產生的時候，不要應和，而是以正念觀察自己想採取行動來滿足慾望的傾向，只要覺察它就可以了，慾望像渴望一樣，最後終究會消失。

你可以用同樣的方法，檢視自己渴望某件事物的背後究竟暗藏什麼動機。看看慾望從何而來，覺察自己的動機，留意這慾望是出自於執著還是無私——換句話說，慾望來自於你想為自己或是想為別人得到某件事物。此外，當你無法滿足慾望時，覺察自己是否感到不舒服或苦惱，如果有，讓自己接受「沒有得到也可以」的想法。

一面保持平等心，一面看看慾望的本質如何改變。變得更強了嗎？還是更弱？如果得不到的話，你覺得自己無所謂嗎？現在你還想要得到嗎？

如果無害，讓自己去應和慾望，但是同時必須保持正念。通常，如果你以正念觀察慾望，慾望會發生變化或者減弱。過一陣子，慾望的力量會不如先前，或是帶來的愉悅會比期盼中少。心中越是光明，佔有的慾望便越弱。我們更能夠領悟慾望的本質——同時發現需要滿足的慾望越來越少。

同樣的方法，可以用來處理基模發作時的行為衝動。有一次一位病人在禪修閉關時，一同閉關的朋友對她做了件非常不體貼的事，而且就在她對那位朋友付出關懷的同時。當時我的病人已經閉關一段時間，因此能以正念面對這事件所激起的熟悉感受：沒有人在意她的需求，而她總是把自己的需要放兩旁，好滿足他人的需要。

經過幾星期密集的正念禪修後，她的心變得既輕快又柔軟。她立刻專注在自己的反應上，同時小心翼翼地觀察。她的心有種被壓縮又難過的感覺，隨後是傷心和失望。然後她想：「沒有人在意我。」這還伴隨著憤怒的衝動，想要蔑視對方好讓她也傷心。她花了好長的時間來體會反應和感覺的混合體，接著驚訝地發現自己因爲熟悉的哀傷——沒有人在乎她——而淚流滿面。

過了一陣子，感覺消失了，包括透不過氣來的難過、失望和傷心，還有以牙還牙的衝動。相反開始的時候，這些感覺一如往常，全體出動，但是這一次她不允許這些反應控制自己。相反地，她以正念打破了「想法—情緒—衝動」三者的鎖鍊，而一旦鎖鍊被解開，新的事物相貌也於焉呈現。

她不再像以往剝奪基模發作時感到冗長的痛苦、自憐和悲哀。現在她反而可以阻止自己的反應，容許心中有更多餘裕來思考其他的可能性。她的下一個念頭非常可貴：「也許我的朋友沒有覺察到自己在做什麼，或者她並沒有傷害我的意思。」

整個反應從頭到尾僅花了數分鐘，這例子說明精確的覺察如何切入這般頑強的慣性情緒反應。當激烈的情緒被挑起的時候，正視它，體驗這情緒但不採取任何行動，轉變於是會發生。這其中的關鍵在於全神貫注，既不逃避也不抗拒，既不執著也不認同——就只是體驗它們的本質而不加批判或責備。

和慣性的連鎖一刀兩斷，並非一蹴可及。我的病人一直很積極地閉關，將她的正念強化到最高層次。但是，只要在基模作用時能集中正念，也可以減低其反作用力。

衝動和行動之間的暫停是破除慣性連鎖的方式之一。阿莫若說：「如果我們只是在感覺層面上用正念去回應愉悅和痛苦、好感和反感，而非只是附和慾望，那麼我們的生活將得以滿足，充滿和諧。」

選擇自由

通常當我們對某件事感到強烈不安，特別是不安的程度和事實不成比例時，這表示有種盲目的情緒習慣作祟，更貼切地說，是基模已經開始發作了。這類情緒意味抉擇的時刻。我們可以在習慣的恍惚中受反應控制，或者可以全神貫注在當下，接觸不自在的感覺，或是事件背後的痛苦、甚至絕望。

但是，如果我們沒有用正念檢視感覺，而只是一味附和它，基模會越來越強。這在蘿倫身上屢試不爽。她不斷愛上時而熱情親切、時而情感退縮的男人。每當她覺得他們開始退縮，就把自己逼到狂怒的狀態。她一面思索自己究竟做了什麼逼走他們，一面又不停地嘗試與他們聯絡。事實上，引起狂怒的原因表面上看來根本微不足道，像是男友講電話時太過一本正經。

我明白對蘿倫說，當她狂亂地試圖聯絡對方時，其實是想逃避失落的恐懼。另一方面，激動的情緒意味著某種基模正在作祟。但是，蘿倫執意想要挽救、修補關係來轉移焦點，因而無法瞭解情緒模式的成因。她沒有想到，覺得關係岌岌不保，只是她一廂情願的想法罷了。

情緒激動的時刻正是學習的機會，同時也是讓激動情緒自行繳械的時刻。如果你決定和情緒習慣正面衝突——保持更高的警覺心，面對奔馳的念頭和煩惱，而非讓它們逼你採取行動。當你能夠接受情緒的洗禮卻不受它控制，你就開始有所斬獲了。

你嘗試把覺察轉向經驗本身時，情緒可能會變得更爲激烈、令人不適，但是只要你繼續體驗這情緒，它會慢慢消失，變得比較能忍受。然後，你如果保持專注並安住其中，內心一面經歷變化的過程，這時候，心理上一種對基模本質的頓悟會從混亂中油然而生。蘿倫在實踐的同時，認識到自己不自覺與自私冷酷的人交朋友——無論男女都一樣——也因此一次又一次地引發了自己的基模。她檢視幾段重要的關係，包括過去交往過的男友和幾位密友，結果發現他們全都和她母親一樣，都是一群疏於情感的人。

洞悉這一點以後，下一步就是改變自己回應這些人的方式——這麼做的原因不只是爲了撫平情緒反應，同時也爲了改變別人待她的方式。一旦她不再受到被剝奪感支配時，她決心將自己對情感的需求表達出來。這一次她不再執著，改以一種輕鬆、甚至玩笑的態度面對。

除了我們把許多和基模相關的事情融會貫通，瞭解基模爲何有如此巨大的控制力量，以及該如何應付等，就能減弱基模的控制力量。這就好像基模曉得我們不再怕它，於是便逐漸減低它的控制力，從我們的心裡和生活中消失。下次當基模再度發作時，我們對它將更熟悉，更清楚眞實的狀況，以及它運作的情形。

我們都曉得不需要如此害怕體驗基模造成的激動情緒，也不必相信跟隨情緒而來的想法，更不必在基模驅使之下，被迫再度軋上一角。我們不再害怕面對一切，因爲這些我們都經歷過，而且現在的我們比以前更堅強——基模變得更容易被識破，而我們對自己情緒的掌握則是更清楚而有智慧了。

如果想打破習慣的惡性循環……

試著瞭解神奇的四分之一秒——意圖和行動間的空隙。爲了做到這一點，你要讓覺察更精緻，這樣才可以運用正念的精準度覺察自己的意圖。你可以藉由觀察走路禪的細微動作，以培養專注的精確度。

參照「第三章」最後關於「走路禪」的介紹，再添加一個關鍵性的改變：用正念觀照瞬間的意圖。在走每一步和轉每一個彎以前，心都會產生動作的意圖。正念讓這一瞬間——四分之一秒——進入覺察的範圍。

遵照著「第三章」末有關走路禪的指示。但是，當你舉起腳、移動、放下腳時，留意每一個動作前的意圖。比如說，當你改變行進方向時，將全副精神放在想要轉彎的意圖之上。接著，轉彎後全神貫注在想要擺動腳以便前進的意圖，在你停下來以前，留意你想停下的意圖。

在任何情況下，你都可以非常直接地觀察自己的意圖，甚至可以用同樣的方法對待自己的情緒反應。試著在白天的時候練習，測試你在每個行動前的四分之一秒內，能留意到多少意圖。比方說，有人做的某件事情騷擾到你，在你公開回應之前停一下，將覺察帶進意圖之中。注意自己的衝動以及想要採取的行動——或許是一個無禮或氣憤的反擊。當你停頓的時候，想想還可以採取哪些反應——或許是直截了當地告訴對方，你希望他擇善而從。

腦部處理資料的速度非常驚人——短短四分之一秒就可以塞進一大堆東西。你練習的越多，停頓的時間就會越長。有人在試過之後對我說：「我從不知道反應前的四分之一秒是如此漫長！」另一位則說：「我在生命中抓住的四分之一秒越來越多了！」

10 刻意做一個正面的反應

有位病人告訴我，在一個她常去的公園裡，有一條泥濘小徑，上面開了些嬌弱美麗的花朵。然而，當她後來再回到那裡，她看見有人正在鋪路，優雅的花朵頓時間被埋進水泥裡去了。這個景象立刻讓她的心情沈入谷底。

次年她又漫步經過這條小徑，竟然發現在一塊水泥地的縫隙中，有些小芽苞就從裡頭鑽了出來。當她看見這些她眼中「意念柔弱的生命」比起那堅硬的水泥還要強韌，心中感動莫名。

改變基模就像這樣。從我們意念冒出來的「柔弱生命」其實極爲有力，只要不斷努力，一定能穿破堅若磐石的基模。因此，改變的第一步就是從意念付諸行動開始，也就是做些不一樣的事來改變舊有的習慣。

比如說，你可以試著將這本書放下，這樣你不用握在手裡，一樣可以閱讀。

好，現在把你的手臂像往常一樣的交疊。覺得很順對不對？

現在，用另一種方式交疊手臂，讓原本在下面的那一隻手疊在上面。

改變基模的感覺就像這樣，剛開始時是既笨拙又陌生，但倘若你繼續重複新的習慣，就會覺得越來越熟悉自在，換句話說，越來越像自己。

藏文的「禪修」源於一個動詞，意思是「變得熟悉」。創古圖古仁波切（Chagdud Tulku）加以解釋：「我們開始熟悉其他的存有方式。」

每次在企圖改變慣性模式時，新習慣剛開始一定會讓人覺得彆扭，但是我們越練習就越熟悉，而越熟悉則越自然。

情緒習慣也是如此。只要一直重複，即使一開始讓我們心煩的，最後也能夠泰然處之。一名加勒比海的婦女談到，自兒時以來每年颶風席捲整個小島的經驗。我問她：「妳不怕嗎？」「喔，不怕啊，我們那裡常有颶風，早就習以為常了。」她笑著說道：「你只消把窗戶關上然後對自己說：『好啦，管它發生什麼，隨它去吧。』」

她的態度——面對現實加以預防，然後接受命中註定的事——對於易受傷害基模的典型恐懼感是最佳藥方。那個基模誇大所有關於威脅的暗示，好讓自己認知到危險的存在，結果小小的風雨在心裡卻成了颶風。而島上婦女的認知則恰恰相反：真正的危機可能會來，所以盡可能做好準備，但是如果該做的都做了，那麼就放鬆心情吧。

有句俗話說，能改則改，不能改則接受，並以智慧體驗其中的差別。對於那些具有易受傷害基模的人來說，這道理能夠導正基模造成的扭曲認知，因為這基模使人對一切感到恐慌，包括那些無法改變的事在內。具有這個基模的人可以從划船當中學到一個基本教訓：往你的目的地前進，但要在屈服於強勁的風力和試圖控制風帆之間找到平衡點。

每一個基模都有對治法門。無論適應不良的習慣影響層面在於想法、感受或行爲，都能找到對治的方法，即使這些習慣已經根深柢固。換句話說，無論習慣屬於想法、情緒、行爲或關係等不同類別，我們都有能力改變它。

八萬四千法門

運用對治法門的觀念由來已久。佛教心理學相信，我們都可以主動克服，並改變適應不良的情緒模式或梵文中所謂的「煩惱」。傳統的佛教經句當中曾提到人有八萬四千種煩惱。不過佛法中也揭示，共有八萬四千種對治這些煩惱的法門！

在這些對治的法門當中，一種主要策略是修養心性來對抗煩惱。其基本原則是：正向的心智狀態往往能夠平息或化解煩惱，因此當前者存在的時候，後者將無容身之處。每一種煩惱，都有一種與之對應的正向心態來轉苦爲樂。比如說，用慈愛的心念化解憤怒、謙卑化解傲慢，至於平等心則是用來對治騷亂和其他不安情緒的方法。

佛法依據人心煩惱的程度，或是心擁有多少對治煩惱的法門，來衡量心的寧靜狀態。培養正念不但是轉化不健全心智狀態的利器，同時也是圓滿究竟的對治法門。

達賴喇嘛告訴我們，另一種常用來對治煩惱的方法是：無論自身遭遇哪些問題，依舊要關懷他人。「如果覺察範圍很狹隘的話，那麼個人煩惱就會顯得巨大無比。」達賴喇嘛如是說：「但是當你想到幫助他人的那一瞬間，你的心寬闊了，而自身的問題就顯得微不足道。」

佛教心理學認爲，當所有煩惱都被正向心態取代，心智將達到理想的健康狀態，同時也象徵心靈的一大提升。在轉化的過程當中，正念代替了分別心，寧靜地接納覺察到的一切事物。

從佛教觀點來說，這些對治法門雖然不是萬靈丹，卻能有效地將負面心態轉變成正向。正念探查所獲得的直觀，可以讓我們從頑強的習性中解脫。當然，最徹底的對治是心靈的全面自由——也就是解脫，但即使是追求心靈解脫的人，一生中仍時常受困於煩惱和情緒習慣帶來的痛苦。

因此，只要煩惱帶來痛苦就有對治的必要。無論是佛學還是基模治療，都使用對治法來解決適應不良的情緒習慣。達賴喇嘛所建議的對治煩惱步驟，和基模治療使用的方法並行不悖：首先運用正念將覺察的光明導入煩惱中；其次則是運用對治法門，也就是以正向積極的想法，來替代煩惱這種情緒引發的心智習慣。

現代心理學的創始人之一，美國心理學家威廉・詹姆士（William James）回應了上述的兩個步驟。他清楚地體認到，附和不良的習慣等於是姑息養奸。他說：「大家都知道，逃跑只會增加驚慌的程度，而屈服在憤怒的徵兆之下，則會使怒火益發熾盛。」詹姆士寫道：「大家都曉得，如果一再生氣，便會逐漸將憤怒推向頂點。」

此外，詹姆士領悟到改變情緒模式——例如過度暴躁的脾氣——就是刻意練習心平氣和。他的改變訣竅是：「如果不把激情表達出來，它就會消失。因此，當你準備發洩怒氣的時候，從一數到十，就會發現生氣是件極其荒謬的事。」

詹姆士所提出的方法，在本質上近似於佛教心理學的原則——故意採取和負面心性習慣相反的作法。改變情緒的訣竅是：「如果想要克服不好的情緒傾向，那麼就必須孜孜不倦、從開始就毫不留情地經歷那些與心性習慣相反的外在舉動。」

將覺察帶到習慣之中

在我早期從事心理治療師的生涯中，另一個有關改變情緒習慣的務實見解來自摩謝・菲登奎瑞斯（Moshe Feldenkrais），他同時也是肢體研究（body work）的開山祖師。他的論點主要是透過肢體運動發展而來，很多精闢見解都是在他罹患小兒麻痺身體癱瘓後，爲了重獲對自己肢體的主控權而來。雖然我對菲登奎瑞斯的研究所知有限，但是他稱爲「動中覺察」（movement awareness）的理論架構對於如何解決基模問題卻有著深遠的影響。

菲登奎瑞斯主張，人類慣用的肢體運動方式深植在腦部的運動神經皮質（motor cortex），也就是人腦控制身體運動的區域。大部分人都有一些習慣的姿勢及動作，這些習慣不但限制了我們的潛能，甚至造成疼痛。因此，菲登奎瑞斯相信，爲了盡可能激發人的潛能，一定要抹平習慣造成的軌跡。這意味著運動皮質一定要發生變化，如此新的神經肌肉模式才得以形成，使人們運用肢體的能力達到顛峰，而不是受到限制。

菲登奎瑞斯認爲，這麼一來，其他的習慣也會跟著改變，包括情緒的習慣在內。他相信只要改變運動神經皮質，就能夠改變由人腦其他部位控制的慣性制約。「人的行爲中唯一不變的，」摩謝以前常說：「正是『相信自己的行爲不會改變』這個信念。」

菲登奎瑞斯對於改變習慣的見解不但令人耳目一新，而且讓人精神爲之一振。如果擺脫定見和成規並擴大包容度，那麼任何事都是有可能的。菲登奎瑞斯具前瞻性的觀點，後來經過神經科學證實是「神經的可塑性」(neural plasticity)。換言之，人腦的可塑性，難以計量，當重複的經驗不斷塑造大腦之際，大腦持續改變。

不過，這樣的重塑相當費力。改變習慣好比用新的方式交疊手臂一樣，剛開始的時候覺得非常彆扭，因爲新的方式不但陌生，甚至怪異。不過，一再重複新的習慣，彆扭的感覺最後會消失，而新的習慣慢慢讓人感到親切自在。

改變情緒習慣既費力又費時，因爲腦部必須克服想回到舊有習慣的衝動。習慣形成的過程越是深刻，就要花更多的力氣去改變——而適應不良基模在所有的積習中則屬箇中翹楚。因此，如果想把較柔性且不熟悉的替代方式變成自發的選擇，那麼持續不斷的努力絕對是有必要的。

不過，人們在改變習慣的時候往往太快喊停，以致無法度過尷尬和不熟悉的階段。即使瞭解舊有的習慣已經沒有任何好處，改變初期無可避免的彆扭往往使人走上回頭路，畢竟熟悉的習慣比較讓人自在。由此可知，半途而廢經常是無法掙脫情緒習慣的原因。

然而，一旦下定決心通過這段尷尬期，停止光說不練，而是做好長期抗戰的打算，我們終究能夠改變腦部的不自覺反應，採取嶄新且較佳的回應方式。徹底瞭解習慣的本質，讓我們預知在改變情緒習慣的過程中可能的狀況。

刻意的改變

爲破除慣性制約，菲登奎瑞斯提出一種有效方法，以下這個簡單的練習可作爲其出發點：首先，將覺察導入日常生活的瑣事——這些瑣事都是我們平日未經思考的機械動作。接下來刻意改變習慣的順序，比如說，如果你每次都用右手刷牙並打開浴室牆上的櫃子，那麼就試著使用左手。如果你每天都開車上班，或是走同一條路上學，就故意改變你的路徑，選一條不同的街道或是不熟悉的區域去探路。

上述的方法聽來容易，而且幾乎沒什麼大不了的。但是當我們用新的方式做一件熟悉的事時，便激起了一些新鮮的覺察。想要從沈悶而機械化的例行公事中覺醒可說是天方夜譚，因此，無論這習慣是多麼瑣碎，將習慣破除都可以轉變覺察，並啓發全新的心性狀態，這就叫做「初心」，也就是以第一次的心情看待事物。這種清新的觀點，讓我們得以選擇用不同的方式處理事物。

同樣的道理也可以用在心性習慣上。將清新的覺察導入心智習慣，讓我們從這些習慣當中獲得不同層次的自由。有一位研究老化現象的專家說，人老化後所面臨的最大問題之一是「精神硬化症」（psychosclerosis），也就是心態上開始硬化！

雖然菲登奎瑞斯在幾十年前就已經提出改變習慣的方法，不過近來認知心理學上的發現也支持他的論點。其中一個最驚人的發現是關於習慣。我們都知道，當腦部對某個習慣純熟後，執行習慣的整個過程不再爲我們所覺察。換言之，每當我們在同一個狀況下用同樣的方式執行某個目標時，行爲舉止是依照固定的連鎖反應、不著痕跡地進行。這是因爲一旦熟悉了習慣，只需要用眼睛看、用耳朵聽，或是隨興想起某件事情，就足以刺激並且啓動整個習慣程序。

如果是良性習慣——像是早上煮咖啡之類的——這沒什麼問題。走到廚房的時候，你的腦和身體就像機靈的僕人一般，會自動完成煮咖啡的程序，而不需要你付出任何注意力。

然而，當情緒習慣被挑動起來，結果就不見得毫髮無傷了。如果無意中採到地雷——比如說某個刺耳的聲音讓你想到被父母責罵——這或許會讓我們在無意識的情況下過度反應，像是尖銳地頂嘴。總之，我們的意識在還沒有做任何選擇便直接回應。

如果越常使用相同的回應方式，基模的影響力就會越來越大。由於基模是一種在覺察外運作的習慣，因此我們經常不知道如何改變它們。困境於是浮現：情緒習慣所顯現的，大多是自動註記在心中的事物，同時也是引發情緒習慣的導火線。

既然習慣會因爲一再重複而越來越頑強，它們的力量也意味著重蹈覆轍的可能。在基模的魔力影響下，我們在遵循慣性回應之前，無法覺察到當時還有其他的選擇，因爲基模往往把那一瞬間的其他選項都排除了。由於習慣在本質上不但屬自發式，而且是無意識的，因此也成了習慣的最大掩護者，換言之，我們根本不清楚自己正在重蹈覆轍。

不過，正念可以將覺察導入未經思考的重複動作，讓我們再次認識模式，同時對於當下的反應有更多選擇。只要我們刻意採用不同的方式，而不是每每重複相同的舊習慣，即可削弱習慣的影響力，獲得更多的自由。因此，對治之道就在於將覺察導入整個過程中，讓原先「無念」的自己充滿正念。

因此，改變習慣的最關鍵步驟，就是將覺察導入自發式的習慣中。只要情緒習慣藏匿於覺察不到的地方，我們就拿它一點辦法也沒有，然而我們一旦領悟到當下的狀況——「基模又來了！」——就可以採取一些步驟，好讓接下來的事情有所改觀。

兩個簡單步驟

現今研究已發現了改變機械式感受和思考習慣的步驟。最簡單的策略是，一旦發現習慣逐漸成形，就刻意去改變對習慣的回應。這個策略識破，習慣產生的原因本身就有某些難以抗拒的力量，會啓動自發性的連鎖反應——換句話說，改變最初的反應比改變最後的反應要困難許多。但是，一旦覺察到慣常的連鎖反應已經開始時，我們就能夠有意識並刻意地採取一種不同以往、更有建設性的回應。

舉例來說，你第一天到新公司就任，見到新同事時就引起了你的孤立基模。這時候，自發性的基模反應可能讓你覺得渾身不自在和焦慮，你告訴自己可能沒有人想和你搭訕，所以最好乖乖待在自己位子上。但如果你逮到自己老毛病又犯，你可以突破當時的焦慮，向一位同事自我介紹、交談，如此一來也就改變了原先可能發生的結局。

德國這個國家，無論在歷史、宗教和種族等方面的成見或刻板印象，歷來已造成了毀滅性結局。上述的簡單方法，在試圖改變德國的負面刻板印象上展現了它的力量。所謂的「刻板印象」，當然是代表某種心智習慣，至於「負面刻板印象」通常則是指對團體不認同、不愉快的感覺，以及容易帶有惡意的行爲等。

德國的心理學家叫一群人故意去挑戰自己的慣性反應，試著改變特定的刻板印象。比如說，爲了改變他們對老人家的刻板印象，自願受試者下定決心：「每次看見長者的時候，我要對自己說：『不要用刻板印象判定別人！』」

就這麼簡單地努力了幾個禮拜後，他們先前充滿敵意的態度有了一百八十度的轉變——見到長者時不再產生負面感受。如果是以往，他們可能會避免和長者接觸，可是現在卻能自在而友善地和長者互動。換言之，他們用意識介入了自發的習慣，讓自己從心智常軌中跳脫出來。

類似的方法，多年來也成功地被「匿名戒酒會」（Alcoholics Anonymous）採用，以防止成員酗酒的老毛病再犯。每當成員想喝酒的時候，他們會故意改變慣性反應，打電話給別的成員聊天，避免像往常一樣犯酒癮。這個方法還可以用在比較世俗的一面，如果你正在節食，卻又向餐廳點了一客起士蛋糕的話，抓住這份衝動，點一份水果盤來代替。以上所有的例子裡，積習在即將「發作」時會受到關注，這樣我們也就能夠爲習慣指引出一個更新、更好的方向。

來看看瑪麗安如何用這個策略，改變了易受傷害基模造成的不良反應。以前每次先生要出差前，她一定會害怕不幸的事降臨在他身上。因此，她採取的第一個步驟，便是以正念將覺察和騷動不安情緒間的距離拉大，在她即將故態復萌的時候逮住自己：又開始反芻可能降臨丈夫身上的各種災難、禍事，尤其是他深夜返家途中未能即時打電話給她，這時的恐懼往往使她以憤怒相待。

將正念帶到當下讓她後退一大步，問自己：「我眞的希望恐懼成眞嗎？」於是她便有機會回答說：「不！」於是就此打住。打開內心的空間使她在當下獲得更多選擇，她不再對他發怒，而是平靜地問他爲何這麼晚才打電話回來，並要求他下次留意一點。

這方法雖然簡單、卻影響深遠。總結以上，改變包括基模在內的無意識習慣，有兩個步驟：

1. 習慣被引發後，保持覺察。

2. 利用策略改變慣性反應。

心理治療中的轉變

前面所說的簡單策略是削弱適應不良基模的好方法。我們來看看一個令人喪氣的情緒結構，是如何說明「霍華先生」的主要基模。「霍華先生」是心理學家萊斯特・魯伯斯基（Lester Luborsky）爲某名病人所取的化名，他的症狀是：

我想和人親近並得到對方的愛。

我料到對方會拒絕我要的親暱和愛。

我的反應是覺得被拒絕、生氣、非常焦慮，而且責備自己。

「霍華先生」和其他一群人的基模，都曾被魯伯斯基的研究團隊加以分析，當霍華先生等人接受完整的心理治療後，魯伯斯基鉅細靡遺地回溯他們基模轉變的過程。

當治療成功地告一段落，每個人都發生了兩種轉變：基模對他們生命的控制力減弱了，而且由於其中的細節發生轉變，結局也隨之改善。以霍華先生爲例，他現在能夠建立更圓滿的關係，並且從中感到對方的親暱和愛，不像從前只會被對方拒絕，而且還混雜著苦惱和自我厭惡。

事情有了轉機。對霍華先生等病人來說，不變的是一些具有迫切性且重要的基本願望和需求。不僅他們自己有長足的進步，他人的反應也逐漸趨於正面，對霍華先生來說，許多情緒上的能量仍集中在他對親密和愛的需要，但現在他已經懂得如何滿足那份需要，因爲他已經精通一種新的反應方式，來面對陳腐的想法和情緒。

覺察是轉變過程中的隱藏元素。由於治療使「霍華先生」更熟悉自己的基模，因此他越來越善於辨識人際關係上的某些假象。比如說，他以前總是透過有色眼鏡看事情，結果將某些人的話語誤解爲排拒和冷漠，而實情並非如此。現在他甚至可以拿自己的窘境開玩笑，用

「我的老毛病又犯啦！」這句話破除了他的連鎖反應。

簡單地說，我們將覺察導入基模以後，就能夠改變基模背後的情節內容。改變激化基模的根本恐懼和慾望並不容易，不過改變反應的方式卻不難，而且可將自己的基模反應導向更爲圓滿的結局。

破除習慣，並且改變

將覺察帶進無形的習慣，是改變這些習慣的第一步。我的病人傑克剛經歷一場痛苦的婚變，而痛苦的主要原因來自三個女兒的監護權。傑克的共同監護協議規定他只能在週末和她們見面。他和女兒的新關係——一個禮拜相聚幾天——觸動了他的不被愛基模，於是他開始惴惴不安，不知道女兒是否還愛他。

也因此，傑克任由女兒對他予取予求。他拆毀了離婚前所構築的父母權威藩籬，比如說以前他嚴格控制女兒吃糖，而現在當女兒在他那兒的時候，他卻准許她們想吃多少糖就吃多少，想喝多少汽水就喝多少。如果其中一個女兒打電話問他，週末可不可以帶朋友回家過夜，或是可不可以和朋友連趕幾場電影，他總是立刻回答：「當然可以囉，親愛的。」即使他覺得女兒的行爲剝奪了父女談心的時間。

當傑克一發現自己順從女兒是因爲自己的不被愛基模，他決定改變既有的模式。爲了提醒自己保持正念，他在紙條上寫了警語貼在電話旁邊：「停下來，想一下，討論一番，再決定。」這簡單的提示讓他不再未經思索地答應，並且以父親身份做出更爲深思熟慮的應答。

及時的提醒

我的病人有時會像傑克一樣做筆記或貼警語，提醒他們在受到基模控制的時候記得採取不同的行動。這個技巧被另一位病人瑪麗安採用，好讓她自私、幼稚的母親有所節制。瑪麗安的母親不但需索無度，而且還漠視她的願望和需要。現在的瑪麗安正面臨艱難處境：她快要生產了，而她最不希望的，就是在生下孩子後的前幾週有她母親在旁。當然，她母親自以爲會受到歡迎，於是瑪麗安知道一定要打通電話，告訴母親說他們夫妻倆希望和新生兒獨處一段時間，再接受客人的來訪，包括她母親在內。

瑪麗安料到她母親會援往例將自己的願望擺第一，同時用自己的方式發號施令，所以她知道打這通電話將很棘手。懷孕使她感到脆弱，然而她強打精神拿起電話，並準備接受那些使自己產生罪惡感的評語和抱怨。在此同時，她運用挑戰基模的警句來鞏固自己的意願，這些句子是在接受治療時想到的，她都記在筆記本上面。她把那一頁翻開，這樣就可以一邊講電話、一邊隨時提醒自己。當對話開始，抱怨緊接到來，瑪麗安認知到她有三種反應的方式：生氣、感到罪惡或是保持中立。

她低下頭看著筆記本，上面寫著：「別想從她身上得到任何東西。別向罪惡感屈服。記住妳要什麼。」這些警句使她採取中立的態度，無論母親要求什麼，她始終保持清醒堅定。

於是當母親故意用引起她罪惡感的聲調說道：「我一定要親眼見到我的孫兒生下來才行。」這時候瑪麗安堅定了自己的立場，她對母親說，她希望孩子生下來的時候，只有她和先生在場，他們需要幾個星期的團聚時間，然後才願意讓母親前來探訪。

行動對治

對治基模的好方法之一，就是練習和基模相反的行爲或反應。傑克曾經跟我說，許多煩惱的事情接踵而來，使他鬱鬱寡歡，而女友也漸漸不耐煩老發脾氣。事實上，她也有自己的問題，沒有多餘的力量提供作爲他的後盾。這使得傑克感到無力：除了憂鬱外，他覺得在一段關係裡自己不應該有這種感覺，換言之，他覺得自己不應該是個「問題」。

然而事實上，他自幼就得到這樣的訊息。他母親早已負擔很重，因此他不想再爲她添麻煩。正因爲大家都假設他不會成爲麻煩製造者，所以他就一直將憂慮藏在心裡。他得到的訊息是：「我們家的人都不會隨便提出自己的需要。」所以他小時候，只有當他沒有任何問題或意見的時候才被眾人接納。

傑克揭開痛苦的原因之後，他痛哭了一會兒。當他不再流淚，表情逐漸緩和，他開口說道：「這就是爲什麼最近我一直故意製造問題。如果有人給我東西，就算對方只是禮貌性的舉動，或者我壓根就不需要，可是我會說：『我要！』」

聽到這裡我們笑了起來，讚嘆這個以行動對治基模的方法。我問他需不需要我把下次的預約看診日期寫在卡片上。

起先他說：「不用，我會記得。」後來他突然停住，對我說：「麻煩妳。我確實需要張卡片，而且最好寫兩張！」

打破模式的處方

對付基模症狀的處方就是尋求做事的新方法。當然，舊習慣非常難對付，因爲它不但是基模的模式，也是腦部遇到引發基模情境時所產生的自然反應。改變模式需要意念和努力——如果在基模被挑動的剎那間，想用比較好的回應方式以達到預期效果，那麼就應該一再排演並重複練習新的反應方式。

此外，新的回應方式在剛開始時會顯得彆扭而陌生。有很多理由說明，我們不但應該謹愼計畫，更應該排練新的回應方式。

在一次有關破除基模模式的團體治療中，有兩位成員提出自己想要改變的習慣，然後全部的參加成員一起幫他們想出破除習慣的方法。

一位女士說：「我的完美主義得自我父親，他對誰都是吹毛求疵。結果身爲主管的我，每次只要看到有人做事不講求效率，我就會不耐煩地對他們發脾氣。更糟的是，我在路上也是如此，在我趕往地鐵途中如果有人擋住我的去路，我會想：『你這白癡！』如果計程車取道一條街，結果不巧塞滿車輛的話，我會非常生氣，覺得大家都故意做蠢事來惹我生氣。我總是氣呼呼的——眞是討厭極了。」

我們一面探討，她開始明白高標準的好處——在工作上給予同事建議，讓他們表現得更好；而什麼時候則是徒勞無功——被那些無可避免的難題弄得心煩意亂。於是我們幫她想出了兩種對治的方法：一是注意自己何時產生憤怒和暴躁的念頭；然後質疑這些念頭，讓別人從她的質疑當中獲益。例如：擋在地鐵入口前的男人有他不得不然的理由，而非故意破壞她的心情。至於計程車司機，他自己也沒料到所行駛的那條街交通會如此繁忙。

另一位女士的問題是服從基模。「一天晚上，我和男友外出。」她說：「我整個禮拜都盼跟他到舞廳跳舞，可是他竟帶我到一家咖啡館聽吉他表演。那裡的音樂難聽死了，讓我整個晚上都覺得很難過。不過我什麼也沒說，只是在一旁生悶氣。」

「這就是我人生的寫照。」她補充道：「一開始是我哥哥，他算是把我養大的人。我以前對他言聽計從。現在的我沒有他的允許，就不能做自己想做的事。就拿這一次來說，不管我男友願不願意，我都想到舞廳去，只不過我實在太溫順，所以從沒敢唱反調。」

我們全體一致愉快地做出立即建議：「使點壞吧。」

換句話說，她的處方和傑克一樣，就是表達自己的需求。根據團體成員開玩笑的講法，服從基模的對治法是「傲慢」。每當遇到她不想做的事情時，練習大聲說出自己的感受和需要。當然，這種大鳴大放的行爲，需要調和對別人的體貼心，取得平衡，而事實上團體的建議也不允許她恣意孤行。

當時我就明白告訴他們，一定要特別努力才能讓對治法產生效用。不管是在心裡默默演練新的回應方式，或是上場前先找人做角色扮演，這兩種方法都非常管用，因爲在這過程當中，我們可以藉由正念保持寧靜和清醒，再練習新的行爲模式。無論用來對治的行爲是什麼，剛開始一定都會彆扭而不自然。但是不要因爲剛開始的彆扭而打退堂鼓，如果我們不帶任何批判，以正念對待這種感覺，新的習慣就更容易和我們融爲一體了。

抓住細微的信號

在改變自發的基模反應時，正念就像雷達一樣，提醒人們基模已然引發，正念的這個舉動等於開啓了一扇窗，好讓我們及時改變自己的行爲。

細微的正念對蘿倫非常有用。她的剝奪基模像個雙面刃，一方面極度體貼仁慈，毫不吝惜地關懷那些需要關懷的人；但是當體貼過頭時，她會過度急於關懷別人，而形成了適應不良的情緒習慣。

她說：「我很淸楚有關分寸拿捏的問題，同時也明白我可能忽略了自己，以便滿足他人的要求和迫切願望。所以有一次，我想空出一天，和跟我一起設計網頁的工作伙伴，把某個快到期的重要案子中所有的檔案瀏覽一遍。我們選在某個禮拜天碰面，這樣才不會受到辦公室電話的打擾。

「在這前幾天，我知會了一位朋友，告訴她，我會和同事磋商她網頁設計的點子。那時她已聽說她任職的軟體公司正在進行合併案，她的部門即將面臨裁撤的命運，於是她決定放手一搏，私下接一些案子賺點外快。

「後來，我和同事會面的前一晚，我接到那位朋友的電子郵件，說她想和我們一道午餐，順便討論工作，因爲她第二天要出城，所以急著在離開前和我們見面。我對這封電子郵件的第一個反應是，我一定要幫她的忙，不巧的是，那一天我只想專心工作。於是我在回信中寫道：『我同事才剛放完長假，工作又迫在眉睫，所以明天的午餐可不可以先不要定下來？不過或許我們工作告一段落後再跟妳碰面。』」

蘿倫說：「當我寄出這封信的時候，心裡有些罪惡感。不知怎麼的，我總覺得應該為自己沒有騰出時間、又把自己的事擺在第一位而道歉。可是同時，我心裡又為了必須拼命趕工好配合她的時間益發不平。」

對蘿倫來說，那些情緒和想法實際上是一些細微的線索，說明她的剝奪基模和服從基模正在活動。這個論點到了晚上獲得證實，因為她直到清晨三點鐘還清醒著。「我躺在床上，不斷想著那封電子郵件。就是有什麼不太對勁。我發覺自己的想法裡有一種不太明顯的怨恨，說明白點，我朋友在我工作的時候打電話要求共進午餐，讓我滿心怨懟。在此同時，讓我疑惑的是，為什麼我竟然不同情她的困境？為什麼我反而會有厭惡的感覺？

因為翻來覆去始終睡不著，於是蘿倫起床在房間裡面來回修習走路禪，然後便覺察到內心的騷動，還有身體裡面一股神經兮兮的感覺。「我突然開竅了。當我寫到『明天的午餐可不可以先不要定下來？』的時候，我等於是放棄了自己的底線，還留了一個缺口讓她的需要插進來排在我自己的需要之前。」

於是，蘿倫在深更半夜上了線，發現朋友還沒有讀那封信。於是她按下『取消寄件』的按鍵，重寫一遍再寄出去。這次她不再寫著『午餐先不要定下來』的字眼，而是改成清楚的說明：『我很想和妳見面，不過得要到下午或晚上才有空，總之要視我們何時收工而定。』

蘿倫告訴我：「在按下『寄出』鍵時，我鬆了一大口氣。我的底線不但還在，而且也表明自己願意幫她忙，只不過要在我方便的時候。我覺得自己很平靜，在那之前我已經輾轉反側了好幾小時，但是我把那封電子郵件送出以後，馬上就睡著了。」

蘿倫抓到剝奪基模和服從基模這兩個「現行犯」，並做出了良性的回應。對她而言，設定底線意味很大的調整，因爲這抵觸了她平日忽視自己的需要以配合別人的習慣。這次蘿倫做得很漂亮，她明白表示自己可能做得到什麼，並且把那代表底線的缺口『先不要定下來』補了起來。

這一切都因爲她讀到了細微的徵兆，提醒她，她的基模又被引發了。

人們能夠改變最基本的情緒習慣，證明了每個人都可以對腦部的情緒區施以「再教育」。甘地（Gandhi）曾說：「我們人類的偉大之處，並不在於改變世界……而在於改變自己。」

改變基模的兩個步驟……

探查自己的基模並找出關鍵元素，如此當基模即將開始發作的當下，你能夠馬上偵測出來，這是改變基模的頭兩個步驟。分析自己的基模能幫助釐清正念，同時也可以幫助你在基模發作的初期辨別警訊，提示你可以調整作法來改變結局。

接著，在既有的自發性想法、情緒和行爲模式下，想想可以用哪些方式立即改變基模的走向——也就是找出對治的方法，甚或爲自己找到全新的選擇。

每當你發覺基模已經被引發的時候，保持正念並採取以下對治法：

1.一偵測到基模發作，至少做一個刻意的正面回應來阻擋部分的慣性模式。

2.挑戰你的自發性想法　檢查以下事實：你已經把手邊所有的資訊都考慮進去了嗎？你有沒有故意忽略什麼，或是刻意低估了什麼，是足以質疑以上假設的正當性？你還記得自己是不是有過類似的想法，最後卻證實只是無稽之談？或者，如果可能的話，向你信得過的人詢問自己所爲是否切合實際。

3.採取行動來治療不愉快的心情，不要讓心情控制你的行爲　試著轉向正念的心態，注意自己的情緒但不隨波逐流。你能不能藉由散散步或暫時離開等方式，確實脫離讓你煩惱的狀況？你可不可以在心中後退一步、深呼吸、修習呼吸的靜心禪修，即使一下子也好？

4.做些有建設性的事來改善基模發生的情節　像蘿倫更改電子郵件的內容就是很好的例子。主動積極尋求正向的回應方式，便能對舊有的基模習慣提出反擊。

5.只要有機會就做出正向的回應　當你正處於基模即將發作或正發作之時，以正向積極的方式來改變想法、情緒或反應。

11 剝開痛苦的洋蔥

有一天晚上，我正照顧我那六個月大的小嬰兒，她的牙床因爲長牙而變得異常敏感，牙疼得不得了、想睡又睡不了，想必充滿了挫折，只能不停地扭動身體，表示她的不舒服。然後她突然放聲大哭，剛開始我被這舉動嚇了一跳，弄不清楚她到底要什麼。後來，我設想她此刻的感受，再想到自己多麼關心她，於是便溫柔地問她想說什麼。她立刻安靜下來，眼裡有種嚴肅的神情，連珠砲似的嘀嘀嘟嘟，好像在淸楚列舉自己的抱怨，知道我聽得懂的樣子。

「同理心」讓小嬰兒用平和的聲音取代了片刻前的哭叫，也讓她產生安全感，願意表達自己。同理心好比溫柔的訊息，每當我們爲某人付出所有關注，互相傳遞的就是同理心。同理心代表著一種投射，我們也可以將這體貼的專注力用在自身，特別是基模造成不適而情緒激動時。

我們可以將注意力轉向內在，以親切的體貼心自問：「你現在要什麼？」畢竟基模的背後存在著敏銳的感受，需要關懷和慈悲相待。

比如說，不被愛和剝奪基模背後隱藏深沈的悲傷。不信賴和服從基模後面是鬱積的憤怒；

至於易受傷害、孤立、遺棄等基模後面則潛伏著恐懼，過度的自我懷疑導致完美主義和失敗基模，而我行我素基模的核心則往往是羞恥。

基模習慣——我們爲了處理這些情緒而學會的對策——經常把我們隔絕在潛藏的激烈情緒外，然而正念卻讓我們向下探索，接觸被基模隔絕的原始情緒。

逃避基模

首先我們要克服一項自然避免去碰觸引發基模的痛苦因子的傾向。基模是個狡猾的東西，我們的心自然避免闖入這個情緒起伏的禁區。「逃避基模」意味閃躲而不敢正視情緒習慣。由於激動的情緒是在無意識的情況下產生，因此瞭解情緒緊張的原因，往往會獲得一些重要的訊息。雖然很多人認爲消除焦慮比較容易，只要在情緒生起時切斷就行了，但是用這種與外界隔絕的方式，反而使我們遲遲無法面對實相。

比如說，具有剝奪基模的人，在開始和人親近的時候會想把自己封閉起來，基模造成的想法如「我不想再被遺棄了」於是被促發。重要的是不要讓想法停駐或執著，因爲這樣將使基模的預設立場再度壯大。

與其以基模反射式的退縮將恐懼阻絕，不如正視它，進一步探查：「假如我對於害怕孤單保持覺察，或許就可以將這種恐懼視爲一種信念所呈現的模式及情緒的反應，而不是一種常態。」

這時有種想法可能會發生：「爲什麼要這麼費事？如果我有一點點受到傷害的可能性，

那又何必敞開心胸呢？」

但是，挑戰和測試假設的機會，端視我們有無心理準備去體驗和假設有關的痛苦情緒。如此才能大膽地測試生命中的假設——比如說，先接納某人，看自己恐懼的遺棄是否眞的驗證了。

病人有時會問道：「假如我不知道自己是不是在逃避感受呢？」這時可運用探查式的詢問：「我對自己誠實嗎？」正念是一種誠實的內觀，幫助認淸事實的眞相。

「生活中總是出現各種奇怪的問題。」喬・卡巴金說：「這裡的挑戰是以正念的精神，質疑那些問題。換句話說，要問：『這想法、感覺、矛盾是什麼？我怎麼辦？』或是：『我願意解決、甚至承認它嗎？』」

這樣的探查讓情緒更接近經驗中獲得的領悟，因爲正念使我們保持鎭定、專注在覺察的事物上，並帶領我們進入躲在基模後面的痛苦情緒禁區。以正念體驗情緒，讓我們滲透到禁區內，直達迫使基模越演越烈的情緒來源，然後鬆綁深藏的情緒。

對症下藥

正念爲逃避基模提出一個有效的對策。以我的病人瑪麗安爲例，她不但經常受到母親批評，而且還要負責讓她快樂，因此瑪麗安對這包袱深感怨恨。母女關係讓她相當困擾，但另一方面她滿懷罪惡感地說道：「我母親曾受過許多苦。」

「有沒有一種可能是，妳母親並沒有受那麼多苦，只是她發的牢騷比較多呢？」我問道。

「沒錯，」瑪麗安說：「不過我把她的牢騷很當一回事。」

「妳知道妳母親的牢騷爲什麼會那麼多呢？」

「爲了和我親近吧。」瑪麗安說。

她的回答讓我嚇了跳：「親近？」

沈默了一陣子後，瑪麗安又說：「她就是用這種方法控制我。」

「聽起來有理。」我說：「但是妳覺得妳母親眞的瞭解妳嗎？」

這問題擊中要害。瑪麗安感到一陣憤怒：「不，她不瞭解我。就這樣。」她的聲音中有股原始的能量，顯示某個基模正蠢蠢欲動。

偏偏在這個時候，瑪麗安企圖叉開話題，顧左右而言他。我把她帶回主題，還有她想逃避的的情緒上，我問她對於「母親並不瞭解她」的那段話有什麼感想。

經過一段很長的沈默，她開口了：「我覺得很難過，眞的很難過。」於是她熱淚盈眶。

「我能夠想像妳有多麼難過。」我告訴她：「妳可不可以坦誠面對難過的情緒，還有難過的理由呢？如果想哭就哭出來，但是要看見情緒的全貌，而不是逃避它。」

這方法是將正念運用在發作中的基模：碰觸情緒、想法及兩者背後的故事原委，甚至去碰觸自己對情緒的抗拒感。有時候，對治基模難就難在克服心裡對情緒的抗拒。由於情緒習慣將深刻的痛楚隱藏起來，因此我們會發現專注在痛苦上是件困難的事。我們的心老是放在比較不煩人的事情上，這就是爲什麼剛開始時，瑪麗安故意避開不被母親瞭解的悲哀，藉由改變話題來逃避這種感覺。

往往當我們開始專注在基模上，注意力就跑掉了。就跟瑪麗安的例子一樣，我們常因爲其他念頭而分了心，只要有任何其他念頭能轉移注意力，就無須接近痛苦。好比打坐時膝蓋疼痛得起身紓解痛苦一樣，我們立刻將注意力轉移到別處，讓自己不需再受到情緒帶來的傷痛。

用正念反擊「逃避基模」的方法，是將注意力集中在感覺上，包括不舒服的感覺在內。換句話說，讓情緒走完全程，而不是在接觸情緒前就打斷它。

基模背後的情緒能量

「我鄰居跟我媽一模一樣，快把我逼瘋了。」另一次瑪麗安向我抱怨著：「他老是批評別人，身上永遠都有一種否定的能量。一次我和他爭吵過後，連著好幾天時間在挑自己的毛病。我該怎麼辦？」

我們談到幾個可行的方法。在佛教禪修中，有一些方法是用來處理焦慮的情緒，其中一種是捨棄情緒，另一種則是轉化情緒。從精神和心理的有利面來說，將自己隔絕於情緒外，會妨礙心靈的健全與開闊，同時也阻斷了情緒可能帶來的洞察潛力。

對瑪麗安來說，捨棄情緒意味完全逃避那位鄰居，或者試圖讓彼此互動僅止於表面功夫並保持距離。因此，瑪麗安決定採取轉化的方式，下次當鄰居再度讓她心煩不已時，她將以強化的覺察力潛入基模反應的深處，探查那位和母親極爲相似的鄰居究竟挑起了她哪些潛藏的情緒。

在探查基模反應時，她發現母女關係和她對鄰居的反應之間存在著某種關連性。一開始，瑪麗安一直認定問題出在那位鄰居，於是陷入苦思，亟欲找出對付他的方法：究竟應該躲他呢？還是和他起衝突？後來，瑪麗安開始探查自己對他的反應。到底哪一點讓她覺得這麼煩？這位鄰人爲何引起她如此緊張的反應？

進一步探索後，她終於明白那位鄰居讓自己狂亂的原因，其實是因爲他擁有一種和母親相似的吹毛求疵特質。瑪麗安曾想搬到幾千英里外、離母親遠一點的地方，以逃避她無情的批判，但是現在她發現批評的聲音竟來自自家隔壁，或者甚至來自於她自己內心。

於是，瑪麗安發現問題的癥結並非來自鄰居，而是一個深植她生命中的模式。現在她知道如何運用被他挑起的反應，去觸及潛藏在基模底下的情緒。她以正念追蹤所有相關的情緒，而這麼做的時候，她感到憤怒和怨恨如泉水湧現，代表此生受到母親的情緒折磨而產生的強烈憤怒。

她找到兩種方法運用這份怒氣。有時候，單單以正念來觀察情緒，就足以使她從負面感覺中解脫，她讓正念接觸憤怒的原始體驗，包括：全身上下的脈動和內心的騷動不安。雖然在過程中時而分神，她卻可以不隨想法起舞，也不批判或反芻這些想法。

好幾次當她極度憤怒的時候，她採用一種完型心理學所倡導的技術（Gestalt technique），藉由搥打枕頭發洩對母親的憤怒。接著她回到正念之上，她遵照情緒抒解課堂上所教導的，用禪修讓心寧靜下來，並進一步澄清自己的思慮。由此，瑪麗安不再覺得無助。現在她知道情緒反應的背後是什麼，也不再全然被情緒征服。而當她嗅到以往的情緒再度被挑起時，她可以專注在被批評的恐懼上，這成爲她探索內在時一個不可多得的機會。

瑪麗安的探查法是藉由基模的導火線來瞭解基模背後的情緒能量。當瑪麗安的鄰居挑起她的基模時，她將之視爲一次讓她探索批評背後憤怒情緒的機會。

這也是關於基模反應的新觀點：發現基模反應等於提供了轉化心性的機會，因爲事物的表相之下還存在著洞見。一旦領悟到反應模式是瞭解心性作用的機會，這些之前想逃避的緊張情緒卻成爲瞭知一切的大門。如東杜仁波切所說：「如果我們覺察到問題所在，問題自身便握有解決之鑰。」

整理頭緒

人們在接受治療的時候，往往已經承認事情出了錯或是失去平衡，也就是生命遇到了瓶頸。他們不見得知道問題出在哪兒，但是都願意找出自身的痛苦及苦因，只不過不曉得如何從困惑和失序中找到出路。

正念禪培養一種內在的知識，對於釐清令人困惑的情緒確實功不可沒。當覺察的光芒照向混沌情緒或扭曲的思考模式時，我們能夠清楚認知背後的原因。瞭解了基模型態的概念性輪廓後，便能進一步澄清整個過程。

禪修者通常會尋求清靜，好讓內心寧靜地安住其中。即使心晦暗不明，還是可能進以正念進行禪修。我們往往急於找到正確答案，但如果放下這習慣，順著當下一切而不企圖改變現狀，將使更深入、更直觀的理解發揮影響力，同時也改變情緒反應和看待事物的觀點。

直觀的領悟可以多方面運用在情緒焠煉上。每當情緒緊張，例如憤怒或是難過時，正念可以釐清困惑，讓我們知道當下發生的一切。一旦熟悉基模以後，專注的目標就變得非常明確：這次是什麼引起了基模？引起想法、情緒和行爲的衝動是什麼？

「困惑」在對治基模的時候非常重要，因爲它提供一個深入探究情緒習慣的機會。避免基模帶來情緒不適的方法，就是把痛苦當成警訊，提醒我們當下發生的一切無比重要，有深入瞭解的必要。我們必須以正念探查這個經驗，不加以排拒，尤其當經驗越來越令人不安的時候。

這時有兩種方法特別有用。一是智慧的反思，用正念思考自己情緒的起伏並從中獲得洞見；另一種方法則是持續覺察，在體驗情緒的過程或是基模被促發但徘徊不前的時候，讓平等心發揮作用，不再過度反應，並以更大的明性探查自己的想法和情緒。

當然，首先要面對基模已經發作的現實，因爲我們又產生了熟悉的不安感。此外，逃避基模會讓我們更無法追隨警訊深入瞭解情緒，自由地抒發情緒。

雖然傑克經常忘記自己的基模，但是基模仍舊在他不自覺的情況下，一次次將他控制住。如果你還記得那個離了婚、與前妻共同擁有三個女兒監護權的傑克嗎？他會爲女兒放棄任何事或任何人，其中包括女友在內。現在，他用智慧的反思持續專注自己的行爲，直到他突破重圍，來到行爲背後的深層意義爲止。在他反思的時候，他發現自己想藉著收買女兒得到她們的愛，同時他也發現一種非理性的恐懼逼迫著他，使他堅信如果不滿足孩子的慾望，她們就不會再愛他了。

這些體會，讓他的內心突然湧出一陣悲哀，接著變成涓涓細流。剛開始時，傑克不明白自己究竟因何而悲，於是我鼓勵他用正念體會自己的悲哀，同時以智慧的反思，找出「悲哀」在直觀上的意義。當傑克用正念探索悲哀時，他回到自己小學四年級時，極度想博得班上一位同學的青睞。由於這種願望很強烈，他甚至花去全部零用錢，在上學途中買了糖果和口香糖請這位同學，而更正確的說法是——賄賂。現在他在父女關係中發現相同的絕望，以及極度想討好對方的渴望。

這項認知讓他的悲哀加劇，傑克開始啜泣。他噙著淚水對我說，他碰觸到兒時的感受——也就是長久以來，必須作個好孩子來贏得父母和其他人的愛和讚許。他記得很清楚，當他使父母不悅時，他們臉上露出嫌惡、甚至輕蔑的表情，同時他也記得當時的自己是多麼的痛苦。正因如此，他不相信他能夠做自己，因爲他總是汲汲營營想討好別人，以確保自己爲人所愛。

傑克思及自己的悲哀，以及悲哀的源頭時，這一連串的事件和回憶慢慢被喚起。治療告一段落後，傑克仍深陷悲哀之中。他終於碰觸到情緒鬱積的最深層，那是基模反應一直不讓他體會到的哀傷。

向痛苦說不　由於基模不讓我們深入體驗緊張焦慮的根源，因此深入基模的情緒就要像剝洋蔥一般。拿遺棄基模為例，最明顯的是恐懼，而恐懼背後則是難過，至於難過後面則是憤怒。

然而基模不讓我們的行為和思考模式接近苦惱的根源。比如說，易受傷害基模讓人們不停地思索究竟是什麼不對勁，以及該如何避免災難發生，免於恐慌。神經系統方面的得失交換可以解釋這個機制：一方面，如果內心充斥擔憂和輕微焦慮，就可避免掉入可怕的恐慌當中，結果擔憂竟然成了具有神奇力量的儀式，可以阻擋激烈的恐懼感。然而當人們遇上恐慌發作時，易受傷害基模不但不保護他們免於強迫性和病態地恐懼死亡的威脅，反而讓激烈的情緒變本加厲罷了。

至於遺棄基模在情緒上的一得一失是：只要去糾纏那些自己害怕失去的人，要不就不要和他們太親近，便可以避免孤單一人的恐懼和絕望。社交上受到孤立的人往往會遠離人群，為的就是要逃避挫折造成的恐懼和傷害。至於不被愛基模的人則刻意與他人保持距離，如此就不必面對被拒絕的難過或恐懼。（如果你對於造成基模的情緒原因有任何疑問的話，請參閱「第五章」或「第六章」。）

運用智慧的反思　當然，挑戰習慣性的想法和改變不自覺的反應，對於療癒基模來說是相當重要的，而且這些治療法比情緒的自我療癒更容易。但是，如果擺脫了基模的糾纏，下一步就是鬆開驅動基模的被壓抑情緒，就好像切開受感染的傷口以加速療癒一樣。

蘿倫在和遺棄基模奮鬥的期間，以智慧的反思碰觸到基模的情緒。她曾坦率地警告一位密友，她的未婚夫似乎太過自戀，那位朋友相當生氣，連著好幾個禮拜都不和蘿倫講話。後來朋友的婚約在幾個月後解除，還爲蘿倫率直的進言向她道謝呢。

當好友因憤怒而退縮時，讓蘿倫的遺棄基模全面發作。她陷入好幾天的恐懼，腦海中浮現的盡是她那有錢又有閒的父母，把她一個人丟在家裡，請來好多位褓母看顧她，最後終於將她送進寄宿學校。這些回憶爲她帶來強烈的悲哀，同時讓她對這位遭到遺棄而不知所措的「小女孩」產生深切的憐憫。平時，蘿倫的基模會驅使她拚命和朋友重修舊好，以試圖安撫遭到遺棄的恐懼。這次蘿倫卻藉由智慧的反思體驗情緒的起伏，試著感受恐懼、悲哀和混亂的念頭，而當它們變得不可收拾的時候，就刻意專注在呼吸的寧靜禪修上面。

回到呼吸上的作法就好像進入中立地帶。感覺上，即使是情緒正激動的時候，這還是個安全的棲身之所。然後她將自己稍加收攝，回到焦慮感上，進行正念的探查。在這過程中，她試著接近基模、覺察了恐懼被遺棄的原因，並藉著直接、持續沈浸在自己的感覺漩渦裡，將概念性的了悟逐一串連。她感受這種情緒，然後再回到呼吸上面，試著盡量不要迷失在感覺的漩渦中，或是被純粹的理性分析吸引。然後，就像阿莫若所說，在正念的空間裡，投入對自己基模的反省。

她一邊做一邊持續進行觀照，於是產生了前所未有的聯想。她現在的悲哀和當年被父母丟下的小女孩關係密切，她小時候最恐懼的莫過於父母丟下她不再回來，她面對好友的退縮會有如此反應，也源自於此。

然後蘿倫失控地開始啜泣，爲那小女孩而哭，爲長久以來的失落感哀傷不已。她對哀傷強烈的程度感到震驚，但是她繼續感受這情緒直到結束，不打斷、也不轉移注意力。死命想和朋友重修舊好，只是安撫基模的作法。相反地，她讓自己沈浸在深切的哀傷中，這是她多年來一直想逃避的哀傷。她的內在探查越來越深入，最後終於將遺棄基模背後的恐懼釋放出來。

後來蘿倫告訴我：「在我面對孤單造成的強烈恐懼之後，我發現，失去這位朋友也沒什麼大不了，沒有她我一樣會很好。結論是，我不必再受制於這種恐懼了。」

蘿倫發現正念有助於「突破」阻隔我們認識潛在情緒的藩籬，更有助於「對治」這些助紂爲虐、強化基模的情緒。她發覺，當遺棄基模的恐懼感變得太過強烈時，修習呼吸的正念禪一陣子，將有安撫效果。當她準備以正念面對恐懼時，她發現覺察力已經凌駕恐懼的力量之上。

最後，她讓自己沈溺在被遺棄的恐懼中，結果發現恐懼並沒有那麼駭人，反而她有了更多的勇氣。

追溯基模的源頭

當蘿倫找到恐懼的源頭後，我鼓勵她下次在基模開始活躍時，體驗一下和朋友失去聯絡的恐懼感，但不要因爲恐懼而採取行動。所以當冷淡而疏遠的男友再度激起她的恐懼感時，她只專注於情緒而不刻意驅離它。蘿倫發現自己又陷入強烈的悲哀中，清楚地憶起童年的遭遇。這次她想到酗酒的母親，有時熱情又充滿愛心，有時卻又變得冷酷無情。母親的疏離使小女孩感到悲哀，和長大後蘿倫感受到的一模一樣。然後蘿倫發覺，自己總會不自覺地與自私冷酷的人交往，不論男女，因此一再激發她的基模。

認知到自己再次陷入基模並將它放下，可能只是暫時的覺悟，在辨認基模時，你在心裡對自己說：「原來就是這麼一回事呀。」這種認知自然會提高你對自己的體諒和慈悲，而不會因基模造成的恐懼而衝動行事。

如果你能夠辨識基模的情緒根源，感知一下小時候初次產生這種感受的情景，你就會因爲自己具有這種基模而憐憫自己。此外，你比較不會去認同自己的情緒模式，較不受限於情緒，因爲你明白那並非眞正的自己或眞實本性，而是兒時以來，一再重複制約所造成。這些年來它一直以「你」的姿態出現，因此你自己反而無法客觀地看待它。

承認多年來被基模深鎖的痛苦感受，攤在覺察的光明底下，將使我們從情緒習慣的漩渦中解脫。我們將能洞悉心性的運作，並以慈悲心看待被基模俘虜的事實。洞見和慈悲讓人後退一步，以便和自己的內心來一段富有同理心的對話。

天賦的智慧

這裡的練習探討如何培養直觀的理解力，也就是天賦的智慧。假如我們覺得自己和內在的智慧距離很遙遠，那麼正念教我們把心性和智慧再度連結起來。這一點已經由一些有趣的科學發現證實無誤。

杏仁核——焦慮情緒的主要來源——位於海馬體的旁邊。海馬體幫助我們記憶過去的事件，包括恰當的回應等。每當我們對某人做出負面反應的時候，杏仁核與海馬體開始「交談」，不過它們之間究竟談了些什麼，卻在我們覺察範圍之外。

此外，腦部還有很多其他中樞負責儲存記憶以及從記憶中學到的教訓。當我們面臨抉擇或困難時，腦部會非常迅速地喚起所有相關記憶——許多儲存在覺察範圍以外——並且提供我們一個答案。

不過，這種答案並不是經過理性思考、因果推論而產生。相反地，腦部提供的答案，主要是根據當時感覺到的對錯而定。換言之，答案是由情緒所決定，而非理性思考。

如果無法調整心態，或是不相信直觀的洞見，就等於自外於幫助我們改變現狀的潛在智慧。往往當我們加快生活步調，或是陷入焦慮的混亂時，內心處於停滯狀態，無法體會這些細微的信號。但是，正念讓我們接觸到微妙的情緒，傾聽心中的智慧之音。這種直觀的領悟，經常在無聲的情況下湧現，而其中的意涵——也就是形諸文字的敍述——則在持續的專注和反省之後出現。

接近記憶

向智尊者曾經開示，修習正念有助加強直觀力。直觀經常被用來追蹤細微的模式，而那些模式將生命中的點點滴滴串連起來並賦予意義。正念使負責認知的器官更敏銳，讓知覺和記憶變得更清晰。在進行長期正念閉關時，人們經常接觸到塵封已久的記憶。這記憶多半具有一些特質。「記憶的強度、清晰度及豐富性，讓我們得以接近直觀，並提供一塊沃土讓直觀成長。」向智尊者在《直觀的力量》一書中如是說：「這種回憶的方式，比模糊的獨立事件更有條理，比較容易被賦予一層新的意義和重要性。」

在接受基模治療的時候，我們多半會聯想起童年的記憶，從較成熟的觀點明白當下一切。一旦明瞭，就可以進入基模治療的下一步，和內心被不成熟的孩童觀點束縛住的那一部分，來一段同理心的對話。

正當艾麗莎陷入遺棄基模的情緒中無法自拔，一段相當重要的記憶在她腦海中出現。她想起父親曾經在她小時候缺席數年。之後，父親重新回到這個家，但他總是多變、難以捉摸，情緒大起大落，動不動就發怒。艾麗莎小時候很怕父親，但是父親愛她，經常希望她能陪在身邊。「別人以爲他是個好爸爸。」艾麗莎說：「可是對一個十二歲的小女孩來說，日子眞是難過極了。」

艾麗莎還記得那個影響父女關係的關鍵時刻：「一天，我和父親穿過公園，當時的我很不自在而且心情慌亂。這時候，他愼重地將脖子上刻了聖方濟肖像的項墜取下，把它交給了我。如今回想起，也許是時機不對吧，我也不知道，我竟然把項墜甩到地上去了。」艾麗莎停了半晌，眼中噙著淚水，又接著說：「他沒有撿起來，便逕自走開了。」

從此之後，艾麗莎和父親疏遠了，直到幾年後他過世。多年以後，她回到當初在公園裡扔下項墜的地點，不是要尋找那只項墜，而且想重溫當時父親的憤怒，以及她沒有接受這意義深遠的禮物而產生的罪惡感。由於她沒有得到父親的任何遺物，因此極其渴望得到那只項墜。這些年來她在悔恨中度過，當時的她爲何如此魯莽？這件事應該算是她此生唯一的遺憾了。

她一面藉回憶探察基模，一面卻直覺感到自己的身體被一名十二歲的女孩所佔據。她聽見心裡面有個慈悲的聲音對小女孩說：「難怪妳會生他的氣。妳有充分的理由對他不滿。他離家好幾年，棄妳於不顧，等到他終於回來，他的暴怒卻讓妳怕得要死。」

幾年來的自責瞬間消失無形。艾麗莎多希望父女關係有所轉變，讓自己能接納父親的愛。到現在她仍舊希望能擁有那枚項墜，作爲父女間聯繫的象徵，那怕他們之間的聯繫多麼微弱。但是現在的她，能夠以十二歲小女孩的心態理解當時的反應，一切似乎變得極爲合情合理了。

艾麗莎的經驗說明，瞭解塵封心中事件的象徵意義是件何等重要的事。她童年的一時衝動，多年來不時迴盪在心中，一再重回衝動的那瞬間，讓她對這個十二歲女孩產生同理心。「重回過去的衝動」放鬆了緊繃多年的情緒，使我們以慈悲的胸懷看待過往。

對基模產生同理心

一旦碰觸到基模的深層感受，一旦深入探究了基模的根源，下一步是：想像自己重新面對童年那個小女生或小男生，以深具同理心的成年人態度，體會第一次發生基模反應的思考或感受。

聖誕假期到了，蘿倫心中如往常般有些神傷。「我知道過節一定會引發我的剝奪基模。」她這麼告訴我。

從客觀的立場，她的假期過得似乎還不錯，和一群愛她的親密友人和家人一起過聖誕。但美中不足的是蘿倫特地寄了一份別具心意的禮物給她最好的朋友之一，卻沒有收到對方的任何禮物，甚至連句「謝謝」也沒說。另一位則沒有回蘿倫電話，然而打電話賀節，已經成爲彼此行之有年的習慣。這點點滴滴毋寧只是假期中的小插曲，但蘿倫卻耿耿於懷。

「我知道這很不理性。」她告訴我：「但是光對自己說『妳知道嗎，妳每逢假期，總是有種被剝奪的情緒，看開點』，好像剝奪了更多。我覺得那些不向我道謝的朋友，根本不懂得禮尚往來的道理。至於那位不回電話的朋友，則是從不主動與我聯繫，特別是我還三番兩次地提醒她。她們好像就是故意要剝奪我。」

對那些沒有剝奪基模的人來說，這些小舉動根本不足引起任何反應。但是，蘿倫的剝奪基模卻將之誇大。

她接著又說：「就算別人不支持我，我還是必須照顧好自己。」於是，蘿倫決定帶著這種感受靜靜坐著，從中獲得些許寧靜和明性，然後再度回到原先的感受，瞧瞧心中出現什麼影像。在回憶中進行療癒，她已經在那受傷的小女孩和眞實世界的成年人之間，開啓了一段對話。

「我看見五歲的自己，四處尋找一位關心我的人，想親近他。」蘿倫說：「小女孩說：『每個人都忙得無法抽身，忙著解決自己的問題，沒有人願意陪我。』她努力作個乖孩子，表現出親切有禮的樣子，可就是沒人注意她。」

「那個小女孩應該瞭解什麼呢？」我問她：「如果妳是她找的那位能關心她的人，可以在她需要時陪在她身邊，妳會對她說什麼？」

蘿倫不假思索地答道：「我會說，如果妳想從那些人身上得到愛，那根本是緣木求魚。」

「接下來呢？」

蘿倫用一種傷心、近乎絕望的聲音說道：「小女孩回答說：『可是他們都是我的家人呀，他們應該愛我的。』這時候，另外那個慈愛的聲音回答她：『他們被自己蒙蔽，只注意到自己的需要。妳該找那些已經在妳身旁的人們。』」

「然後，小女孩找到一處安靜的地方，獨自躲了起來，她不希望被人看見，也希望自己不再有任何需要。她每次被別人忽視的時候就會這樣。但是，她想起那個慈愛的聲音，告訴她其實有人正在某處等她，而且是個愛她的人，只不過她一直找錯了對象。」

然後，一股清新的活力重新注入了蘿倫的音調，她語帶輕快地說：「於是小女孩就去尋找那些已然愛她的人。」

內心的對話

每個人的內心似乎都有一個小孩。換言之，你我的某個部分仍然像孩子一樣。和基模來段內心的對話是一次修補的經驗；具體一點，就是和初次養成某種情緒習慣的小小孩交談。這方法並不見得適用於每個人，但是很多人在情緒焠煉的過程中，受用無窮。

當蘿倫和心中那位被剝奪的小女孩對話，她和自己的某個部分建立了溝通管道，那裡藏匿著剝奪基模的情緒需求，那個藏在內心、遭到冷漠遺棄的小女孩，亟需人們傾聽並瞭解她的需要。蘿倫體驗那份悲哀，同時試著不讓基模用那些未被滿足的需求擄獲她，致使她再度孤獨、沒人愛，總是小心翼翼地不願也不敢去打擾別人。

蘿倫心中比較成熟和理性的慈愛之音，提醒小女孩有好多人可以成爲她的朋友，但是她一定要找到願意毫不吝惜給予關愛的人，而不是那些被自我蒙蔽或是只在意自己需要而不關心她的人，後二者正是基模經常驅使她去尋找的對象。

這種積極正面的回應，加上對那小女孩的痛苦和悲傷付出同情與憐憫心，成了療癒情緒的良方。受傷的小女孩和慈愛的照料者之間，開始了一場對話。那受傷的小女孩正是基模作用的結果，至於內心那位慈愛的照料者付出的關愛，正是基模渴望得到的。這種內在關係的建立，在某種程度上，足以彌補基模的缺陷，或至少足以對基模進行再教育，好讓我們學會新的回應方式。

這位受了傷的「孩子」，代表鎖在杏仁核內的基模實相。和關愛、成熟的「長者」間建立圓滿的關係，則多少具有修補作用。孩子和大人間的對話，成爲療癒基模的過程中全面重建神經聯繫的關鍵，這就像我們的內在深層再次受到父母撫育關愛，讓腦部的情緒區和理性區以新的方式溝通，製造一種童年時期未能獲得卻健全的回應方式。

我們自己也能夠從事彌補過去的內在對話。然而，如果這彌補過去的方式發生在療癒中，那麼第一次的對話可能發生在病人與心理治療師之間，在這種情形下，心理治療師扮演的就是那個照料者的聲音，而病人則是代表基模眞相的小孩，這樣一來病人比較容易接觸到陷在基模裡的「孩子」，接著，病人可以像蘿倫一樣，進行自我開導的對話，對雙方同時發聲、交談。

就某種意義來說，被基模控制的孩子和常人並無不同：需要關注、需要別人滿足她。就像某位病人所言：「有時我覺得自己是『小孩心、大人身』。」因此，檢視情緒的需求將有所幫助。即使不能夠每次都放下手邊的事，全神貫注在這些需求上，我們仍然可以傾聽內心的聲音並做出回應，用同理心看待情緒，但是不責備也不壓抑自己，就好像看待受傷的小孩一樣。對心中的孩子表達同情之意，將更容易引導理性介入，挑戰我們死纏不放的預設心理。而在這互動的過程中，一眨眼間孩子便會長大成人。

釋放壓力

壓力累積和釋放的循環是遵循著一種自然的過程。身體慢慢累積死細胞，在對抗外在感染時，將這些細胞釋放出來。就如同地球表面的板塊經由相互摩擦形成巨大壓力，在地震時將能量釋放出來；風暴累積了大量的烏雲，便降雨釋放厚重的水氣。

以上自然界的釋放過程，和心理學所說的「釋放」有相通之處。人們往往在經歷緊張情緒後，才倏然覺醒，意識到情緒模式多麼令人痛苦。同時，他們也瞭解到，爲什麼冥頑不靈的信念、使信念堅定不移的感受，以及這些感受導致的慣性反應等，如此難以動搖。姑且將情緒模式造成的痛苦擺一邊，當情緒一再發生，而且痛苦到無法忍受下去時，情緒壓力越來越大，終究需要釋放出來。

一位病人提到過大的壓力使她痛哭，她說，當她領悟到一直在情緒上剝奪她的父母，永遠不願意付出她要的關愛時，一種劇烈的痛楚和悲傷從心中生起。這感受越來越強烈，最後無處可去只好發洩出來。她一把眼淚、一把鼻涕，抽搐地像個小孩。就這樣哭了好久，直到慢慢平靜爲止。從此以後，她發現沒什麼好難過的，因爲她已經體驗過釋放痛苦的過程，而且痛苦一去不復返。

並非每一個人都會經歷這過程，但是當我們無法活在扭曲的信念下，便需要宣洩情緒，而且通常不止一次。這有點類似自然界釋放壓力的過程，身和心共同製造一種悲情，藉由這種情緒，將鬱積的痛苦釋放出來。這是種極度的解放，一面將心靈鬆綁，一面讓身體完全放鬆，就好像身體裡面某種力量知道如何釋放痛苦——也就是我的病人所歷經的嚎啕痛哭。

讓釋放過程自然發生而不加任何限制是有益身心的作法。目睹一個人體驗這過程，就好比看婦女分娩或是某人去逝。在這過程中必然有種推動力，將一切釋放回歸大自然的洪流中。

正念的悲傷

在自然界，當雲層蘊含的水滴太多太重，而無法繼續懸浮在空氣中，天空便降下雨來。雨是自然界的釋放過程，同樣地，眼淚也是人類的一種巧妙釋放。眼淚能夠釋放情緒創傷帶來的痛苦。

此外，從心理學的角度來看，每個人都有一種與生俱來的保護機制，這機制不讓情緒自然流露，爲得是防止人們無法承受。比如說，研究發現，在哀悼愛人死去時，哀悼者歷經傷痛之餘會感到一段強烈的悲慟，清醒的情緒交迭更替，就好像心裡有個控制器，給予人恰到好處的悲哀，待悲傷過後再給些復原時間，好讓他們迎接下次悲慟的到來。

基模也是如此。奇怪的是，當我們開始放棄情緒模式，或是回想基模的起源並重新評估生命中的事件時，通常會有些許失落感，這是因爲舊的部分逐漸凋零而導致的悲傷。

探究基模的細節似乎能啓動情緒的釋放過程。教授正念禪的老師賴利・羅森伯格（Larry Rosenberg）說得好：「眞正的洞見是見到事物的本來面目，而不是我們想要的樣子。哀悼的過程讓人認清這一點。」

拿掉基模的有色眼鏡，視野隨之清晰，因爲這代表放下過去對自我的設限來看世界。我們毫不留戀地拋棄適應不良的習慣，以及對基模的實際面目和情緒反應的極度眷戀。

當傑克接觸到自己的不被愛基模，他發現，這個基模幾乎已經成爲他的一部分，並且影響了他的人生觀。傑克總是急於討好人，想成爲別人希望的樣子，他活在一個虛僞的外殼底下。他絕望地說，如果要他不再討好別人，他便無法確知自己到底是誰。

當我們共同著手挑戰基模的信念，「忘了我是誰」是個常見的現象。我們常用情緒習慣來定義自己。一旦除去這種形塑自我的概念，會有令人不安的一陣子，即使我們所除去的，是個因爲痛苦而扭曲變形的自我。

當然，瞭解應該放棄習慣和眞正拋棄習慣之間，仍是壁壘分明的兩個步驟。首先，我們一定要很明白基模對自己造成的影響，才會有充分的決心去改變。下一步，實際改變並放棄舊有的模式。

一旦實行，我們便將部分的自我拋諸腦後，表示在某種程度上，我們必須接受失落的事實。我們正目睹一場小型的死亡過程，包括過去的信念、某些自我形象、不合時宜的希望與恐懼，或是熟悉的習慣和用來安慰自己的假設。在放下冥頑不靈的習慣以及對自我的認知方式時，我們需要哀悼失去的一切。哀悼會讓我們不再試圖逃避痛苦，而這痛苦正來自逼迫基模做出反應的恐懼感。

「所以，」羅森伯格說：「洞見和哀悼並行不悖。如果不瞭解，又何來放棄。在我們放下什麼以前，一定先要瞭解其眞實面貌才行。」

坦誠的力量

在史丹佛大學裡，一群罹患末期乳癌、癌細胞已經擴散全身的婦女，組成支持團體。癌症到這個地步，醫師已經束手無策，該試的都試過了，死亡只是遲早的事。這些婦女發現，團體是她們人生中唯一不需要掩飾情感的地方，由於親朋好友往往談癌色變，這群婦女完全沒有機會坦白陳述她們的感受。相反地，和這群同病相憐的朋友在一起讓她們得以放懷大哭，詰問老天爺爲何如此不公平，並且自在地將情緒完全發洩出來。此外，她們還可以無拘無束地關懷彼此，在情緒上互相支持，並在痛哭之餘，敞開雙手擁抱對方。組成支持團體的醫師驚訝地發現，這些團體有著巨大的醫療效果。參與支持團體的婦女，比那些只接受傳統醫療、不參與團體的病人，存活的時間多了一倍之多——前者平均活了三十七個月，而後者只活了十九個月。

有一個很重要的字無法用英文表達，這個字相當於印度文的 antarayame，意思是「心的知者」（knower of the heart）。一位心的知者可以把我們的內心世界摸得一清二楚，並且接受我們原本的樣子。感覺他人瞭解、憐憫自己、同時深刻領會自己的眞實面目，是一種相當有效的療癒力量。借用達賴喇嘛的話：「人類最微妙的慾望之一，便是被理解和被認識。」

當人們求助於技術嫻熟的心理治療師，相處沈靜而融洽之時，通常會感到自己深受瞭解和接受。治療師就像病人的鏡子，他們創造一個容器，病人在容器中能放心敞開心胸、讓人看見他們，並且接受自己的反省。在這方面，治療師彌補病人所欠缺的關愛，給予病人可資仰賴而童年缺乏的照顧。

朋友也能夠讓人感到被理解與被接納。你我在某些時刻都曾經歷過某些苦難，其實這些苦難是具有無比力量的工具，人藉這工具和他人產生聯繫。日常生活的各種苦難，如失去所愛的人、生活中的挫折，反而讓我們和那些爲自己分憂的人契合。同理心從痛苦的心靈中自然生起，也是人類相互贈與的無價禮物。

當參與治療團體的人一同探索基模的時候，我曾經親眼目睹這種發自同理心的支援，而且非常投契。有位女士在自我探索的練習中半開玩笑地說道：「我覺得自己有點瘋狂。」於是我問大家：「這裡有多少人覺得自己有一點瘋狂？」全體一致舉手，包括我在內。

同理心的支援確實能夠療癒情緒創傷，即使是由自己的內心所產生的也一樣。有一項實驗，受試者每天花十五分鐘、一個禮拜五天，以私人日記的形式，寫下自己對於生命中最痛苦經歷、甚或一些迫切的憂慮的想法和感受。

光是把這些情緒抒發出來，就產生了令人訝異的成效：健康狀況獲得改善，在接下來的半年中，比較少生病。也就是說，在情緒的抒發和健康之間，有非常明確的關連性：透過文字表達的情緒越是高潮迭起，免疫功能就得到越顯著的改善。

最大的受益者，應該是那些一開始就表現出強烈情緒的人，像是深刻的悲哀和傷痛，或是激憤和挫折。剛開始時，他們只是大聲說出情緒上的傷痛。但是幾天後他們開始用文字反省，反省的內容則是那些帶來無邊苦惱的事件的涵意。換言之，他們從那些事件找到某種模式或是發人深省的故事。我發現一旦大聲說出自己的基模，接下來的進展就自然而然地發生了。

如果想大聲說出基模引起的情緒……

首先，讀一些資訊，瞭解那些和你最切身的基模，然後寫下基模挑起的想法和情緒——無須長篇大論。每當你產生一些隨興的想法或感受，而剛好有機會打開日記本記下來，那只要一口氣花個十幾、二十分鐘就夠了。

1. 不要過濾自己的想法 將心胸完全敞開，說些你不會對別人說得話。別忘了這本日記絕對機密，因此對自己越誠實越好。這個機會讓你將不可告人的話和盤托出，所以應該暢所欲言。

2. 靈感一來就寫，不要受限於時間和空間 你不需要每天都寫，而是當你心有所感時，將那一剎那記錄下來。當然，如果能找到一個安全又不受打擾的私密空間，對你的寫作將有所助益。

3. 要兼顧客觀事實和主觀感受 當情緒來的時候，要眞正將它放下，同時將一切寫在紙上。自由自在地聯想——想到什麼就寫什麼。

4. 不要在乎文筆的好壞，因爲沒有人會替你評分 不用在意筆劃和文法。如果你寫不下去，只要重新起一段。

5. 這本日記是你專屬的 不要一邊寫，一邊想著將來要拿給某人看，因爲一旦有了這種想法後，你就會開始爲那個人修改內容，或是爲自己的想法找出合理的下台階。

6.如果覺得對自己有幫助，就連續寫個幾天、幾週、甚或幾個月　你的想法、感受和洞見，都將隨著你挖掘到基模的深處而改變。

7.當你回想起早期讓基模形成的事件時，寫封信　這是一封不必寄出的信，寫給人生中與你關係密切的人，可能是讓你在情緒上感到被剝奪的自私父母，或是在學校裡曾經排斥你的一群小朋友。在信中將你的情緒充分發洩出來。這封信也是日記的一部分。這種極爲有效的方法提供一個管道，讓基模中那個被壓抑的小孩，盡情地表達感受、失望和需要。

如果你打算展開心靈之旅，那就更不能不寫日記。如果在「旅程」之初便開始寫日記，可助你留意哪些事物會引起最令人煩惱的基模，隨著基模而來的想法、感受和行動，還有發生的頻率等等。

寫日記等於是給你自己一塊園地，將洞察的心得歸納起來，而洞察的內容，不外乎你的基模從何而來、因何而起。如此一來，專屬你個人的情緒、想法和反應，便逐漸展現全貌。日記同時提供一個管道，讓你反省人生中讓你深刻感受的事件，以及形成基模的早期經驗。日記讓你發洩情緒，卻不會引起你和周遭人們的對立。

幾個月以後，日記應該能追蹤你的想法、感受和反應，看看它們有些什麼變化。如果努力有成，你將發現，在一定的時間內，不管是一個星期或一個月內，基模發作的次數會越來越少，基模發作的強度減弱和持續的時間也變短了。

12 是你綁架了自己的情緒

小時候，祖母房間裡有一只令人讚嘆的古老東方櫥櫃，櫃子的正面有個彩繪的雕刻圖案，那是位身著和服的女子，手裡拎了一把陽傘，走在通往涼亭的小徑上。和女子相距不遠處，有位留著鬍鬚、身著和服的男子，正從一間茶室的窗口探出頭來凝視著她。這眞是異國風情的驚鴻一瞥。畫中的每件事物都讓人爲之神往，包括建築、人物、服裝、蒼勁的古木和鮮豔醒目的花朵。

我還是個小女孩時，經常爲這畫面做上好幾個小時的白日夢。時至今日，每次憶起到祖母家作客，櫃子上的圖案仍是我愉快鮮明的記憶。我常想那櫥櫃可能是我日後所選擇的旅程的開端，像是到亞洲旅行、學習日本茶道、插花、印度舞蹈、研習東方靈修等。

祖母過世時，由於母親曉得我深愛那座櫥櫃，於是建議其他家族成員將它給我。但是他們堅持變賣祖母的家具，再將所得併入遺產處理。其實這只櫥櫃不過是眾多遺產中區區的一件家具，然而因爲我對它的喜愛，立即爲它蒙上神祕的色彩。其中有位親戚原本不在意這櫃子，卻突然斷定它必然價値不菲。

於是我們找了位領有證照的古董鑑定專家，請她來瞧瞧櫃子順便估個價，然後我再用她估的價格買下它。有些家族成員滿心期待，心想這櫃子必定價值連城，而且一定是遺產中的寶物。櫃子的價格，隨著親戚間的交頭接耳而水漲船高，最後他們一致認爲，像這種精緻的東方古董，幾十萬元恐怕跑不掉！

這一天，鑑定專家終於來鑑定這只櫃子了。經過了一番折騰，她最後做出結論：這根本不是東方的櫃子，而是美國的仿製品，也就是所謂「西方仿日式」（Japonaiserie）的家具，而且並不古老。她還指出，櫃子上的漆斑斑駁駁，表面已經開始脫落了，因此，這只櫃子頂多值三百塊美金！

我的家人非常激動。事實上，他們用誇張的眼光看待那座不起眼的櫃子，和基模典型的扭曲想法沒有兩樣。我們很容易將事物看成自己希望的樣子，然後說服自己相信一切假設都是對的，然而我們欠缺的卻是眞正的實相，也就是鑑定師所揭露的事實。

基模之所以能將它所謂的「實相」加諸人的認知上，同時用它的語言重新建構一個世界，就腦部機能來說其來有自。在新皮質（負責分析感覺的意義）中的絕大部分區域，都有延伸自杏仁核（腦部的情緒中樞）的長長分支。當杏仁核因基模發作而熱度升高時，它的分支也變得更活躍，因而影響到新皮質分析和感知的能力，也影響詮釋所見所聞的方法，更影響最後得到的結論。

因此，腦部對所見事物做出的詮釋，往往會被杏仁核扭曲，導致我們寧可選擇情緒性的字眼，而不願訴諸事實。當杏仁核因爲激烈活動而過熱時，激情會佔據所有注意力。這就是爲什麼基模能夠塑造事物的樣子，而且操控力之大，就如同在人身上下蠱一樣。

藏傳佛教將扭曲的想法稱爲「所知障」(cognitive obscuration)，它是煩惱的一種，本身具有極大力量，同時也是心的苦因。幸運的是，就算這些想法無可避免地產生，我們卻能夠藉著內心的解放擺脫想法的束縛。

解除基模的咒語

莎拉和她前夫的矛盾關係其來有自。歷經了情緒激動的分手後，他們在很多方面開始和好如初，並且共同擁有孩子的監護權。漸漸地，他們重新建立了友誼。

在離婚前，他們之間的差異逐漸擴大。莎拉一直覺得她先生對她的所作所爲都看不順眼，因爲在他努力工作的同時，她總是衝動地投入新的狂熱，像是去上水彩課或是心理課程之類，但是過沒多久又迷上別的東西。莎拉確信她先生不贊同這種三分鐘熱度的行爲，因此認爲他一定覺得自己在胡鬧。

離婚之後一陣子，有一天他們閒聊的時候，她決定把事情問個清楚——畢竟瞭解眞相並不會帶來任何損失。於是，她向前夫坦承，她一直假設他的看法如此這般。

令她驚訝的是，他竟答道：「怎麼會呢？我最愛的正是妳的三分鐘熱度哩！」

受到基模控制的時候，我們會假設每個扭曲的信念都是眞理。但是如果挑戰這些伴隨基模而來的假設，正念在此正可以扮演一位內心的評鑑家，爲我們提供客觀公正的見解。於是，我們知道如何重新理解並質疑這些隱藏的假設，而不是任憑假設誤導我們的觀點。想法本身並沒有力量——除非我們賦予它。從過去以來，認知治療的主流論點是質疑心智習慣，並且挑戰那些將心智習慣合理化的假設。挑戰的第一步是仔細觀察基模，覺察基模如何形成，以及隨基模而來的慣性想法、情緒和自發反應如何產生。

一旦鉅細靡遺地檢視基模後，我們不僅以更寬廣的視野看待當下一切，同時也獲得更多可供選擇的回應方式。假如基模在一開始活躍時便爲我們所探知，我們便能在三個層面上挑戰基模：認知面（想法和現況的解釋）、情緒面（想法被挑起當時的情緒）、行爲面（想法和情緒所導致的行動）。

我們曾深入探討正念如何影響基模造成的情緒，以及正念如何改變慣性反應等。這一章所探討的則是：正念如何幫助我們挑戰基模在內心所引發的想法。

用同理心重新詮釋

首先讓我們溫習同理心。在改善適應不良基模的過程中，即使挑戰慣性想法，也別忘了對情緒的實際狀況打聲招呼。其實我們從年紀很小的時候，就已經具備了基模習慣衍生的想法和感受，長大成人後才發展出理性的思考能力。因此將基模的實際狀況放在「前語言期」（preverbal）的感受模式裡來看，是一件極爲重要的事。

在我們以理性做出任何改變之前，一定要以同理心對待基模。如「第十一章」所言，我們一面敞開心胸，接納基模的虛飾外表下令人痛苦的眞相，然後再放下這些眞相，這種自我憐憫的過程有時導致哀慟的情緒，而且會持續一段時間。這種情緒的作用，當與挑戰基模的想法和預設立場的理性力量雙軌並進。

無論何時覺察到基模想法存在，應該用同理心看待這些伴隨基模而來的感受。表達同理心的方式，包括承認造成基模的感受、在心中迅速記下「剝奪」或「孤立」的記號、甚至是條理分明的思考過程，例如：「我當然會焦慮，因爲基模產生的恐懼使我認爲即將遭到拋棄或排斥。」

用同理心看待基模以後，下一步是改變這些乖戾的情緒習慣。但是，如果我們一下子就過於理性，困在基模中的「小孩」可能無法感受到同理心的關懷，反而導致他更加叛逆。因此，能夠關懷並感受自己的情感創傷，這帖心藥對創傷將更爲有效，特別是當我們努力以理性挑戰那助長創傷且受到扭曲的預設立場。然而，沒有了同理心，這種純理性的挑戰可能只如同在受感染的傷口貼上ＯＫ繃，暫時眼不見爲淨，而不能治療傷口本身。

什麼是困擾?

「困擾我們的並不是事物本身，」公元一世紀的希臘哲人伊比德圖(Epictetus)寫道：「而是對這些事物的想法。」先哲們領悟到想法的力量造成人的不幸，而這項眞知灼見也點出解決不幸的方法。正因爲某些想法和假設，往往誤導人做出事後悔恨不已的事，因此教授佛學的老師一直苦口婆心，要大家檢討並挑戰那些想法和假設。

達賴喇嘛將古早以前有關修心的祕訣，涵蓋在他的開示當中，提供了對治煩惱的實用法門。首先，徹底瞭解情緒爲何具殺傷力；從情緒中抽離出來，就會明白情緒反應只會把事情越弄越糟。此外，檢視是哪些無稽或扭曲的假設挑起了情緒。最後，認清楚這些想法只是心的投射——這有助於對抗想法所造成的煩惱。

達賴喇嘛建議的另一個重要方法是：「從一開始就培養正念。」上師開示時也說：「如果缺乏正念，煩惱就會完全失控。」一旦煩惱佔了上風並開始累積能量，對抗它就會越來越困難。但是正念可以防止煩惱演變成大規模的爆發，因此盡可能習慣用持續的正念覺察來對治紛亂的想法，還可以爲混亂的情緒帶來新秩序。

正念提供了一個工具，幫我們趕走自發性的想法——這些想法就是默默將基模引發的元凶。向智尊者說：「正念從混亂和糾纏之中辨識出習慣並緊追不捨，仔細篩選出激情衝動的眞正理由，以及人類偏見的虛僞動機……心智習慣不再是無可質疑的。」

我們的情緒制約可能導致像在隧道裡造成的「窄視」，也就是感覺自己被困在侷促、不舒服、幾乎是激發幽閉恐懼的空間裡，而這空間是由不斷重複的想法、假設和信念建構而成。正念爲心開闢一個廣闊的空間，將光明帶進幽暗之中，帶領視野超越重重限制，最後在身不由己的反應和想法周圍，開創出無限寬廣的明性。

當我們被困在未經深思的扭曲思考模式，正念提供了一個喘息的機會，讓人清楚地再次認知，並用更切合實際的眼光看待這些遭扭曲的思考模式。在寬廣的明性中探查情緒反應、欣然接受伴隨反應而來的感受和想法、洞悉是哪些基模賦予情緒反應力量，於是原本不由自主的慣性行爲得以解脫。

譬如說，當人們戴著剝奪基模的有色眼鏡時，往往會產生這樣的想法：「看吧，他眞的一點也不在意我。」但是正念讓你看清眼鏡本身——也就是受到基模扭曲的想法——而不是索性將實相放在基模的侷促框架之內。

以正念觀照想法

「禪坐的時候，不要刻意將思維停止。」鈴木禪師(Suzuki Roshi)說道：「心裡產生念頭時，讓念頭來去自如……表面上看來，念頭好像來自心外，但實際上念頭只是心中小小的漣漪。只要不被這些漣漪干擾，它們自會漸漸平息下來。」

我們在教導正念時，「瞭解念頭」也涵蓋在專注的訓練當中。其中一種方法是心靈備忘錄——將熟悉的念頭如實標註出來，但是不要陷在念頭之中——這是對治基模的有效方法。它讓我們追蹤基模造成的慣性想法，不再被念頭牽著走，而是後退一步，認知「念頭」不過是心智習慣而已。於是，無論「孤立」、「不信任」或是念頭代表的任何基模，皆是如此。由此可知，心靈備忘錄就如同在心中儲備的船錨，一方面對抗念頭的浪潮，同時也幫助判斷基模活躍的情形。

教授正念的老師約瑟夫・葛斯汀指出，讓念頭成爲正念的對象之所以如此重要是因爲：「如果念頭生起時我們渾然不覺，那麼想從中獲得觀照將是不可能的任務。」

他將「觀想自己的念頭」定義爲「以正念觀照念頭」的意義在於：「當念頭生起，只要覺察，也就是用心思考，而不要深入念頭的內容：不要聯想，也不要試著分析念頭並探究念頭從何而來，只需覺察到『思維』開始的那一瞬間。如果無法如實領悟念頭，念頭便會一直無意識地過濾我們的觀感。」

雖然，這些指導原則主要是針對禪修而來，卻也提供一種培養及加強心性習慣的方法，而且經證實，在對治基模時，這些方法相當可貴。簡單來說，即培養一種能力，跳脫盤據內心的念頭，將念頭單純視作「另一個念頭而已」。

佛教修行的目的之一是幫助人瞭解心性何時受到扭曲，以及何時能夠徹底領悟。實踐正念的第一步是挑戰念頭，不要讓念頭限制人們對實相的認識。如果不稍加監督，那麼基模發作時所產生的念頭將扭曲實相。正念讓我們在面對念頭時能夠往後退一步，質疑這些念頭，並稍稍脫離其控制。

挑戰預設立場

一旦你用正念逮到活動中的基模，就可以把賦予基模力量的自發性想法緊緊抓住，然後當場挑戰這想法的正當性。當你認清自己無須相信基模的觀點時，堅持下去，這類想法終將失去其影響力。

凱西是位職業音樂家。她想出一種全面反擊的方式，用來對治完美主義基模和不斷自我批判的想法。凱西稱之爲「全方位對治法」。自發式想法是基模的一部分，從一開始便狡猾地限制我們的想法，引起激動的情緒，最後終致基模發作。

舉凱西的例子來說，引發她基模的是千篇一律的情節，但緊接著，她提出對治的方法：

我坐在觀眾席，聆聽一位偉大的音樂家表演。他爲這次表演練習了六個鐘頭——但我卻花六個鐘頭爲客人燉一鍋湯。

然後，我不由自主地想：「我的人生究竟是怎麼了？這六小時應該拿來練習才對，而不應該用來煮湯。」

另一方面，那位花六小時練習的音樂家心裡則想著：「我應該學學這位今晚在卡內基廳表演的偉大音樂家，他只需要花三個小時練習就夠了。」

然而，在卡內基廳表演的偉大音樂家心裡則想著：「討厭死了——我也要享受我的人生才對呀。」

以上對治完美主義想法的對策帶有某種玩笑式精神，經常被凱西練習時拿來使用，因爲在基模中加進愉快和幽默的成分，能夠有效重新詮釋原本沈重的想法。伍迪．艾倫（Woody Allen）自我解嘲式的幽默經常製造出這種效果。我們可列舉他那種種神經衰弱式的荒誕不羈喜感。他的易受傷害基模讓他出名，這位眾所周知的疑病症患者卻曾開玩笑說：「英文中最美妙的詞彙並不是『我愛你』，而是『這是良性的』。」

比上不足、比下有餘

凱西對我說，她曾經聽過一位女士的演奏，宛如天籟令人如癡如醉，不過凱西這次並沒有和她一較高低，更沒有在內心進行自我批判，相反地，她眞心替這位女士高興。然而這位女士演奏完畢卻掩面哭泣，她說：「很抱歉讓你們聽到這麼糟糕的表演。」凱西簡直不敢相信，在奏出這麼悅耳動聽的音樂後，她竟然自責如此。這件事情幫助凱西清楚看到自己身上的完美主義基模。

「比較」能夠幫助對抗基模造成的想法，尤其是完美主義基模。讓自己和他人比較的方法有兩種，第一種使你好過，而第二種使你難過。不幸的是，對付自發式的想法，要用第二種方法才可以。

「向上比較法」，也就是和那些比自己好的人比較，可能會讓你感覺低人一等，而自責、貶低自己，甚至產生罪惡感。如果臥病的人一直和已恢復健康的人相比，很可能會因爲自己的狀況不佳而沮喪。這就是爲什麼凱西會有自貶身價的想法：「我絕不可能成爲那麼棒的音樂家。」

「向下比較法」，則是和更糟的人相比，讓你先瞧瞧自己，再看看最糟的狀況，這樣就會開心一點。比如說，罹患重病的人想到更嚴重的病人時，會比較願意接受現實：因爲他們曉得，即使天蹋下來還有別人頂著。

凱西用來對抗自責的方法，是一面想著人生多麼愜意，一面想著一流音樂家的沈重包袱——他們甚至連爲好友做碗美味的湯都沒時間。想著想著，她從向上比較：「雖然我在音樂上的造詣永遠不及她。」轉而向下比較：「至少我可以過正常的生活。」

與基模抗衡的想法

傑克是位具有嚴重剝奪基模的病人，一次我和他聊到這種基模的人是多麼富有同理心，而且天生會照料他人：「從好處想，剝奪基模讓人學會照顧別人，但是當你照顧過頭，導致自己的需求無法滿足，你就會感覺受到剝奪。只要你沒有這種感覺，照顧別人反而可能也是自我療癒或是關懷自己的方法。這麼一來，需要你照顧的人可多著呢。」

傑克立即做了一個很有意思的聯想：「這道理就像氣功一樣！氣功當中有一式是先摩擦手掌，然後把玩兩手之間似有似無、球形的氣，兩手運功之間時分時合。這時候，你可利用這股氣，也就是宇宙中聯繫人與人的能量來療癒，包括你和接受你療癒的人，都成爲了能量的一部分。每個人接觸到共同的能量，所以這當中並沒有「施」與「受」的分別。每個人都受到照拂，沒有一個人覺得自己受到剝奪。」

「分享的事物不虞匱乏」的想法直接挑戰剝奪基模，因爲這個基模的特徵是感到情感的匱乏，覺得關心永遠不夠。當我們檢討哪些想法賦予基模力量時，就好像在顯微鏡底下看實驗室的標本一般，這些想法的不理性成份變得加倍明顯。

下次基模造成的想法掠過心中的時候，你完全無須深入觀察就能領悟基模想法的荒謬性。在此同時，如果你在心裡不停重複練習足可挑戰基模的方法，那麼在必要的時候——當基模即將發作，或是當你已受制於發作的基模時——就可以讓平日的練習發揮作用。

每一種基模都能導致某些固定的想法，相對地，也就會有另一些與之抗衡的想法。只要隨時將對治的方法準備好，一旦正念偵測到這些冥頑不靈的基模，你將可以更輕易地提出挑戰。

不見得要相信自己的想法

我經常建議病人和基模來段內心的對話，也就是對基模想法提出反駁，不要一直被動行事。比方說，每當心裡產生「我很失敗——我一事無成」的想法時，某位病人就會刻意想起過去的豐功偉業。換言之，想到的事要能夠破壞基模觀點的正當性。

進行內心對話的時候需要某種程度的正念，也就是說，內心要保持活動的狀態、心智要警醒，至於內在的「雷達」則要隨時探測和挑戰基模偏執的想法，而不是任由這些它們四處奔馳。雷達的功能完全依賴一種特殊的反省式觀點，又稱爲「超認知」（meta-cognition），也就是能夠後退一步、超脫地觀照想法的本質，而不只是想個不停。

在運用正念的觀察力時，我們應該記得治療師瑪莎·藍亨（Marsha Linehan）所說：「觀察時要退後一步——保持與內在的接觸，而非完全跳脫。觀察的目的並不是將自我解離。」就好像我們是從一段距離外感受自己。對想法進行正念的觀察，意謂與之接軌，但不要迷失在想法中、更不要逃避它。

正念讓我們和基模想法保持恰當距離，讓我們如實觀察基模。正是這樣的立足點改變了對想法的認知，想法只是想法，而非實相。這樣的洞見使我們領悟：「不見得要相信自己的想法。」

認清這項事實可謂一大解脫，不然，就無法脫離那強烈的情緒性觀點，而舊有的心智習慣「我一文不值、沒希望、我的人生是一片空白」可能會不斷重現。但是如果保持正念，我們會發現這些都只是想法而已，不只如此，還可以將這些想法視作心性因循苟且的跡象：「喔，我又有這些想法了。」當我們認知到想法的實相，也將心中的桎梏解開了。正念帶來的認知，避免讓週而復始的循環演變成基模的混亂狀態。

簡單來說，正念不僅讓我們清楚覺察到自己的思維，同時也讓我們重新訂定思維方向，不再重陷窠臼。很多病人發現，專心不二地和基模進行內在對話，是對治基模極爲有效的方法，就好像把基模當成一個「小小孩」，而自己則扮演精神上的父母。

比如說一位病人發現，剝奪基模使她瘋狂地吃，後果便是越來越肥胖。於是她決定節食，每當情緒使她極度渴望進食時，她便開始和剝奪基模對話。她會對剝奪基模說：「我不吃冰淇淋，並不代表我在剝奪你。」

還有一種方法是藉助正念的力量切斷基模的固執想法，這方法和專注力的本質有關。只要基模將我們完全佔據，它所造成的想法會發揮最大影響力。基模慣用憤怒的戲碼霸佔內心舞台，然而正念卻將這些想法擠到舞台的一隅，只准它們擔任小角色，同時將基模的叫囂變成輕聲細語。

憤怒的慈悲

在許多西藏的藝術當中，憤怒本尊代表一種憤怒的慈悲精神，它是誓言與「無明」(ignorance) 奮戰的心態。在這場戰役中，「慈悲」的最終目標是：讓人們免於無明。

挑戰自己的想法是件硬梆梆的事，其中充滿著理性和非感性面。即使叨叨絮絮的提醒會令人厭倦，但是整個過程仍舊提供了一些能量。挑戰基模的舉動即運用了具戰鬥精神的憤怒慈悲。

對奧莉維亞而言，「憤怒的慈悲」不只是口號而已。她將完美主義和受到壓抑的自我批判想法視爲寇仇，同時將自己和這些想法間的對抗視爲一場內心聖戰。在準備打這場仗的過程中，她將心智的武器擦亮——換言之她準備授權那些與完美主義抗衡的想法，去征服內心壓制她的批判聲音。

於是她寫了一首短箋給我：

和寄居在我心中的毒蛇奮戰的時刻來臨了。

當它叫我感到罪惡，我說：「不要，我才不要有罪惡感，根本不應該有罪惡感。」

當它說我一文不值，我說：「才不呢，我很有價值，而且我該無條件受到關愛。」

當它說我無能，我說：「滾一邊去。別煩我。滾出我的生活。」

當它說我的人生一事無成，我說：「你只不過是想用你那狡猾的嘶嘶聲，騙我相信你的謊言。你才是可厭又可憐又無能又令人噁心的傢伙。現在就給我滾！」

我寫得亂無章法，我沒有注意到究竟寫了多久，但是我很憤怒。

在熱情的驅使下，她決定每當想法一生起便牢牢抓住，同時立即用對治的方法與之抗衡。

承認有價值的事物

挑戰基模的時候一定要明辨哪些基模是適應良好、哪些則是適應不良。只要假設或反應切合實際狀況，一切無虞；然而需要挑戰的卻是窒礙難行的基模。從某些方面來說，就像「第五章」提到的，基模仍有一部分是適應良好的，因爲它能夠滿足基本需求。換言之，基模提供了半適應的答案——也就是部分的解決之道——既可以引領我們走向正途，也可以將我們帶入歧途。

我還記得某位完美主義嚴重的病人是如何過度地追求完美。她一直想領養孩子，但是她並沒有選擇「正常」的孩子。相反地，她從收容所把一位十幾歲的男孩帶回家，想試試看能不能收養他。這男孩有嚴重的情緒問題，衝動易怒，不但破壞了一些她家中最珍貴的東西，而且在學校惹是生非，終致遭到退學，甚至也和警察發生衝突。由於我的病人是位職業婦女兼單親媽媽，因此這些突如其來的事件令她有些難以招架。她的身體一直不是很好，高血壓和氣喘病則因爲這些壓力而更形嚴重。

收養孩子的本意良善，而這慈悲的舉動也撫慰了她的心靈。但是，嚴苛的完美主義標準一直在對她說，只有收容問題最大、要求最多的孩子，才稱得上是眞正慈悲。雖然她認爲收養這個孩子符合高標準的道德尺度，然而實際上，她卻是在完美主義基模的驅使下承受了過大壓力。

不過，基模所導致的行爲模式並不全然是負面的。完美主義鼓勵人們盡力達到最高標準，只有當完美主義擾亂到生活時才具有危險性，如上述病人的健康受到影響就是。挑戰基模時應該問：基模如何擾亂我們的生活？它是否扭曲我們認知和感受事物的方式？它會不會影響我們決定採取的反應？

以正念看待沮喪

「我很失敗。我一事無成。沒希望了。過去如此、未來也是一樣。」以上令人喪氣的念頭構成了挫敗基模的信念，這付基模的有色眼鏡，能夠將萬里晴空看成滿天烏雲。想要得到挫敗基模的「祕訣」，便是永無止盡、像重放錄音帶般一再反芻這些念頭。

然而，正念的力量足以挑戰扭曲的想法，而且已經證實能戲劇性地治癒一些慢性病人。約翰．蒂斯戴（John Teasdale）是劍橋大學的認知科學家，同時也是一位禪修者，他一直在教授如何用正念結合認知治療來醫治憂鬱症患者，他的發現對適應不良的基模也同樣具啓發性。

他碰到的都是棘手的案例——沮喪、憂鬱一再復發。對這些人而言，光是「念頭」就足以引起挫敗基模。雖然這些人之所以感到沮喪，一開始多半是遭逢逆境，例如丟了工作或親友死亡，但是到後來負面想法本身卻逐漸成爲沮喪的主因。

蒂斯戴發現，在第一次感受到嚴重沮喪的人當中，大約一半的案例是由生命中的挫敗或創傷引起；那些第二次感到嚴重沮喪的人，則只有百分之二十是如此。至於第三次感到嚴重沮喪的人，則只有百分之十。

在生活中受到刺激而導致憂鬱症復發的次數呈遞減狀態。蒂斯戴說，因爲「令人沮喪的想法」會逐漸取代「眞正的挫折和煩惱」，成爲憂鬱症復發的主因。剛開始時，沮喪復發不會造成傷害，因爲那只是偶發的惡劣心情，使得前次沮喪發作時的想法模式復活。但是這些想法就像向下的漩渦一樣，會讓心情變得更不愉快。

一般人眼中的輕微憂鬱，在經歷過沮喪的人眼中便成了危險。就好像這些心情和想法是病毒，準備侵襲抵抗力特別弱的人。這些人特別容易深信不疑的想法，如果不加以控制、任其無限擴大，那麼終將使另一波低潮變爲絕望。

由於想法本身成了沮喪的原因，所以憂鬱症有時被稱爲「思維失調」(thinking disorder)。另一方面，認知治療和正念能夠有效對治那些使沮喪加劇的想法。

正念的對治法

正念緩和絕望的方法有二：它一方面讓我們視想法爲單純的觀點，而不是令人感到無力的眞實狀況；另一方面則是使絕望的念頭不致在心中擴大。

用正念的力量對抗適應不良的想法，是根據注意力的機制而來。資訊從心中多管齊下通過，就類似於要穿越美國境內，可以同時取道多條不同卻彼此互通的高速公路一般。透過這個公路網，從紐約到舊金山，便有了有多種不同的走法——即使只有少數幾條高速公路才是主要幹道。

同樣地，各種不同的資訊，同時在內心數條不同但互通的路徑傳送著。比如說，耳朵聽到的基本特徵——音高、音質、音量等——是在一組路徑上流動；而話語的字面意義則經由另一組路徑；至於字面意義的情緒暗示，則又有它專屬的傳送路徑。

我們多半不會注意到這些路徑的存在。蒂斯戴指出，心能夠無限量地裝載這些在覺察外處理的資訊，然而「心」卻只能在有限度的範圍內，理解任一時點佔據覺察的事物。換言之，在任一特定的時間點上，注意力僅能盯住一串首尾連貫的想法。

注意力的限制造成了心靈的瓶頸。在這有限的空間中，各種想法競相爭取成爲注意力的核心，就像是演員們相互推擠，以便成爲鎂光燈的焦點。

因爲每一瞬間只能容許一種想法成爲主角，因此只要其中之一佔了上風，其他想法就必須退居其後。正念本身也參與這場競爭。當我們有意識地反省心中發生的一切，這舉動便可將有限的注意力完全佔滿。

如向智尊者所說，因爲注意力的範圍有限：「如果正念的黎明現前，便沒有餘地容納心智的黃昏。」因此對那些容易沮喪的人們來說，正念形同預防接種，專門用來對付那些有害的想法。但正念還可對付任何適應不良的想法，除了促發基模、在心中不斷迴帶的錄音帶以外，我們大部分的注意力都被正念塡滿了。產生正念後，我們等於是發動一次心智行動，和基模想法同台競逐成爲注意力的唯一焦點。

把列車停下

正念使人擺脫基模造成的想法並專注於當下，我們只要留心自己的體驗，但不耽溺於想法或是對想法的反應。相形之下，心性狀態迷失在基模中的主要原因是「無念」，就好比任由思緒的列車向前奔馳，彷彿裝置了自動駕駛一般。

〈把列車停下來〉是一首雷鬼樂的曲名。正念讓列車停下來。無念的思慮使人們漂浮到沮喪的迷霧中，正念則是提醒我們不要隨波逐流，敏銳地覺察自己正在漂浮，然後回到清晰的當下。

在此同時，正念讓人們後退一步，如實觀看自己的想法；不要沈浸在「我是窩囊廢」的念頭中，而是認知這念頭代表的意義：你已陷入一種心智狀態，在這狀態下，你把自己看成一文不值。

用正念有意識地標出悲觀的自我批判，是進一步和沮喪的想法互相競技、爭取注意力的心智活動。原本無情批判的基模想法，透過正念的檢視之後，轉變成單純的想法。就這麼一個簡單的動作，讓那原本駛向基模的列車改變了路線。此時，再次重複前面的兩個步驟：運用正念尋找並挑戰基模想法，然後導正想法的列車，駛向人生的光明面。

替基模打預防針

蒂斯戴曾說，在治療沮喪方面，正念的目的並不在防止偶發的惡劣情緒——因爲惡劣情緒是生活的一部分。實際上，正念防止負面情緒擴大爲心智的死角，導致嚴重的沮喪。讓情緒來去自如——讓情緒來並不難，不過如何保證情緒一定會走呢？

答案是：在思緒的列車即將駛向憂鬱之谷（基模）前，搶先取得列車的控制權。劫持這輛思緒列車的計謀便是變更軌道，如此一來，原擬開往基模的列車，將轉向不同的情緒終點。

認知治療中，當病人在醫師指導下挑戰自己的想法時，便會用到變更方向的方法。用正念找到基模想法，然後立刻向它挑戰，同時趁著想法在心中奔馳，改變它們的路線。對憂鬱的人來說，這意味將「自己沒指望」的想法，視作單純而正常、瞬間即逝的壞心情，這個壞心情是他們有能力應付的，而非殘酷且無力反擊的事實。舉例來說，「我心情不好」通常導致的結論是「我很差勁」，因此，可以將想法改成「我心情不好，不過有時這是正常現象」。

當一個人越能利用心智的「形變技術」（morphing）（譯注：爲電影製作的特效，主要是利用一連串的影像，改變人或物體的形狀），將傾向基模的想法中和，那麼基模發作的機會將越少。當一個人得隨時隨地複習這內在的功課，將使努力的結果達到極致。換句話說，越常練習，效果越好。過去毫無例外導致基模攻擊的心智習慣，現在則是得到轉化的契機。

利用打「預防針」來對抗憂鬱這個方法的效力，在一個爲期五年的追蹤研究中得到證實。這項研究使用蒂斯戴的正念治療法，來治療慣性憂鬱症患者。每次陷入憂鬱，正念挑戰想法總是能夠使他們復原。然而更重要的是，即使復原還是應該視需要繼續這項功課，如此在未來的日子，沮喪復發的次數將明顯降低。由此可知，不管哪一種基模，只要越常阻止固執念頭的「列車」駛向基模發作的不歸路，長此以往需要加以阻止的情況將逐漸消失。

每天固定修習正念禪能培養並加強專注的力量，而這股力量可在內心產生基模想法時發揮作用。事實上，修習正念禪的人所練習的專注力，即可避免遭到基模劫持，無須等到基模想法產生再採取行動。在正念禪中，正念的巨大力量能加強心理治療的效果，使人隨時爲那不可測知的一刻做準備，例如因情感被剝奪而產生的恐懼或憤怒，或是沮喪所導致的悲哀等。這樣的時刻可能好幾個禮拜或好幾個月都不會發生──直到下次再與基模交手時。

對容易沮喪的人來說，這個技巧讓他們更有能力面對沮喪的襲擊，而且是在沮喪的念頭一生起便做修正。這正是用來抵抗憂鬱全面發作的策略。至於在對付適應不良基模方面，這個全效性的「雷達」，讓我們對促發情緒習慣的事物更加警覺，防止醞釀中的「情緒綁架」發生。

狂亂的想法

天空漸漸暗了下來，烏雲密佈，一場暴風雨即將到來。在禪修告一段落，我坐在書房思索天氣和我的心境，這兩者所具有的內部及外部元素究竟有哪些相似之處。我信賴的某人先前承諾完成某項工作，但對方卻爽約了。不久以前她需要幫助的時候我曾伸出援手，因此當她讓我失望的時候，我的感受特別深刻。

雖然天氣預報說會有場雷雨，不過風卻停了，厚重的雲層也逐漸散去，於是一道道陽光從雲間射出。同樣地，濃厚的情緒雲層打開，覺察的光線從中穿透，爲智慧的反思留下空間：

我突然發覺，自己可以選擇該迎合煩躁和憤怒，還是更深入地探查心境。

現在風已平息，鳥兒開始嘰嘰喳喳地叫，暴風雨確定不會來了。對憤怒的專注覺察化解了內心的騷亂不安，也制止一場情緒的爆發。於是我開始探索一度征服我的煩躁。

我們通常假設在天氣放晴以前，烏雲必須釋放暴風雨所累積的水份。但是還有另一種改變的方法：我看見柔軟的雲將烏雲輕輕推向南邊，一掃那險惡的暴風雨，還給天空一片湛藍。

內心的暴風雨亦是如此。當我回想起自己信任的人竟讓我失望，我發覺惱怒的源頭來自於不受重視的感覺。在我看來，這些想法的調性相似，和前幾次基模活躍的時候一樣。

於是我開始挑戰原先的想法：或許她是眞的無法幫忙。無論如何，這只是件微不足道的事，我們的友誼才是我最在乎的。

花些時間來省思而不是直接反應，讓我的心更清明，不再充斥著狂暴的思想，或是被困惑所遮蔽。如此一來，行事將變得更有智慧。

如果想挑戰並改變基模想法……

首先，留意心中生起的基模想法：

1.保持正念 正念的覺察能夠讓你注意到基模開始活動的徵兆——可能是某種熟悉的感覺，或是具代表性的想法。當你發現基模已經被促發後，在心裡稍事停頓，然後集中注意力在心中奔馳的想法、情緒以及肢體感覺上。這些都是基模活動留下的線索。藉由停頓並等待內心的塵埃落定，你也能夠測試自己當時有沒有過度反應，換句話說，你可以再次確認基模是否已經啓動。

2.如實地留意基模想法 認清想法已受到扭曲。記住：你不一定要相信自己的想法。

3.挑戰想法 提醒自己：想法會扭曲事物的本來面目。回憶基模想法曾經如何呈現出謬誤的假設，以及正確的想法又應該是什麼。蒐集線索來反駁這些想法，也許是和某人談談，但是這個人必須對這個主題有更切合實際的觀點才行。

4.用同理心重新詮釋 一面承認基模的實相，並以更符合實際的話語描述。用同理心重新詮釋，讓你接受基模看待事物的方式，即使你試圖糾正那些有瑕疵的觀點。耐心一點，就好像在對待一個只是誤解事實眞相的孩子。

我有一位病人是兒童舞蹈教師，她發現自己最難過的是孩子不想來上課。每當遇到這種情況時，她嚴厲自責，把孩子的缺席當作對自己無能的批判。有一天，有位常常不守規矩的學生的家長，打電話說她的女兒不想上課，結果這件事情演變成引發她基模的導火線。

1.我的病人開始以正念觀想 「我開始靜坐。」她稍後告訴我：「同時，我觀察自己對她的話有何反應。我感覺肌肉緊繃，胃好像打了結。我發現，當我開始想像其他家長也認爲我無能、叫他們的小孩退學時，恐懼便排山倒海而來。這些反應使我退縮，而情緒就在這個情況下逐漸累積。」

2. 她認知到自己的基模想法　完美主義基模的警訊是恐懼達不到完美而遭受批評。

3. 她挑戰這些想法　她保持正念但稍作停頓。首先，她自問在教學風格方面，有沒有亟需改進的地方。這個問題測試她想法背後的假設。她回想起其他家長的讚賞。於是她對自己說：「讓我回到事情的起點：這不是我的問題。她是個問題兒童，不合群，沒辦法和其他小孩好好相處。這個母親早就知道女兒偏差的行爲。因此，她不想來上課並不是我的問題。」

4. 最後她用同理心重新詮釋　她提醒自己：「我知道自己很怕受到批評，而且我也知道這種敏感度，是來自童年的父母親。不過，我不需要再有這種感覺，因爲這些想法對我一點好處也沒有。」

13 感情關係中的情緒模式

在《獅子王》的故事中，小獅子辛巴——未來的萬獸之王——從父王那兒瞭解到「相互依存」的生命意義，也就是在生物圈中，萬物是以共生的方式相互聯繫，生物之間藉著互爲捕食者及被捕食者的關係得以存活。這就好比獅子捕食羚羊，而當獅子死後，他們的屍體又成了牧草的肥料，然後牧草又成爲羚羊的食物。

不幸的是，辛巴的爸爸被一位想要謀奪皇位的邪惡的叔叔殺死了。於是辛巴開始逃亡，牠幼小的心靈感覺受到遺棄、孤獨。牠年紀太小，無法獨自在叢林裡生存，每一件事物在牠眼裡是既奇特又恐怖。當被遺棄的感覺如排山倒海地湧現時，辛巴更加無助，絕望地想著自己注定孤獨的宿命。

但是，辛巴幸運地遇到了兩個伙伴——一隻疣豬和一隻海貓，牠們倆不但願與辛巴爲友、保護牠，並且教牠叢林生活的一切，就好像是父母一樣。於是辛巴不再感到寂寞，因爲牠有了一個替代的家，給牠渴望得到的庇護和關愛。辛巴從疣豬和海貓的身上，深深體會到生命共同體的意義，因此當牠後來重新取得王位後，便以體貼的心來統治萬物。

雖然這故事有好幾種讀法，不過我認為它說明如何轉恐懼為勇氣、轉痛苦為慈悲，同時也比喻深度的激烈情緒可受到轉化，耳目一新。至於在基模的層次上，這故事則是以辛巴為例說明，年歲漸長後才建立的關係，仍舊能夠修補類似遺棄基模造成的情緒創傷。

好幾種基模出現在相互交錯的親密關係中。「親密關係」包含與配偶、父母、子女甚至朋友建立的關係，凡是和對方產生感情都屬之。在論及基模的時候，關係成了一把「雙面刃」。基模一面將關係變成了情感的戰場，但關係本身卻又提供了不可多得的機會，讓人藉由內在修鍊以逃離基模的控制。

打破情緒的連鎖反應還有一個好處，就是可以透過關係造成迴響。每段關係都自成一個體系，由許多平日的互動交織而成網絡。同理，一個人的行為也會引起另一個人的反應。系統理論學家和家庭治療師都告訴我們，有一種改變體系的方式是先改變小部分的行為，其他部分就會隨之發生變化。因此，「改變自我」是使關係脫離負面常軌的一種方式。

基模的化學作用

在嚴重適應不良的基模中存在一種極大的矛盾：基模有一種力量，能夠把人推向那些引發自身基模的人。這種傾向最常發生在剝奪基模、遺棄基模、不信任基模以及不被愛基模。的確，我們愛上的往往是那些按下基模「開關」的人。因此，最迷人的情人所擁有的「情緒指紋」，經常與父母親的指紋相當近似，而父母往往就是基模的始作俑者。

上面所說的行爲傾向很容易辨認。有剝奪基模的人，會被不願付出、自戀、疏離或冷酷的人所吸引。至於有遺棄基模的人，則覺得經常不在身邊或不可靠的伴侶最有魅力。至於伴侶的所謂遺棄舉動，則包括相隔兩地、經常出門在外、鎭日工作，或是發生外遇等。

有服從基模的人會消極地和強勢伴侶建立關係。對方堅持自己的需要以及處事方式。至於有不信任基模的人，則專和那些不值得信賴、喜歡玩弄別人，或是情緒、肉體甚至有性虐待傾向的人爲伴。

至於對不被愛基模的人來說，和一個遙遠或經常不在身邊的人建立關係，可以避免關係親密時，讓對方發現自己假想的缺陷。除此之外，吹毛求疵又喜歡拒人千里的伴侶，往往帶來一種既熟悉又近乎安慰的感覺。

爲什麼會發生這些奇怪的化學反應呢？因爲基模造成類似佛洛伊德所稱的「重複衝動」(repetition compulsion)，也就是人們會不自覺地在成人關係中重建孩提時形成的模式，而這模式便是基模的雛形。造成這種矛盾的原因有好幾個。首先，姑且不論這些關係帶來的痛苦，它們給人一種「家」的熟悉感，總是暗自希望這次故事的結局會不一樣。其次，這些關係重複著童年養成的習慣，因此讓人感到特別安心。最後，心中總是暗自希望這一次會與以往不同，期望關係能修復些什麼——受剝奪的人希望得到渴望的關注；至於受虐的婦女則是希望找到可仰賴的男人。至少這是最基本的希望。

婚姻治療師指出，上述的情況確實也會出現在健全的關係上。每位伴侶的行爲，或多或少修補了對方的基模。當這些原始需求被滿足後，原先由基模化學作用所引發的狂熱，隨著愛和體諒的滋長被淡化。於是，一段關係所擁有的潛力便是幫助當事者療癒過去的情緒創傷。

這就是爲什麼無論在生命中的任何階段，基模在最親密的關係中顯得過度活躍。由於太多人把基模帶進關係之中——事實上，有些人愛上對方的理由，是因爲對方引發了自己的一、兩個基模的緣故——因此，從「關係」中辨認及變更基模反應，應該是再合適不過了。

當事情行得通和行不通的時候

基模活躍的時候會從藏匿地點走出來，一點一滴地展現自己。如果這時候伴侶受到鼓勵並且願意，可以利用這個難得的機會接觸基模在內心的作用，因爲當基模隱而未宣的時候是幾乎不可能觸碰到的。

因此，我們可以積極看待基模在親密關係中的輕微作用。但是，我們看待基模的方式，要視如何運用基模的導火線而定：我們可以先探查基模再提出挑戰，也可以直接了當拒絕基模，但後者反而會助長扭曲的信念，支配我們的一舉一動。換言之，前者開啓了全面解放的大門，而後者則只會加強並持續破壞性的模式，使它們變得更冥頑不靈。

某些關係的模式往往使基模長存不朽。比如說，如果兩個人有著相同的基模而且都沒有採取任何對治方法，就很難讓他們瞭解自己是如何被基模全面接管，最後導致雙方都葬送在同一套扭曲思維之下。

現在假設雙方都有剝奪基模的傾向。如果女方將男方的行爲誤解爲不體貼，而且沒有考慮她的需要，她可能會因為傷心和憤怒而抽身離去，結果這又引發男方的剝奪基模，使他感到同樣傷心或憤怒。由此可知，當一方過度要求的時候，另一方便開始悶悶不樂，而雙方的共同盲點是由基模的有色眼鏡所造成，因此兩人都不明白在當時的情況下還有其他的反應和解讀方式。

當雙方都不願意努力覺察或改變現況時，常使關係因基模而陷入交戰。具高度互補性的基模——尤其是當一方為所欲為，而另一方甘受控制時——可能會製造出如膠似漆般的共犯結構，這種惰性使得雙方暫時不致於危及彼此的關係。

有個特殊案例發生在某些年幼時曾受虐的人身上。他們的不信賴基模促使疑心病加劇而缺乏安全感。然而當一方產生不安全感，另一方可能不知道如何製造令人安心的情感依歸來解決共同的基模，他們這時候可能需要尋求外援，比如擅長治療受虐者的治療師，或是恰當的支持團體等。更不用說當一方受到虐待時，如果能夠在基模發揮影響力前採取必要行動，必能遏止虐待行為。

基模探戈

夫妻吵架的時候，接下來通常免不了得跳一曲「基模探戈」。換言之，一方受到基模攻擊可能導致對方也遭受攻擊。人際間之所以會產生情緒衝動，是因為一方的基模引發了對方的基模反應。儘管如此，這些危機時刻卻是療癒憤怒的契機，而其中關鍵則是雙方的處理方式。

基模當然不可能完全消失。因此下次基模發作時，你仍會產生類似的想法和感受。可是隨著時間流逝，基模反應的強度會因爲解決基模所付出的努力而逐漸減弱。因此當基模被引爆，可以找些新的方法截斷接下來一連串的反應。

比如說，我的病人珍娜希望她的丈夫更關心她。而她先生的反應使她從內心極度匱乏演變成需索無度，因而迫使她丈夫採取退縮的策略。她感到非常挫折，覺得他的退縮代表不在乎自己，這時候珍娜漸漸發現類似的模式在他們之間一再發生。經過一番懇談後，珍娜瞭解先生的反應是他自己的基模所造成。由於丈夫早年一直任由強勢的父母擺佈，因而恐懼再度受到控制。而當珍娜想要博取他的關注時，他並沒有針對她的需要做出反應，而是將之視爲控制慾望的表徵。

至此珍娜一直將他的退縮誤以爲不關心。瞭解其中的相互關連後，她不再將他的反應視爲人身攻擊，並開始專心觀察自己的基模。首先，剝奪基模使她害怕得不到足夠的愛或關注，以致在內心極度的恐懼下，變得需索無度而且黏人。於是她提醒自己：「我最受不了別人不在乎我的感受，這就是爲什麼我經常反應過度，總把他人的舉動誤認爲是衝著我而來。」

想通這一點後，她比較容易擺脫慣性反應，也找到了一個替代方法——坦誠地與先生溝通。她告訴他，覺得未受到關注會使她變得需索無度，這也正是他退縮的原因。「當你覺得自己受到控制時，我能體諒你爲什麼會退縮。」她對他說：「但需索無度或控制他人並不是我的本意，我只是被當時的需要給蒙蔽了。你能不能幫我想個辦法，讓我一面說出內心的感受，同時又不至惹你討厭或把你逼走?」

珍娜把這些話告訴她先生以後，他明白他們的問題出在哪兒了。他開始以更多的同理心待她，同時也回想起兩人曾經有過的快樂時光。他同意和她一起努力，在他即將做出情緒反應的第一時間內剎車。換言之，珍娜和她先生締結了一個雙邊的正念契約。

人際關係的正念

如果雙方取得共識的話，伴侶可以一起努力，找到並揭開使關係蒙上陰影的基模。這時正念可以運用在人際上：我們可以用正念的覺察看待他人的基模反應。如果正念在你們之間已經成爲常態，那麼你將獲得雙倍的覺察來解決自己的基模。

我有一些病人將這方法用在自己的關係上面。一位女士告訴我，她跟先生提到一位和她漸行漸遠她的密友。她說：「雖然我們還有情誼在，但我知道關係隨時都會終止。」

她先生露出困惑，然後開始沈思。「她是妳的老友，而且妳們的情誼深厚。所以關係應該不會那麼容易結束。」他對她的恐懼提出挑戰。

由於兩夫妻都懂得從基模的角度來進行溝通，於是她故意脫口而出：「沒有錯，不過我心裡那個被遺棄的小女孩想知道，如果生命中沒有她的話，我還會不會好好的!」

他瞭解她的基模語言，於是逐漸切入話題核心。他點頭表示同意，玩笑式地附和道：「沒錯，這正是那位被遺棄的女孩應該瞭解的，這樣就不必再恐懼了。」

由此可見，當你熟悉基模的實相後，用同理心看待別人情緒化的行爲會更爲容易，即使你的理性對這種行爲不表贊同。你不但知道基模的信念如何形成，同時也明白如何改變它，因此你不僅更體諒人也更慈悲——有時甚至更幽默。

當關係雙方都明白基模形成的原因，以及基模如何扭曲他們的反應，關係便成了焠煉情緒的最佳場所。如果大腦皮質象徵「清楚覺察」，而杏仁核則代表「基模反應」的話，就某層意義上，當其中一個人處於「杏仁核」的無念狀態時，另一方便可以立即以正念出發的「皮質覺察」提醒對方。

某些原始情緒來自於腦的某部位而未經語言組織。因此，和信得過的人談論情緒，能夠使情緒更加明朗。這就好比運用對方的大腦皮質來舒緩自己的杏仁核一般。如果紊亂的情緒反應使人困惑，說出來將更容易理解。此外，如果一方無法保持鎭定，另一方可以告訴他基模反應已經開始，因而得以加快復原。

當雙方同時遭到基模攻擊而發生爭吵時，要做到以上所說的可能非常困難。在那種情況下，第一步是至少一方先平靜或沈澱下來，可能是分開一陣子，等到冷靜後再重開對話大門。當火氣消退後，任一方就可以開始提升情緒的層次，從基模實相——爭吵的語言——到反思的覺察，最後開始問道：「到底是怎麼了？」

當然，千萬不要讓轉變層次又成了另一回合戰爭展開的藉口，也不要輕忽對方的反應，把它當作純粹是基模在作怪。比如說，如果你告訴對方：「你只不過是又被剝奪基模給困住了。」後果只會引來更多的基模反應罷了。

沈澱的最好方式就是自己先平靜下來，然後以同理心看待對方的情緒，即使你的理性並不認同他的觀點。然後，當雙方都平靜下來，再把方才的爭吵當作學習素材，探查彼此分別受到哪些基模的影響以及原因何在。

應付一位正遭受基模攻擊的人，最好的辦法就是先以同理心看待基模以及擁有這基模的人。同理心能夠解除基模的力量。只要一方承認基模對事物的看法，以及從基模實相中產生的情緒，另一方就可以從基模抽離出來，從更客觀的角度思考。

同理心能夠修補關係。當某人陷在基模當中，他正在抵抗自小形成、存在於基模核心的實相。但是如果他覺得有人傾聽他、關心他、接受他，這些行為對基模將有「再撫育」的功效。如果伴侶每次如法炮製，雙方關係將更緊密，同時對彼此都有良性的矯治效果。

解剖一場基模的戰鬥

當夫妻雙方尋求婚姻治療師的援助時，兩個人對事情往往有完全不同的說詞。這時候，經驗豐富的治療師不會聽一面之詞，因為他們的說詞通常已經被基模的有色眼鏡扭曲。真實的狀況通常介於兩者間——換言之，雙方的觀點都有可取之處。

這種情形就好像物理實驗中，使用兩種儀器來測量光線。第一種儀器顯示光是以「波」的形式流動，第二種儀器則顯示光是以不連續的「粒子」運行。實際的情況介於兩者之間——換言之，兩種看法都有可取之處。

這些年來，我多次將上述的例子應用在治療上，外子和我也經常共同探查來拆解過去發生的爭端——不過，當然要等到我們冷靜下來後才進行。剛開始共同生活的時候，我們時常吵架，而且都繞著同一件事情打轉。然而隨著時間過去，我們能夠共同運用正念以瞭解究竟是哪些基模在作祟。

我們先對基模的模型進行瞭解，然後開始著手解析爭端。透過基模的有色眼鏡檢討爭吵內容，讓我們認清一件事實：不管爭吵的主題爲何，總有某個版本的基模會作怪！

舉例來說，有一次我們計畫共同舉辦治療課程。正當我專心準備教學筆記時，他突然急急忙忙跑進來，打斷我的工作，說道：「我們就這麼做吧……」接著就告訴我，他覺得課程應該如何進行等等。

我略帶冷漠地說：「可是我還沒準備好。」

他一語不發地離開房間。

雖然表面看來不算爭吵，但是事實上我們已經在類似狀況下目睹無數次基模手舞足蹈的縮小版，而且各種理由都有。當我們稍後檢討適才發生的爭吵時，才有了以下這個分析。

當他說「我們就這麼做吧……」，引發了我的憤怒，而憤怒來自於服從基模。我以爲他不讓我用自己的方法做事，而且也漠視我當時正需要加緊趕工準備。

當我說「可是我還沒準備好」，讓他有不被愛的感覺。他的基模將我冷冰冰的回應解讀成拒絕，使他覺得沒有得到認同。於是他用沈默和退縮表達受傷的情緒。

隨著年歲漸長，我們越來越明白究竟哪些基模造成先前的反應，於是爭吵的次數逐年遞滅，不僅如此，嚴重程度和爭吵時間也改善許多。在那之後，每當遇到類似狀況更能處之泰然，同時也能夠以旁觀者的身份觀察情緒習慣是如何在心中生起，而不是任由它命令我們發動另一次戰爭。此外，我們也懂得如何重新詮釋爭端，從「應該避免的不愉快插曲」，變成「一次迷人的共同發現之旅」，讓我們瞭解彼此扭曲的思維模式如何互動。結論是，我們發現事實存在於兩者之間，也就是雙方的觀點都有可取之處。

基模遊戲

我有兩匹馬——耶喜和菩提——牠們成天都混在一塊兒。雖然牠們和一般的馬一樣喜歡彼此，但是耶喜顯然比較有支配欲，而菩提則總是順從地跟在後頭。耶喜一天到晚都把菩提耍得團團轉，還對菩提動粗，限制牠的自主權。這兩隻馬有時不禁讓我想起一對夫妻，其中一位爲所欲爲，而另一位則是安於被控制。

就某種程度而言，馬也有類似基模的東西，我卻發現，耶喜和菩提有辦法找出解決之道——牠們邊玩邊打，前腳抬起，以後腳站立，露出牙齒互咬對方。在玩的時候，菩提變得非常勇敢，甚至是有點激進。另一方面，當兩造「打」得難分難捨的時候，耶喜似乎不介意暫時放下支配者的身段。

這種「遊戲式」的精神也適用在男女關係上——除了正在遭受基模攻擊的情況以外。不過，當你們逐漸脫離基模造成的互動模式時，開玩笑特別有用，能拉你們最後一把。一起對基模做了一番探究並覺察到彼此的模式後，輕鬆的態度有助於減輕了基模這個沈重的負擔。

我的婚姻就是其中之一。剛結婚時，我先生受到完美主義的驅使，成天關在書房裡工作，而且時間遠超過正常的工作時數，我時常感覺受到冷落。遺棄基模使我一看到那扇緊閉的房門便惴惴不安。

於是我們開始檢討這狀況是哪些基模所造成。我先生吐露實情，告訴我其實他早知道自己不需要花這麼多無謂的時間在工作上，也知道工作過度已經造成他生活嚴重失衡，剝奪了生活的樂趣。

經過幾年的努力，有一天他檢討是什麼基模使他花這麼多時間工作，他說了一個故事給我聽。他記得約莫四歲時，有一天他和對街女孩玩家家酒，這女孩假裝在家煮飯做家事，而我先生則假裝出外工作。

但是，四歲的他不太瞭解「工作」的意義，於是他走到房間的一角，蹲下身子，嘴裡一邊喃喃唸道：「工作、工作、工作。」

當時我們已經花了好幾年的時間努力探究基模，因此玩笑話不時從我們之間的對話冒出來。但是，「開玩笑」一定要切合敏感度和正確的時機，這樣才不會導致一方低估另一方的感受。

現在，每當我先生放棄休閒又在挑燈夜戰，我會把頭探進他的辦公室，看到他緊張兮兮、埋首閱讀，就開玩笑地說：「工作、工作、工作。」

這一招，每次都奏效。

無情之愛：和朋友一起對抗基模

典型的慈悲是善意、憐憫、關懷的愛。但是，慈悲有很多種形式。有時候，用無情表達愛是突破傳統束縛的最好方法。某些靈修傳統，像是藏傳佛教和印度教等，都會以憤怒代表慈悲，而其中的象徵意義是將頑固執著和愚癡無明徹底摧毀。當自我欺騙蒙蔽了心性，而造成觀點的扭曲時，對治的方法便是以非常的舉動，將人從無明的昏昧中撼動搖醒。

伊莉莎長期陷溺在關係中而無法自拔，這種痛苦使她極度困惑。她有過一大堆和男人交往失敗的經驗，而每一次都引發了遺棄基模和被剝奪基模。由於害怕男人會離開她，她變得非常黏人而且神經質。然而衝動地抓住男人只是把對方嚇跑。每次只要相同的劇碼上演，她就會一股腦說出鬱積的牢騷，內容不外是對男人多麼失望。總之只要有願意傾聽的對象，她就會不斷重述自己的苦處。事實上這些年來，她和親友的話題總在男人上面打轉。

長久以來，愛護伊莉莎的親友一直包容她的行爲，只因爲他們愛她也關心她，況且她也確實需要有人傾聽。但是過了兩年，她的兩位好友在討論過後，決定告訴她，她們再也不想聽那無止盡的抱怨了。她們勸伊莉莎，如果用這種歇斯底里的方式摧殘自己，結果不只會危害她的健康狀況，而且也因著根深柢固的情緒習慣，使她更加深信自己是個無助的受害者。

於是，這兩位好友鼓勵伊莉莎，請她檢視自己的抱怨以及從抱怨中產生的情緒，然後挑戰自己容易向情緒屈服的傾向。從那時起，這兩位密友和伊莉莎做了一個約定：下次當她們聊天時，如果伊莉莎又開始發牢騷，她們會提醒她注意。當時伊莉莎已加入一個治療團體，因此能夠接受這種安排——雖然她坦承朋友不願意再聽她發牢騷時，仍舊讓她有種被遺棄和不被關心的感覺。

伊莉莎的朋友拒絕接受她的習慣，就等於是向她的剝奪基模和遺棄基模下戰帖。當我們接受某人因基模養成的習慣時，就有點像是和基模組成共犯結構，助紂爲虐。因此，如果想幫助別人挑戰他們的基模，我們可以向這些基模下戰帖。不過，「無情之愛」需要謹愼和同理心。重要的是，瞭解對方的眞實狀況以後，一定要保持中立，並且使用非控制性的條件詞，例如「可能」、「或許」、「大概」，來陳述我們的看法。如果對方感受到其中參雜了自我的成分、或是覺得我們在控制她、爲她預設什麼比較好，那麼對方將產生防衛心，覺得自己受到批判、傷害使得忿怒油然而生。

如果我們的存心是爲對方好，也不要假設我們知道答案，那麼他們會比較願意接受。最好的狀況是，我們發現自己和對方心中的戰鬥精神結盟，同時他們也會對我們的坦誠表達感激。

用同理心對待伴侶

你也可以幫你的伴侶製作一個和你一樣的基模檔案，在伴侶每次發脾氣、做出極端或弄巧成拙的情緒反應時，詳加紀錄。接著你可以試著是探究什麼引爆對方的基模，以及基模發作火力最爲猛烈的時刻，對方通常會有哪些想法和感受，接著再觀察是否有任何具代表性的習慣，在基模發作時會從頭到尾上演一遍。

熟悉以上一切以後，你會更懂得用同理心對待伴侶的基模。這種同理心不等於助紂爲虐或是和基模的觀點同流合污。相反地，同理心的目的是挑戰那些關於週遭人事物的假設。此外，同理心使你更審愼應對他人的弱點，以免動輒引爆對方的基模。

慈悲將同理心化爲行動。一旦瞭解哪些想法和情緒代表著對方的基模反應，你便可以用同理心體諒對方。當然，這方法不僅適用於夫妻，只要有這層體認，任何關係都用得上。瞭解對方的基模模式，避免引發對方基模的行爲。

比如說，如果你曉得某人自律甚嚴、要求完美，在適當時機讚美他的成就，等於是爲他做一件他極少爲自己做或是做得不夠的事。讚美他等於向他內心自我批判的聲音挑戰，這聲音不斷迫使他努力再努力。此外你還扮演著另一種聲音，叫他日子過得更平衡些，以防止完美主義帶他走向極端。你還可以讓他知道，你接受、欣賞的是他原本的樣子，而不只是他的成就。

面對一個有剝奪基模的人，如果你關心他的需要並且盡可能體諒他的感受，那麼一定會獲得類似上述的改善。同樣地，如果他有服從基模，千萬不要告訴他該怎麼做，同時避免使用帶有控制意味的言語。只需用「開放」的語氣提出要求，他就會覺得自己還有選擇的餘地。不要說：「今天晚上去看那部新上演的電影吧！」要說：「今天有部新上演的電影，你想不想去看？」

雖然看似小動作，但是這些小動作對他人的基模確實具有修補效果。這麼做等於是讓人體驗到，外在的世界與他人無法總是符合自己基模的要求。於是這樣的經驗都一再強化與基模的有色眼鏡所見所聞背道而馳的觀點。

以慈悲體會基模

對伴侶的基模與對自己的基模一樣熟悉，讓人受用無窮。第一，瞭解對方的憤怒只不過代表基模再度發作，也就不會把對方的反應當作是衝著自己而來——也就是說，錯不在己，而是基模。有了這項認知後，就不會爲了對伴侶的爆怒做出回應，而觸動自己的基模。

佛教主張「同理心」是覺察的果，慈悲是「明覺」的自然表現。如果用在基模的探究上，表示用正念看待伴侶的基模，對他自然會產生同理心。舉例來說，認清楚這一切都由對方的基模而來，眼中的他變得脆弱，像個受了傷的孩子，而不再是個混蛋。從表象後退一步，試著眞正去瞭解基模是如何理解事物。如此就不會把對方的反應當作是針對自己而發，不但能諒解對方，而且以慈悲心相待。

假設對方開始鬧彆扭，而且變得疏離而退縮。而這時恰好自己的不被愛基模被啓動了，他的退縮行爲可能會讓人誤以爲他對自己沒興趣。但是，如果當下能夠運用正念認淸實相，那麼不但不會中基模的圈套，而且還可以保持淸醒，以更高的同理心對待他。

遇到這些情況的時候，同理心幫助人辨別一再發生的模式，並找到一個更圓融的回應方式。舉例來說，瞭解當他鬧彆扭躲起來的時候，表示剝奪基模又在作祟，因此他需要的是關切。這時如果做出關懷對方的舉動，可能因而突破他的心防。

無論和誰建立關係——可能是和姻親、長大成人的孩子、朋友，或是任何人——當對方的基模發作、一再製造問題的時候，有效的對治法便是瞭解他或她行爲背後的眞正意義。不過，關係治療師一直不厭其煩地告訴我們，這方法對夫妻特別管用。

比如說，夫妻經常需要在「親密」和「自主」之間取得平衡。我們都知道，某些特定基模的眾多核心議題，總是離不開「人與人之間的關連」這個層次，最顯著的包括：剝奪、遺棄、不被愛基模。曾經分開、各自追求獨立自主生活的夫妻復合以後，更能夠鼓勵對方實現理想，讓關係的內涵更爲豐富——或者，他們可以讓這種自然分合的循環成爲常態。

如果你的伴侶需要暫時離開走走，請務必體諒她，尤其是當你有任何和人際關係有關的基模正在作祟。家庭治療師卡爾·懷塔克（Carl Whitaker）曾說：「如果你們分開的時間越多，相聚的時間也越多。」記住上面的話，你將受用無窮。另外，如果對方有不被愛基模，一定要瞭解他或她可能一面生你的氣，一面仍然愛你。至於伴侶有遺棄基模的話，暫時分開並不是什麼損失。

當你們領悟到雙方都有一些自己的基模在作祟，下一步便是開啓共同成長的大門。「一旦你將對方視爲受傷的人。」婚姻治療師哈維爾·漢瑞克斯（Harville Hendrix）說：「這就等於開始經營一段有自覺的關係。」不過，必須先把關係經營成安全的處所，一同從中探究基模，而非利用探究的機會蒐集下次爭吵所需的彈藥。

在經營關係的過程中，需要一個非常有用的工具來培養人際間的正念，這個工具被漢瑞克斯稱爲「鏡像反射作用」（mirroring），換言之，在你表達自己的觀點前，先確實聆聽並瞭解對方的觀點。你可以先聽，再說：「根據我剛剛聽到的，你是說……」換言之，你是用自己的話，將所理解的資訊再回饋給對方。你不但表現了同理心，而且給對方一個機會確認你眞的爲他著想。

假如伴侶有遺棄基模，你每次工作夜歸便讓他異常地憤怒，這時你心裡產生的鏡像反射可能是：「我不打電話回家，你就生氣，是因爲你擔心我發生意外受傷或死亡所做的反應。」以上的結論陳述的是你沒打電話而讓對方惱怒的事實，以及隨著事實而來的情緒和想法。於是，同理心確認了基模的象徵性實相，也更容易釐淸實際的狀況。

打破關係的惡性循環

那天是耶誕節，惠妮正在廚房洗碟子，先生和孩子們則是一起玩著他們的耶誕禮物。惠妮從早餐就開始忙，先是打掃房子，然後做中飯，中飯後又一直忙到現在。她在平安夜忙到了深夜，將一切準備就緒，而此刻的她已經精疲力竭，情況雪上加霜。

惠妮一面賣力得洗著盤子，一面感到怒火中燒。她開始想，「她」也需要一些玩樂的時間：「我先生爲什麼不來幫我呢？我眞是虧大了……」這樣的想法像雪球一樣越滾越大。

然後，她停下來問自己說：「妳對這種情況不能苟同對不對？」

另一個內心的聲音答道：「沒錯。」

於是內心的對話開始。同時她一面探查自己的反應。她一面反省自己憤怒的想法和情緒，一面領悟到如果對憤怒報以更惱怒的想法，接著又對這些想法產生更激烈的憤怒，那麼問題豈不是沒完沒了。

於是，她終於明白這一切是被剝奪的感覺所造成，這是種非常熟悉的感覺，而她對此原本就異常敏感。此外，她也明白先生並不清楚自己此刻的感受，如果她告訴他並且要求他幫忙的話，他一定會馬上伸出援手。

惠妮想通以後，她的憤怒便逐漸瓦解消失。最後她終於疲憊地崩潰了。她停下手邊工作，爲自己做了一件當下最迫切的事：她告訴先生自己已經精疲力竭，然後就癱在沙發上睡著了。

惠妮一覺醒來，發現廚房已經清理乾淨，整個屋子和早上的凌亂簡直是天壤之別。顯然她的先生開竅了，理解了她的困境（他可能是百萬男人之中難得而善解人意的好丈夫！）。

這個單純事件成爲惠妮夫妻關係的轉捩點。過去剝奪基模造成的關係模式，不外是無力感、痛苦、被利用，接著演變成憤怒或怏怏不樂，而她先生也以憤怒或難過回應。

現在，每當處理基模反應的時候，她慢慢能夠以正念看待這些反應並以不同的方式回應——告訴先生她的需要。只要她說出自己眞正的需求而不帶任何責備的語氣，他也給予肯定。

不過，惠妮不以此為滿足。她將基模的探究帶到了另一個層次。每當她發現怨恨生起，也探知了驅策怨恨的反應和想法後，她會憐憫自己，挑戰自己的假設，最後目睹怨恨瓦解。另一方面，她先生也能夠諒解究竟是什麼引起了她的反應，因而即刻將責任扛起，無須她開口嘮叨。

當然，有些眞正的問題與基模無關，而且難免會出現在男女或夫妻關係當中。但是在改變自己的慣性反應的同時，立基於關係上的慣性反應將崩解，取而代之的，是煥然一新、正面的反應。於是，我們便能夠以更少的激情和更輕鬆的態度，處理這些必然出現的議題。

有時你可以和伴侶一同練習，但有時候光是處理自己內在的情緒反應就已足夠。或者，你可前後兩者並用，先在心裡想過一遍，然後再和伴侶一起探究。當反應逐漸冷卻，你的思考將更加清晰。

當然並非每位伴侶都願意合作。事實上，很少人對關係的變化有興趣，甚至根本覺察不到。這時候如果另一半頑固不通而覺察不到這個過程的必要性，甚至提不起任何興趣，那麼令人挫折的模式將會一再上演。如果你的伴侶不願和你一同努力，你還是可以獨自進行內在探究，改變自己的反應模式，以改進現況。

除非這段關係本身便具破壞性，否則我通常會鼓勵人堅持下去，靠自己的力量解決基模的問題。改善自己的基模也使你和伴侶的關係獲得改善。倘若這些努力對這段關係無效，對將來的其他關係至少也有幫助。

在關係中修復基模

當瑪麗還是個小學生的時候，她曾經多次受某位親戚的騷擾。當她終於鼓起勇氣將這虐行告訴母親的時候，她卻不當一回事。不用說也知道，這件事對瑪麗的影響，便是造成她以懷疑的眼光看待與男人的關係。不幸的是，她長大成人後，卻一再被有施虐傾向的男人吸引而無法自拔。

加害者的暴行通常會成爲受害者的痛苦陰影。曾經受到暴力侵害的人找到一位有暴力傾向的配偶時，內心其實希望這次能夠藉機修補過去的失敗經驗。「一次就好，就這麼一次。」他希望：「這次的結局一定會很圓滿。」就像一首歌的歌詞，這些人找愛找錯地方了。當然，關係出現暴力或是受到暴力威脅，解決的方式也包括「離開」在內。

「這次會不一樣」的沈痛希望，潛藏在所有建立在基模上的關係背後，形成了週而復始的循環。大多數人領悟到，成年後的關係多少提供一些具矯正作用的情緒經驗。這類的情緒經驗通常隱含了對治基模的良方。

簡單來說，有時我們的確能夠幫助最愛的人療癒他們的情緒創傷，只要我們願意賦予關係一些修補的力量；相對地，他們也能夠爲我們療傷止痛。

在創造一段具有修補力量的關係時，無須尋找擁有完美對治方法的人。但是如果你的伴侶願意，你們可以著手將關係建設成一座提升彼此正念的競技場，同時將覺察導入個人的基模中。

如果你們都覺察到是哪些基模的需求在支配彼此的關係，就能夠辨認基模又開始活動的徵兆。比如說，在伴侶缺乏安全感和被愛的感覺時，你可以熱情一點。如果伴侶覺得他的需求未獲重視，你可以多關心他一點。這種代表諒解和慈悲的小動作，一方面強化信賴的基礎，另一方面則讓關係更緊密。

如果想和伴侶一起應用正念……

首先，找出哪些基模是你們爭吵的幕後主使者。

大部分的爭吵其實隱藏著更大的問題。引發基模爆發的不單單是遲到或是沒有分擔家事。事實上，諸如需求未受重視或是感覺受到控制等，都是導致基模「抓狂」的原因。另一種可能，則是有別的基模對著我們的反應搧風點火。

如果你們都能夠以正念爲指導原則，同時明瞭某個基模正在作祟，那麼便能夠將爭吵化爲轉機，逮到基模並解除它的力量。如果你量力而爲、有規律地照做，漸漸地就不再因基模而情緒失控。下次再發生類似情況時，你就會比較知道如何和另一半解決髒盤子或帳單的問題。

下次如再吵架，先靜待心情平復。等到熾熱的憤怒冷卻後，才能夠清楚地思考到底是怎麼回事。同時，你們也可以加速情緒冷卻的速度，方法是：各自離開火爆的場面一陣子，藉由呼吸的正念禪，做一些基本的寧靜禪修。

感到心情比較寧靜後，接著運用智慧的反思。換句話說，一面修正念禪，一面讓爭吵的想法和情緒回來，在兩者間來回反覆。但是，這次用智慧的反思來看待這些想法和情緒——別讓它們支配你，否則又會陷入它們製造的「假相」當中。如果你還是非常煩惱，花幾分鐘做寧靜禪修以跟隨自己的呼吸，在心裡創造一處寧靜和清淨的空間。當自己比較沈靜時，再將注意力轉移到爭吵的情緒和想法上。以三種層次來留意當時的狀況。

1.你覺得如何？ 注意在身體裡面哪裡的感受最強烈。你的胃打結了嗎？腿和手臂有沒有發抖？脖子和肩膀會不會緊張？有沒有發生情緒的連鎖反應。比如說，有沒有因爲難過而引起憤怒的情緒？情緒是不是錯綜複雜？或是，不只是憤怒，還有悲哀？這些情緒有沒有讓你想起以前因相同原因陷入的混亂？如果有，是否意味著這次爭吵屬於某種情緒模式？

2.你有什麼想法？ 不只是最顯而易見的想法，如憤怒的言語，而是那些爲爭吵加溫的細微想法。比如說，你有沒有對自己說過：「他從來不在乎我的感受？」爲什麼這次事件會引起這些想法？

3.你有什麼反應？ 你的想法和情緒讓你想要採取什麼行動。或者，你已經採取了什麼行動？

以上歸納起來後，有沒有給你一些線索，讓你瞭解究竟哪些基模促發了爭端？如果你已經找到線索，就可以繼續進行：

1.和伴侶再次會商　這次將重點放在哪些基模在作祟，然後重新檢討你們的爭執。向對方解釋為何他的行為引爆了你的基模，如果可能的話，讓對方知道基模源自何處，以及你為何對基模的導火線產生這樣的回應。換句話說，讓對方瞭解你為何有如此激烈的反應。但是，在這麼做的同時，必須以同理心對待對方以及自己的基模。

2.再度重溫問題的細節　將與基模有關的反應放在一旁，用更有系統的方式解決問題。你會明白，要如何避免引起對方的基模、對方真正的需要是什麼（像是被關懷）以及未來基模又開始作祟的時候該怎麼辦。

3.如果你們的需求互相衝突，試著去協調　盡可能多體貼一點，覺察彼此的需求，然後慢慢改變反應方式。

4.當相同的模式又開始上演，試著耐住性子　改變這些模式需要點時間，而你們可能有機會一再嘗試用新方法來學習相互體諒和相處。重新學習得花上一段時間。

14 父母與子女的情緒循環

餐廳裡人聲鼎沸，隔壁桌的客人正以高分貝音量談話。我聽到一齣一對父母和上大學的兒子演出的「家庭劇」，這位兒子當時顯然剛從學校返家探親。

兒子告訴父母說，他對演戲產生了莫大興趣，也爲發現自己喜愛的事物而興奮莫名。

父親打斷他的話說道：「你的課業成績怎麼辦？我聽說威廉斯家的兒子在耶魯大學的成績名列前茅。你表現得還不夠好。」

「課業方面，我會繼續努力的。」兒子說：「只是我目前想全神貫注在戲劇上。我想深入探索這塊新的領域。」

「這就你想要的人生嗎？無所事事？哼！」父親說著，聲調中有明顯的輕蔑之意。

兒子以低了八度的聲調回答：「我不是無所事事。我有一群同好，我們在一起玩戲劇，玩到樂此不疲。」

「你朋友全都一事無成。」父親答道，聲音透露出他的嫌惡。

就在此時，母親第一次開口：「弗瑞德……」做爹的越過界，但是母親沒再說下去，又回到了被動的角色。

但一切都太遲了。兒子倏然起身，把餐巾扔在吃了一半的食物上，頭也不回地走了。兒子離開以後，我聽見做父親的向太太困惑地問道：「他到底有什麼問題呀？」付了帳，我心情沈重地離開餐廳。當我們上樓梯準備走出大門時，看見那位兒子坐在台階上，把頭靠在手臂上，看來極度難過沮喪，腳還一面緊張地打著拍子。

當我經過他的時候，心裡實在想對他說：「他們可能是以這種方式表達對你的關愛，只是他們不明白這麼做只會把你逼走。或許你可以把話說明白，你瞭解他們用心良苦，只不過他們批評得太過刻薄，希望以後能夠改變表達的方式。」

可是，我有立場去干涉嗎？我邊走邊遲疑，最後什麼話也沒說便離開了。這一刻過去了，但至今我仍在想那位年輕人後來究竟怎麼了。

如果當時我無意間聽到的對話就是這個家庭的典型互動模式，那麼當時的我親眼目睹了失敗基模在這年輕人心中滋長。

世代鏈　一次，達賴喇嘛與一群治療師聚會，聽見西方人低落的自尊以及對父母的怨恨時，感到好奇不已。對他而言，這些觀點非常新奇，因爲他無法想像，竟然有人不愛自己和父母。此外，他還有了一個新看法就是：在以慈悲爲依歸的全面性療癒中，鼓勵並容許憤怒的發洩，對治療的成效可能會很有幫助。

達賴喇嘛後來便懂了。有次，我聽他演講的時候提到，佛教主張「憤怒」是有害的。但他承認偶爾接觸憤怒的情緒，進而培養放下憤怒的能力，或許不失爲一種有效的治療方式——特別是因爲受虐而導致自尊心低下時。因此達賴喇嘛認爲，在接受心理治療的時候，「短暫且適度的憤怒也許是有幫助的」。

一般而言，這就是佛教和西方心理學的差異之一。從治療的觀點分析，容許選擇性的發怒，但光是對童年受到的傷害感到憤恨並責怪父母，往往不足以解決問題。在探索形成情緒習慣的制約時，憤怒可能有某種程度的用處。但是，我們也可以用同理心對待父母、手足，或任何曾經與自己的制約關係密切的人，體諒他們的行爲不但同樣經由制約造成的，而且還代代相傳呢。

當時機成熟，認清制約可能世代相傳、一再循環，便可衍生出對父母及他人的慈悲。如果從「世代鍊」的觀點看待一切事物，你可能會問：到底還有什麼人好責怪的？

明白了父母在童年制約扮演的角色後，就不難理解自己的反應其實只是過去養成的習慣，而非眞實的自己。也就是說，基模代表一種殘存至今的過時產物。別忘了提醒自己：「我現在之所以會有這種反應，是因爲老早就養成，而不是因爲此時此刻所發生的一切。」

解開上下世代間的枷鎖

有位女士在團體治療時悲訴著她和成年女兒之間的關係：「我女兒批評我，說我漠視她，不顧她的需要。我傷心得哭了。現在我好怕和她在一起。」

於是，我們討論實際上的情況。在此之前我們要先看看究竟哪些基模在作祟。女士堅信她的傷心難過源自於不被愛基模，而女兒拒她於千里之外引發了基模發作。接著我們將話題轉移到她女兒的抱怨。當我暗示她，女兒的話似乎是剝奪基模的症狀時，女士點頭表示贊同。沈吟半晌後，她驚呼：「老天啊！我女兒竟然也有基模！」

她沒料到這點。她從不知道，自己習慣性地充耳不聞，不在意女兒的感受或需要而喋喋不休，導致情緒模式以爭吵的形式爆發出來。她感到非常震驚。

事實上，這位女士的反應道出了一件重要的事實：無論是父母，或是行為引發我們基模的任何人，通常不是存心傷害我們。他們經常盲目地「演出」某些早年便養成的模式。

在家族中，基模能夠一傳傳好幾個世代，父母在不知情的情況下，將基模像社會性基因般傳給下一代。舉例來說，我行我素的父母多半自我中心，造成孩子的剝奪基模。一旦孩子長大為人父母，剝奪基模可能使他成為一位過度熱切、過度慷慨的家長，又助長了下一代的我行我素基模。因此，基模採取何種特定形式，部分取決於應對方式，也就是說，當事者選擇的是逃避，還是過度補償。

一旦明白父母也是基模的受害者，我們就能夠諒解，就某種程度而言，錯並不在他們。但是，這不是幫那些故意做出傷害舉動的父母找下台階。如達賴喇嘛所說，問題出在這人的煩惱，而非這人本身。

在某種意義上，脫離和父母有關的基模，大體代表完成了心理學家所稱的「個體化」

（individuation）過程，成爲一個自主成熟的人。如果長大成人後還在基模的層次上和父母糾纏不清，更有甚者，假使那些已在早年人際關係中被內化的基模，到現在還在擺佈我們，這代表我們尚未完全自主，尤其在情緒的層次上。這種情況在心理動力學上（psychodynamics，譯註：源自心理分析學派，強調個人的內在動力等潛在動態心理因素對行爲的影響），是無法掙脫成長階段的障礙，因此需要靠情緒療癒來縫合這段空隙。

有些病人發現，當他們努力擺脫影響人際互動的基模時，暫時減少和生命中某位關鍵人物的往來——通常是父母——會是有用的作法。也就是說，和某位與你糾葛不清的人保持一些實質的空間，將爲你換取一些療癒的時間，於是過一陣子你就可以再度回到這段關係，做更眞實的自己，而不再受到基模模式的控制。

嚴重受制於基模的關係本身，便具有抗拒改變的惰性。只需其中一方的行爲開始改變，可能就會牽動對方做出反制。但是，這並不代表另一方不想改變，而是因爲他的基模作祟。俗話說：「你無法改變他人。」這句話可能不無道理，你卻可以改變「模式」。

在某種意義上，基模也有生命。因此，想要修補基模的話，要先將基模的生命力搾乾。不論是改變自己或對方的基模，都需要一段調適期，習慣不再受舊有基模模式控制的新互動方式。

一旦改變了自己的基模回應模式後，自然將注意力開始放在調整親密關係裡機能異常的模式上。當然，遇到的阻力會是——對方可能不想改變，特別當關係的親密部分建立在神經機能互補的互動模式，簡單地說，就是兩個人正好滿足彼此基模上的需要。這時，基模反倒成爲關係的基石，也是維繫雙方關係的方法。

處於類似的狀況時，我們一面改變，一面發現關係的影響力逐漸減弱。如果再加上情感的結合奠基於彼此的基模，那麼改變基模似乎代表讓關係陷入危機，然而實際上，以往的「親密」已經不再顯得那麼理所當然，因爲我們已經明白關係建構在基模上。

當治療具有修補力量

在心理治療時，治療師於病人，或多或少像是「再造父母」。也就是說，心理治療師成了「好父母」的代名詞，至少是「夠好」的父母，他們製造機會讓病人拋棄過去養成的基模反應。

多方來看，治療師以及好的靈修導師，可提供力量、明性、情感聯繫和指導，尤其當我們自己無法認淸事實眞相時。此外，信賴治療師非常的重要，尤其在早期關係裡無法充分寄託的部分。要治療師眞正發揮功能，需要某種穩定的關係和專一的關懷。光是憑藉這兩者，就某種程度而言，就能夠修補童年的創傷了。

當這些要素一應俱全以後，治療師成爲聯繫和關懷的來源，幫助病人彌補過去，重新學習自己究竟能從親密關係中得到什麼。此外，治療師的幫助能提供一定的修補成效，因爲一位治療師或是受人敬重的導師能認識到，我們對自己的看法不但具有眞正的意義，而且應該以嚴肅的態度來看待。他們看待我們的方式，迥異於我們看待自己的負面方式。

和父母釐清自己的基模

一位女士在我的治療課程中，發覺她那充耳不聞的習慣造成了女兒的剝奪基模。她終於瞭解女兒經常對她發脾氣的原因。後來，我們更深入地探究母女之間的互動模式，她幡然領悟到：「我女兒認爲我既不聽她說話，也不瞭解她。難怪她會這麼生氣。」

我問她是否眞的不聽女兒說話。「是眞的，」她說：「現在我比較淸楚了。我們之間的溝通所以會遇到挫折，是因爲當她表達對我的憤怒時，我還一直爲自己辯護，讓事情更加複雜。因此，我的反應使我更無法理解母女關係已經生變。不過，既然我已經知道來龍去脈，就會盡全力去改善。」

我接著問她，有沒有什麼事情是她做得到，且可以改變母女之間的互動模式？她想了一下，說道：「如果我女兒不那麼生氣的話，事情可能會好解決一點。她的敵意只會讓我更冷淡而已。」

我建議她請女兒說出自己的需要，而不是一味憤怒地批判。如果她原本一直以爲母親剝奪了她應得的關注，只要母親努力改變她們之間的相處模式，就足以修補部分的傷痕。

人們釐淸自己的基模時，不免以爲父母過去甚至現在仍然想刻意傷害自己。雖然在一些虐待或嚴重怠職的案例中確實是如此，但多數父母根本沒有覺察到，他們的行爲竟然會形成子女的基模。即使他們眞的覺察到，也不知所措。除了一些重大案例外，「不知所措」並不代表不想嘗試改善。他們之中的確有人不想在這方面做任何努力，不是防衛心太重，就是自我中心而懶得管事。

如果生活仍脫離不了父母，同時基模仍舊控制了大部分的互動模式，這時應該試著和父母一起解決基模造成的問題。雖然改善的程度因人而異，然而其中不可或缺的是樂意而開明的父母。親子關係的問題沒有「速食」的解答。每一個狀況都是獨一無二，而且擁有各自的潛在可能性或限制。

即使無法和父母一起解決問題，或是時機尚未成熟，療癒依舊可能，因爲改變基模不見得必須與父母一起進行。事實上，當我們致力於打破情緒習慣的惡性循環時，自己內在的努力才是不可或缺的。

至於夫妻關係方面，一方的改變仍足以讓互動發生變化。我們所有的關係——包括親子關係在內——都可視爲一個完整的體系，只要一個部分有變動，往往會跟著影響其他的部分。

情緒的保暖衣

另一種親子關係是：基模模式一觸即發。瑪麗安的母親從以前便對她施以情緒虐待，她總是嚴辭批判個沒完沒了。現在她來訪，批評對象甚至還延伸至女婿和孫子女身上。所以，母親的來訪對瑪麗安來說等於是情緒上的毒藥。

然而，當瑪麗安戰戰兢兢地向母親提議討論自己的情緒模式時，得到的卻是斬釘截鐵的輕慢回答：「我自己的問題都解決不完了，我才沒空管妳的問題哩。」

「她的話就像在赤裸裸的傷口上撒鹽。」瑪麗安告訴我。

對她而言，使她免於被基模影響的第一步，便是在母女之間豎立一垛牆，一道堅固的界線。「妳需要一件情緒的保暖衣。」我告訴她：「一件能夠保護妳、密不透風的屏障。」

於是，接下來的幾個月，瑪麗安減少和母親聯絡的次數，她婉拒母親來訪，一個月只通幾次電話。此外，每當母親開始惡言相向，她就斷然結束對話。瑪麗安於是在新劃下的界線後面找到一塊安全的地方，並努力解決她內心的基模。

只有當瑪麗安從基模反應中得到些許自由，或只有在界線完好無缺的時候，她才會再度產生足夠的安全感和母親相處。

只有人們脫離和父母間的基模互動，讓傷口逐漸癒合，上面說的屏障才會自動消失，因爲屏障已經沒有繼續存在的必要。然而，假使父母想任由基模在親子關係中作祟，子女最好有劃清界線的心態。要做到這一點，必須很清楚界線在哪兒，同時記住：你再也不吃父母的那一套了。

和「心中」的父母來段對話

傑西是個健談的人。他可以一開始談笑風生，沒多久，就冷不防地改變了動作和音調，用憤怒且批判的聲音放言高論，達數分鐘之久。過一會兒，他又恢復他正常而迷人的樣子。

有個念頭突然閃過我的腦際：「他剛才被母親附身了！」

傑西的母親向來紀律嚴明、標準嚴苛，他到後來才明白她已經爲他塑造了完美主義基模。然而，當母親「利用」他的身體說話時，他仍舊無法覺察到自己已經陷入了短暫的恍惚狀態。後來，傑西逐漸能夠把母親「附身」的時刻，和自己內心那個不斷讓完美主義基模變本加厲的自責聲音連在一塊兒。

傑西所傳達的聲音經常只是反映了他的內在心緒。從某層意義上來說，那個佔據我們基模實相一隅的父母，往往不是身爲成人的我們所認識的父母，而是小時候記憶裡的父母。這就是傑西的案例。

瞭解這一點等於提供了一次治療上的轉機：即使無法親自告訴父母，他們當初所塑造的基模對我們造成哪些傷害和情緒，我們仍舊能夠和「心中」的父母對話。就好像和心裡相信基模實相的「小孩」對話，同樣地，我們也可以和冰封在心裡的「父母」交談。

讓我們看看瑪麗安怎麼做。有一天，她在極度苦悶下打電話給我。她說她整整兩個鐘頭的時間，內心都被批判、惱人和輕蔑的聲音追逐著。

在那令她苦惱的批判想法以及痛苦背後，存在著相同的激烈情緒，於是我建議她，將這股強烈情緒轉化成解脫痛苦和磨難的渴望。由於瑪麗安曾經多次參加正念的禪修閉關，因此我也建議她在禪修時反省佛家所謂的痛苦本質以及解脫痛苦之道，直接面對基模帶來的痛苦。「妳知道，從痛苦中解脫不是不可能。爲妳自己追求自由吧。就像妳做過的慈愛修習一樣，幫妳自己祈求。」我這麼建議。

「但是，當我這麼做的時候，我卻聽到一個聲音說：『我不要妳得到解脫。我要妳不幸。』」我被她的音調嚇了一跳。「當我聽到妳說出『我要妳不幸』的話時，妳的聲音活像妳母親的翻版。可見她對妳還是有影響力，讓妳又掉了進去，陷入她的不幸。」

「她一直把自己的不幸建築在我的身上。」瑪麗安說：「就好像她在我心中種了一株名叫『不幸』的植物，而我竟然放任她爲所欲爲。我一直在忍受她的完美主義、嚴苛的標準和冷嘲熱諷。所以我一定要小心自己不要成爲她的翻版，不然我會變得像她一樣刻薄、無情、否定他人。」

於是瑪麗安決定在自己的心中找到另一個聲音，可以反駁她已內化的「刻薄母親」。她試驗不同的聲音，直到她發現其中最適合的一種，讓她感覺自己比心中的母親聲音更雄壯威武。再來，瑪麗安以正念的態度，練習在內心和母親對話。任何自然的感覺她都接受，完全不加以批判，當憤怒無可避免的時候，也不產生罪惡感。她凝聚平等心，設法不陷入母親給予她的罪惡感幻象裡而無以復加。

瑪麗安帶著這份決心，開始著手反擊母親的聲音。首先，她用堅決的語氣對母親說：「妳不能這樣對我。妳不能先對我施以情緒虐待，然後撇得一乾二淨。」感到有發怒的必要時，她就會自個兒爆發出來，用嘶吼的方式發洩情緒。她發現這方法使她覺得自己強而有力，有足夠的勇氣去面對母親。

隨著時間過去，內在的對話成爲不自主的自發性行爲。每當瑪麗安又聽見心中的「母親」

出言貶損她，她會立即用心智挑戰，予以反擊。

最後，回應變得更正向積極，也更自動自發。有一天她說：「有天下班途中，一個熟悉的聲音發言：『妳做得簡直糟透了。』但是另外一個聲音馬上從虛空中生起，說道：『妳做得棒極了！』。」

這個例子顯示，用強有力的聲音，去碰觸因爲情緒虐待而產生的憤怒，能夠幫助人們感覺自己比基模更有力量。以瑪麗安爲例，就是找到一個比她母親對她的情緒虐待還要強而有力的聲音。

改變內在的對話有很多種形式。有位病人因爲父親過度嚴苛，導致她產生完美主義基模。於是我問她說，現在無論在精神上或實質上，她是不是還會想要得到父親的認可。「事實上，」她說：「我很少和他見面，而且我已經看出他的弱點。但在內心深處仍舊希望得到他的認可。」因此，我建議她下一個步驟就是挑戰內在的聲音。

事實上，很多訊息、很多具有療癒效果的腳本，都是我們面對「心中」的父母時可以採用的。以上這個案例只是對抗、挑戰基模的許多方式之一。還有很多接受基模治療的人在治療一段時間後，會寫信給父母（不過卻很少眞的寄出）。在信中將父母對待他們的方式造成了哪些情緒傾吐而出。他們盡情說出在現實生活中想對父母說、卻又說不出口的話。

寬恕：永不嫌晚

我有一些病人，在對治基模時能達到一個階段，找到勇氣和父母討論，自己的基模之所以形成，和他們的作爲有莫大的關係。雖然和父母親談論基模並不是絕對必要，甚至不一定可行，但是這麼做卻能將責怪轉化爲寬恕。

有位病人的母親總是對女兒過度嚴苛，她坦白說道：「我待人如此是因爲我自己非常不快樂。」

同樣地，另一位病人的母親，則經常用一種幼稚、自我中心、唱反調的方式對待女兒。這位母親的行爲顯然來自我行我素基模，而造成這個基模的主因則是剝奪基模。當這位病人終於和母親面對面時，母親自白說：「通常，我那些無理取鬧的話是爲了引人注意，因爲我覺得大家都不重視我，根本沒聽到我的聲音。所以我以爲得到注意力的方法，就是用蠻橫無理的話語，讓別人嚇一跳。」

接著女兒對母親說，自己因爲她的行爲遭到莫大的傷害。於是母親請求原諒：「我瞭解妳的感受，妳眞是個敏感的孩子，而且是家裡最敏感的。我太過習慣被人忽視，並沒注意到自己一直在傷害妳的感情。」

一旦明白對方的行爲也受到基模的驅使，你會更能體諒甚至以慈悲看待。另一方面，基模不遵守理性的邏輯。根據基模的情緒邏輯，誰的行爲造成了我們的基模，一切就是這些人的錯。

我之前曾經提到，在急著改變情緒反應前，我們需要用同理心對待基模所造成的感受。也就是說，寬恕或許會及時到來，但是寬恕的最佳時機，是在我們認清眞相，對自己大聲說出基模實相帶來的感受之時。

寬恕的時刻遲早會來到，就是在準備就緒之後。準備工作的第一步是承認基模，然後以同理心看待基模造成的情緒和觀點。然後，當我們和基模有了較客觀的距離，就可以把憤怒指向基模本身。隨著時間消逝，基模的情緒彈藥會自行消耗殆盡。

我們應該和基模的情緒保持聯繫，但不要卡在那兒。從寬恕的觀點上，佛學和心理治療有一個相互矛盾的地方。佛教徒認爲，慈悲和寬恕可以從一開始就用派上用場，然而心理治療卻主張，只有承認了情緒的象徵意義後才能夠眞正寬恕。另一個考量點是，有些基模，尤其是因爲嚴重疏忽或虐待所造成的基模，比較難以寬恕。

你可以查一查自己內在的時間表，看看你現在處於那個階段。因爲每個人和每段關係都是獨特的，所以「寬恕」的時機並沒有標準答案。

用同理心看待父母的基模

當我們試著從各式的情緒樣版中獲得更多自由，基模的自發反應會漸漸鬆綁，使我們能用不同以往的方式回應。

以前每當羅倫的母親對她愛理不理的時候，她都會非常震怒。於是羅倫試著深入探討剝奪基模，發現基模的這個部分可追溯到母親的自戀和自我中心。她先前的反應便緩和下來。

當羅倫從禪修閉關回家以後，她打電話給母親。「一開始，我告訴她一些閉關的事。」羅倫說：「然後，就像往常一樣，我才說了幾個字，她就打斷我，接著就開始說她那些有的沒有的事。」

但是就在這時候，羅倫發現情況不同了——她不再像以前一樣，因爲剝奪基模而難過，因爲對母親的憤怒而潰堤。「如今我用一種迷人的新鮮感觀察這整件事。這都是拜閉關之賜。我對自己說：『原來我的被剝奪感就是從這裡來的呀。』」

「母親注意到我的沈默。於是問了我幾個問題，接著馬上又回到她自己身上。我對自己說：『我不用這樣委屈自己，也不用難過或是生氣。我大可不必讓她這樣對我，但是我又不想爲了這個理由，陷入冗長的討論之中。』」

於是，羅倫用另一種方式來處理。「我對她說：『我要掛電話了。』然後把理由告訴她——直接了當，一點也不帶憤怒地說出來。我對她說明我的感受，她的行爲對我造成的困擾，以及我叫停的原因。然後就掛了電話。這次完全沒有爭吵。」

當羅倫細述這段對話的時候，她對母親並沒有任何怨懟。現在，她不但完全明瞭自己不用繼續忍受母親的自我中心，而且還能夠反省母親自我中心的原因。母親小時候是個孤兒，後來被一對酗酒的夫婦收養，養父母對於她在情緒上和物質上的需要，根本一點也不關心。羅倫於是明白，母親可能有嚴重的剝奪基模。「難怪她只關心自己。」羅倫說道。

然而，當我們甩開基模的有色眼鏡開始領悟事實眞相，我們眼中的父母或其他人都成了凡夫俗子，他們也有人性的弱點和各自的問題。我們在多數案例中發現，他們的行爲是無意識的，並不是要存心傷害我們。(一個重要的例外則是虐待子女的父母，不過即使這樣，盡可能用同理心看待施虐者，因為他可能也曾是受虐者。）

在多加探討這些人及其行為引發的感受後，我們可以開始用同理心對待他們，瞭解究竟是什麼力量導致他們今日的行為。最後，體諒的心使我們用更多慈悲，對待那代代相傳的基模的生命循環。

表達寬恕

寬恕的形式可能非常「俗套」。除了說「我原諒你」，還可以藉由寬恕改變和一個人的關係。另外，理解也可以算是寬恕的一種。

人會發明一些有創意的方式來傳遞寬恕的訊息。莉莉和母親的關係讓她很痛苦，而且感到嚴重被剝奪。但是，在她開始對治剝奪基模以後，長久以來對母親的憤怒卻逐漸消退，越來越感激她。

她想到了一支母親十五年前給她的打蛋器。有一天，她心血來潮說：「我好像從來沒有謝謝媽媽送給我這支打蛋器。」於是莉莉打電話給她。「這可能聽起來有點怪，」她對母親說：「但是我想知道，妳好久前給我那支打蛋器，我有沒有說過謝謝？」

母親認為莉莉向她道過謝了。

但是莉莉說：「唔，我還是想謝謝妳這些年來給我的一切。我希望妳瞭解我愛妳。」

那真是溫柔的一刻。這種感覺已經很久不曾在母女間產生了。

當莉莉跟我描述這一刻的時候，我問她，療癒過去的創傷是否改善了她和母親的關係，她的看法有沒有任何改變。她的答案是肯定的：「我不用再掙扎了。我有的只是由衷的寬恕。」

我在前面曾經提到，很多正念閉關會教導修行者，針對慈愛和平等心，做短暫的觀想。通常，這種觀想是在坐禪告一段落時進行，將自己體會到的福德迴向給眾生。這種冥想，對我的一位病人尤其有用。她告訴我：「我來自一個相當不正常的家庭，家裡每一個人都有過度反應的傾向。每個人都永遠在彼此攻訐、責怪和批評。這種行為被家人接受並延續下來。因此，我認為人與人的相處就像這樣，是正常狀況。

「開始接受心理治療以後，我明白這種相處模式，對於我的基模慣性反應簡直正中下懷，尤其是剝奪和遺棄基模。當這些基模被點燃的時候，我會憤怒地過度反應，因為我認為把情緒表達出來最是重要，最後我不是對著某人大吼，就是躲在一旁鬧彆扭。這些反應讓我在感情關係裡付出很大代價，因為我把他們都逼走了。

「其實，我並不希望當一個亂吼亂叫而且行為失控的人。我也希望能夠稍事停頓，從一數到十，對自己溫柔一點，然後把這份溫柔傳出去。我努力了好幾年，嘗試各種不同的方法，但是都沒有用。我還曾經想用藥物來控制過度反應的行為。

「直到參加了正念閉關以後，我才發覺自己內在的能力，才是我要的力量。慈愛的修習對我特別有用：不僅讓我顧及他人的觀點，並且平等心的運用也讓我認識了祝福的力量。最後幫助我緩和自己的反應的，一是以平等心看待他人，二是找到自己內心的平衡點。」

家族傳說　在第一次世界大戰前夕，有個小女孩和父親從義大利乘船到了美國。當時小女孩的父親為了躲避一場監護戰，便「誘拐」她，帶她遠走高飛，這樣她母親就永遠找不到她。

女孩用那雙哀傷的綠眼珠望向無垠大海，或許是她察覺到自己再也見不到媽媽，突然間，她毫不遲疑地把最心愛的洋娃娃丟進了大海，為的是表達憤怒的抗議。

女孩十幾歲就結了婚，生了三個小孩。雖然自己還年輕，但是她努力養育這些孩子，讓她們過著看來安定的生活，而她自己還要在紐約市幫忙經營丈夫的舞蹈工作室。但是，當時她實在太年輕，現實生活又是這麼辛苦，於是她丟下先生和三個女兒逃開了。儘管最後她又回到女兒身邊，也還深愛著女兒，母女四人的關係卻經常風風雨雨。

其中一個女兒，年紀輕輕也做了兩個孩子的媽。但是她也盡力撫養孩子，讓他們過著還算安定的生活。但是，身為一位年輕的單親媽媽，她被沈重的責任壓得喘不過氣。所以，好幾年下來，當她必須離家討生活時，她總是一連好幾禮拜把孩子丟給保母或是親戚照顧。不過，每次她還是會回來，再度專心地養育她的寶貝孩子。

這是我祖母和母親的故事。直到祖母的葬禮，我才聽說她小時候從義大利坐船來美國的故事。

在祖母的告別式上，我聽見來自孫兒輩們發自內心的祭文。我們用自己的方式，描述了對祖母的眞愛。即使在我們的家族中曾經有過跨世代的遺棄紀錄，但是我很驚訝地發現，我們對祖母似乎沒有憤怒。

不過，聽到了祖母的身世，我感覺內心某種情緒的既定模式浮上了檯面。有個問題一直縈繞在我心中：如果祖母對跨越世代的基模有著如此巨大的影響，那我爲什麼不恨她呢？

雖然我淸楚瞭解祖母情感上的「遺產」，不過對我母親來說，要諒解和寬恕祖母卻比較困難。經過多年來自己密集從事內心的探究工作，甚至有時是直接和母親一起進行外在、面對面的溝通，就我而言，許多母女間由基模建立的關係模式，早已解除。事實上，這些關係模式不但已經轉化，甚至自行痊癒了。毋庸置疑，這並不容易。

我明白自己已經達到了一個新的境界，做好了原諒的心理準備，特別當我感覺到母親想要努力改變我們母女關係的模式，我感到自己眞心誠意地想要接受並原諒母親。觀察母親失去她自己的母親給我一股刺痛的感覺。祖母過世前，母親第一次到醫院看她，結果兩人抱頭痛哭，彷彿一輩子的不愉快，就在這短短時刻裡化爲烏有，治癒了幾十年來的痛苦情緒。這次擁抱，也是她們的最後一次。

祖母過世以後，母親對我說：「媽媽是個充滿愛心又願意付出的人。最後我眞的懂了。我只是忍不住希望，她還在世的時候，我就能夠認淸這一點。」

我感到自己很幸運，因爲我在母親還活著時，就已經領悟到這一點。雖然我仍舊必須時時警惕自己，以免過去的模式重現，但我已能夠自在地表達並接受一直未曾稍減的愛。

藉著療癒基模的過程，讓家人彼此間的重重高牆倒下，讓大家眞切的體會這份未經情緒習慣扭曲的愛與牽繫。就像病毒利用變形來調適變動中的環境，情感的印記也會代代相傳下去。當基模開始復原時，我們更加瞭解，情緒制約中那些非關個人的本質——不知不覺中，一代傳下一代。

如果想處理童年的感受……

試試下面這幾項禪修步驟。先讀過一遍，然後閉上眼睛，照你記得的部分去做：

首先，以正念專注在呼吸上幾分鐘，藉由呼吸讓心靜下來並撫慰自己。

現在，在心裡想著一個地方，能讓你感到絕對安全，可以想像和一位自己喜愛並信任的人在一起，或是躺在一張溫暖舒適的床上，蓋一條柔軟的被子，或是在一處美麗的沙灘上，頭頂著暖和的陽光，輕鬆自在。總而言之，想像一個讓你覺得安全、受到保護、呵護的地方，一個安全得足以讓你做自己的地方。

保持正念的接納心態，讓念頭和情緒自然產生，卻不加以批判，你明白自己隨時可以回到安全的處所，讓呼吸的自然韻律幫你緩和下來。

也許你已經碰觸到童年往事，也找到了某個情緒模式的源頭。選擇一件你打算用正念來解決的事。這時候如果你所想到的事情太煩人，或是你還沒準備好，先保留下來，選擇一個比較簡單而且當下能解決的議題。

如果你想到某位和自己情緒模式的形成有關的人，而且剛好你們之間的相處並不是相互的，「邀請」這個人到你的正念之中。比如說，如果這個人是你母親的話，想像她在聽你說話的時候，一副開明、洗耳恭聽的態度。

把你想說的話老老實實地告訴對方。花些時間深入自己的內心，想想你要對她說什麼，然後說出來。坦然、誠實、充滿正念地對她說，你希望的她是什麼樣子——也許是更關心、更敏感、更在意你。用最能發揮效果的話語表達你所希望的方式。

當你說這些話的時候，讓自己有被保護的安全感，對方不僅仔細傾聽，也眞的關心你。她眞的在聽你說，而且欣賞你誠實的態度。你說出了她最需要聽到、理解的話語時，她能坦然接受一切。

現在，讓她對你說出你想聽的話：「我會關心你，並且更細心待你。」或者任何讓你覺得舒坦的話。

現在，讓你自己見識她的人性面。注意她的行爲多半來自基模，因爲她無法認淸實相，而非出於惡意。再度回到你的安全處所，想像自己在那兒非常舒服自在。

當你結束這些步驟以後，瞭解只要你有需要，都可以回到內心這塊受正念觀照而不虛僞的地方。你在那裡感到安全無虞，並且受到你自身正念覺察的保護。

相信在某種程度上，你已經真實地得到傾聽和接納。即使並不是和眞人直接進行對話，但是療癒的歷程已經在內心展開。

接觸並表達自己的實相。這樣集中正念達到的存在感才是我們眞正的樣子，它超越了個人的念頭、反應或基模。在複雜多變的雲層之後，明朗的晴空清晰可見。

15 療癒過程的幾個階段

一位病人在接受三、四個禮拜的治療後，向我抱怨她沒什麼進步。「我知道自己因爲恐懼遭到遺棄而不敢和男人交往，而且我也知道服從基模讓我老是被自戀的男人吸引。但是，在我面對男友時，仍不禁做了不利我們關係的反應。我不是早就應該進步了嗎？」

問題本身就提供了解答。西方文化一向鼓勵立即見效、快速的答案。但是，基模治療具有根本的自然轉化速度，是急不來的。

首先，單是瞭解自己有哪些破壞性的情緒模式，同時瞭解將覺察導入情緒模式會產生哪些力量，仍舊無法造就奇蹟式的改善。「改善」需要更深入的學習——不只是對概念的理解，而且需要改變習慣本身。

上面說的兩種學習方式涉及不同的腦部區域，而不同的區域則以不同的方式學習。知性的理解以新皮質層爲核心，而思考則是以腦部的最上層爲中樞。腦的這個部分，學習速度非常快，它將新的觀點和資訊與既有的知識網絡串連起來，光是閱讀就足以促成知性方面的學習了。

但是，改變情緒習慣還涉及較爲古老的大腦邊緣葉中樞（limbic centers），它位於腦的深部，這個部位用不同的方式學習，從童年開始，歷經多年，腦部的情緒區才養成一系列的習慣。完美主義和剝奪基模透過無數次重複上演的情節，在當事人的腦中烙下印記。因此，想要除去這些情緒習慣，同時熟悉較爲健全的回應方式，自然需要一段時間才辦得到。

自然改變的進度

如我們所瞭解，改變基模涉及兩種層次：捨棄自我毀滅的積習；然後用耳目一新、健康的習慣取而代之。這種改變和純粹的知性理解大不相同，因爲還需要動用到情緒區。儘管開始的時候有些不自然，而且稍不注意很可能會故態復萌，改變基模仍必須持之以恆，同時將覺察導入無意識的行爲中，努力嘗試新的思考和行爲方式。

治療頑強的基模通常要花上好幾年。毫無疑問地，你讀這本書的速度一定比改變基模的速度還快。千萬不要試圖縮短療程，即使你知道不管什麼「故事」總有結束的一天，但還是要付出耐性。

療癒過程通常分成好幾個時期和階段。首先是學習如何把正念帶進情緒習慣——這些情緒習慣長時間在人們覺察之外忙碌地扮演「本尊」。但是，光是把正念帶到情緒習慣中，只是啓動一連串的自然改變而已，而這些自然的改變似乎有其固定的行程和時間表。

療癒的某些階段可能需要特別費心。我記得禪修老師班智達對著一群參加閉關的學員開示時給的建議。他鼓勵學生堅持下去，尤其因爲生活上的變動而受苦時更應如此。他把瑜珈修行者——他這麼稱呼我們——比喻成經過不同發展階段的嬰兒，長牙是其中之一。「他們會在不該哭的時候哭得死去活來。」他說：「沒有經驗的媽媽，這時可能會擔心她的小孩。但是，如果嬰兒不經歷這種痛苦，他們就永遠無法成熟、長大。」因此他指出，對瑜珈修行者來說，經歷苦惱其實是發展和進步的徵兆。

基模治療也是如此。激烈地宣洩情緒以後，接下來應該勇敢地體會情緒而非退縮，因爲更寧靜、更清明的目的地正在前方。我們應該將「故態復萌」視爲轉機：下次這些習慣再度出現的時候，我們將更懂得如何處理。

在正統佛教「內觀」的傳統裡，曾談到引領人達到全面解放的內觀修行，其中有一個階段，人開始憎恨心性習慣加諸自身的禁錮，不得隨心所欲。當我的病人對基模表現出類似的厭惡：「我好討厭這種模式，我再也不能忍受它爲所欲爲了。」這時我會在心裡暗自高興，因爲這正是邁向解脫之道必經的里程碑。

基模治療的目的之一，是認識並逐漸脫離某些情緒模式，這些模式使我們無法接近自己和他人的「本我」。然而要達到這目的必須經歷許多階段，在不間斷地一再學習的循環中，有些階段會重複好多次。

當我們一面脫離基模一面重新觀察時，可能會突然覺得奇怪爲何要一直背著這包袱。這時候，受到基模驅使的動機便發生轉變，或者漸次消失，又或者再也無法產生不可抗拒的影響力。比如我們會發現不再需要父母用同樣方式和自己互動或對待自己，因爲這些需要在我們為基模哀悼的時候，已經獲得抒解。這些修補基模的經驗能幫助早年留下的傷口癒合。就像一張保險桿的貼紙上挖苦的標語寫道：「享受快樂童年，永遠不嫌遲。」

很多人發現，一旦基模獲得療癒，便不再用相同的情緒強度牽引著我們。但是，情緒焠煉並不是將煩惱整個包裝在漂亮的小盒子裡丟掉，就可以一了百了。相反地，這項工作永不停歇，舉凡我們的洞見、發現的事物及所做的調整等，都會隨著情緒焠煉越來越深入。

然而，當基模像一個獨裁者下台後，我們能夠更自在地將注意力放在其他層面上，包括：工作和創造力的追求、家庭和人際關係、社會公益活動，以及靈修等。如此一來，我們漸漸擁有更多樣的選擇，而獲得的回饋也越來越多。

迴光反照

對很多剛開始接受基模治療的人來說，最讓他們困惑的，是一些不按牌理出牌的狀況，似乎為進步增添了變數。在一些小小成就之後，往往緊接著就是令人大感意外的挫折。事實上，這代表我們的情緒習慣正在抗拒改變，似乎在奮力抵抗以便把持住原有的勢力。

從腦部的功能來說，情緒習慣和「上癮」之間具有某種有趣的相似點。研究人員發現，所有的癮頭都在腦部掌管愉快感受的路徑中，製造相同的失衡狀況。這些路徑在彼此之間，交換一種叫「多巴胺」(dopamine) 的化學物質，當多巴胺釋出越多時，人就會感覺越愉快。

每一種使人上癮的物質，都包含了一些模仿多巴胺的分子。在自然狀態下，人腦中只夾帶微量的多巴胺。但是，讓人上癮的物質——無論是尼古丁或是海洛因——會讓腦部的多巴胺氾濫成災，數量之大，遠超過正常的百倍或千倍。人們感受激烈的亢奮，其實就是多巴胺路徑「氾濫的原因」。

但是，一旦亢奮過去之後，腦部被騙了：它以爲神經路徑中還存在一大堆的多巴胺——於是，失衡的狀況便發生了。爲了達到平衡狀態，腦部急遽減低腦細胞中負責接收和回應多巴胺的「多巴胺接收器」數目。

換句話說，由於腦部現在過度缺乏多巴胺，因此失去了感覺愉快的能力。結果，在經歷戒斷的時候，會造成不舒服和沮喪的感覺，因此使人迫切地希望再來一劑，一解癮頭。但是，如果一個上癮的人能夠度過這個階段並克制衝動，那麼腦部的多巴胺接收器終究會正常化，而我們也會回到原來的自己。

情緒習慣也是一樣。每一個基模，都有自己的基礎神經路徑，這些路徑在我們的生命歷程中，因爲無數次重複而越來越強。每當基模發作，熟悉的思想、情緒和反應就會再次上演。比如說，一個有遺棄基模的人看出別人疏遠他，會驚慌失措，甚至黏得更緊。

另一方面，改變基模相當於改變基模的一連串慣性反應。當基模有所改變，人不再驚慌失措，而是保持冷靜，提醒自己這一切都是剝奪基模的傑作，因此無須隨著恐懼起舞。在此同時，基模會頑強抵抗，並試圖維持熟悉的模式。

基模作祟的時候，會變本加厲，以更高度的迫切性，利用特有的想法和情緒加強它的影響力，就好像多巴胺路徑急切地送出求救訊號，如：到哪裡買毒品以及回想吸毒的快感等，用這些狂亂的念頭驅策人們再次接觸毒品。因此，當我們試圖放棄基模習慣時，那些平常被基模阻絕的強烈恐懼感和不平靜情緒，現在卻像迴光反照一樣，力量變得強大無比。

因此儘管基模的掌控力越來越衰弱，加上我們堅定意志，不迎合它，但是基模卻越來越瘋狂，過去熟悉的情緒就像驚濤駭浪一般襲來，我們幾乎無法倖免。如果能堅守崗位絕不屈服的話，波濤終究會退去，這就像戒毒以後腦部又回到自然的平衡狀態一樣。

當我們打破情緒的連鎖反應並漸入佳境時，同樣熟悉的情緒起伏，便不能再指揮我們按照以往的順序把戲碼演完。此外，當情緒生起，我們的行爲反應將更適切。雖然心中還是會產生基模的想法——過去是咆哮，現在也許只是輕聲細語——但無論如何我們無須再言聽計從了。

掙脫基模的魔爪

覺察到基模在我們背後拼命驅策，就能夠反擊回去，一方面刻意抵抗受到基模支配的慣性衝動，同時轉向更具建設性的方向。

以下就是卡洛琳對剝奪基模的反擊：「我朋友老是坐享其成。每次先打電話的都是我，計畫約會和活動的也是我，張羅一切的還是我。要不是我維繫友誼，我們老早就分了。前一陣子，她還在醫院實習，當時她確實很忙，所以我就盡量配合她。但是當她實習結束有更多空閒的時候，她還是老樣子。當時我們已經漸行漸遠，而且我受夠了，於是就告訴她，我不想再扮演那種角色，我希望得到平等的對待。

「剝奪基模讓我無法開口對她實話實說。但是，這又是改變基模的重要一步。「在我對她說了那番話以後，就再也沒有她的消息了。如果這件事發生在幾年前，我恐怕已經情緒崩潰。可是，現在我對於友誼的結束並沒有負面的感覺，因爲我不想再重蹈覆轍，我爲自己的直言不諱感到高興。」

卡洛琳的經驗象徵一個里程碑，代表她試圖擺脫情緒習慣，已有所進展。我們越是努力從基模中解脫出來，基模的魔爪就越無力。最後，基模會變成念頭，對我們幾乎不再有影響力，沒有特別的影響力——或是根本不會生起。

這陣子以來，瑪麗安和我一起改善她的母女關係。母親不斷的批評已經對她造成傷害。每當瑪麗安和母親說話的時候，只是一個禮拜通個幾次電話，最後她都被自我厭惡的情緒擊潰。另一方面，由於完美主義基模作祟，母親如刀割般的批判和貶損，引發她內心一波波的自我批判。

不只這樣，母親需索無度、只關心自己的行徑，和瑪麗安的服從以及剝奪基模配合得天衣無縫。瑪麗安一直覺得，無論她怎麼幫助母親，都嫌不夠，她也從不敢想像將自己的需要或情緒表達出來。所以每當她結束與母親的交談，都會產生自我批判的現象和罪惡感。

以上這種狀況，發生在瑪麗安開始嘗試改變基模以前。現在她告訴我：「我眞不敢相信，母親竟然對我有這麼大的否定力量。現在當我和她講話的時候，我會在基模即將控制我之前覺察到，聽到我的心開始用那種自我厭惡的方式與自己對話。但是，當我對自己說：『到底怎麼啦？』我立即發現自己根本不相信基模的說辭，包括：我不夠好啦，我應該有罪惡感啦，一切的一切。」

現在，瑪麗安對基模扭曲的「實相」認識甚深：她所理解的眞相，比起基模的說辭更具說服力。經過一番努力之後，她以親身經驗，證明療癒來臨時，基模便開始失去力量。基模的力道會越來越輕，雖然它們會試圖做最後的困獸之鬥，但是，瑪麗安已經不再如往常般對基模言聽計從，因此基模也就更容易被看透。

擺脫基模的現象之一是，在瑪麗安生命中曾一度是喚起基模強大力量的人，尤其是她母親，已不再擁有相同的控制力了。現在當瑪麗安聽到母親的話語時，她說：「我媽就像卡通裡的嘮叨母親。」

她不再期待母親變成理想中的樣子——認淸這點對瑪麗安來說是項解脫。現在她能夠以同樣的愛對待孩子和先生，以及她的學生。

不過，瑪麗安在日常生活中，只要碰到了稍嫌不公的待遇便怒火中燒——這是另一種基模轉化的跡象。以前，她對人總是和和氣氣，盡量不把情緒表現出來，現在她卻變得比較叛逆。當她遇到不體貼的鄰居、電話公司態度輕慢的女職員、在車陣中亂鑽超車的不良少年，她都會直接表達自己的不悅。

有時她表達的方式會有些激烈。當然，她的直言不諱還需要加上對他人感受的敏感度；

也就是說，我們可以為自己發聲，但也必須考慮其他人的感受。瑪麗安對世人，也包括對她自己狂呼，她再也不接受不公平的對待了。

放下的力量

伊莎貝打電話向我求助。她在電話裡泣不成聲，告訴我她走投無路了。伊莎貝是個建築系的研究生，她和另外兩名同學共同選修一門課，也一起上台做報告。她的指導教授對另外兩位的作品稱讚有加，唯獨對她極盡挑剔之能事。

下課後伊莎貝被自我厭惡、自我批判的情緒淹沒，而且嚴重到無法靠自己的力量解決這困境。她迷失在嚴苛標準所帶來的苦惱中，什麼都沒效，即便正念也沒辦法。沒有任何一個念頭，足以挑戰在她腦海裡面揮之不去的負面情緒。

我們一面談，我問到她在這件事發生前的狀況。她是不是已能用正念觀察自我批判的想法，並且在這些想法出現的時候及時覺察。她的回答是肯定的。近來她比以前更能夠接受自己。

但是現在，她接著又說，她有很深的恐懼。恐懼什麼呢？她說，如果她工作做得不夠好，會讓她覺得自己什麼都不是。如果無法達到完美，就覺得自己一事無成。

當我瞭解伊莎貝近幾個月來已經在基模治療上有所進展，我感覺到，在這番努力過後，她已經進入更深的層次，也就觸及了最原始的恐懼和激烈情緒，這兩者也正是完美主義基模賴以存在的力量。因此，伊莎貝需要先哀悼那些情緒，以及造成這種情緒的過往遭遇，然後再將它們一併放下。

我要她完全覺察自己的情緒，同時傾聽情緒的背後還有沒有她尚未知覺的內情。她說，她不知道如果工作不夠完美的話，自己是不是還能被人接納。她覺得自己的人生是失敗的。

我問她，可否試著讓感覺停在那兒不要逃避。如果妳眞的不完美怎麼辦呢？是不是沒關係呢？

她以令人驚訝的平靜，回憶過去的痛苦沮喪，然後輕聲說道：「如果我不完美，別人就不會愛我、接納我。」

然後我要求伊莎貝，體驗一下面對不完美的恐懼有什麼感覺。然後我們靜靜坐了數分鐘之久。

「有種解脫的感覺。」她終於開口，聲音微弱的像蚊子一樣：「我想，就算不完美也沒什麼大不了的。」

「這下子妳應該有種驚人的解放感吧？」我說。

「這種情緒對我的影響之大，眞的是讓我難以想像。」

「恐懼就像燃料一樣，讓基模得以存活下去。」我說：「如果妳再也不害怕，基模就拿妳沒輒了。」

「雖然我有種解脫的輕鬆，卻也產生一種空洞的感覺：如果我不照著基模的指示做個完美的人，那麼不完美的我又是誰呢？」

「這就是基模的運作模式。」我解釋道：「基模將妳心中大部分的空間佔據，所以當它萎縮的時候，妳會以爲心裡有個洞。改變基模會讓妳覺得自己很陌生，因爲和妳原先認識的自己不一樣。由於妳還沒有習慣脫離基模的控制，難怪妳會對於基模的消失不知所措。但是妳想嘛，現在妳終於找到眞正的自己，不用再透過基模扭曲妳對自己的認知。」

現在伊莎貝很興奮：「對呀！基模的魔力眞的很嚇人哩，我很高興知道自己不用再忍受恐懼了。」

「不過，基模是個『死硬派』。這就好像基模發覺妳已經獲得解脫而感到不悅。基模也怕死，所以它會頑強抵抗，再折磨妳一陣子。」。

「我很高興妳告訴我這些。如果基模又捲土重來，那我該怎麼辦呢？」伊莎貝問道。

「試著不要被太多的想法給困住，反而擾亂了事情的自然發展。這時候，集中正念試著放下基模的想法，用心覺察，每當基模出現的時候，試著保持正念。盡量不要在意該做什麼，只要妳放手去做，療癒自然發生，而且是在覺察的撫慰之下發生。」

接著我建議她開始放下基模：「試試看，如果讓那個照顧別人、慈悲的妳，去和難過、受了傷而且正在消失中的『小小基模』來一段內心對話，看看這樣會不會有所幫助。妳一直在爲妳失去的那個部分而哀悼。」

「我很難過，因爲在我心裡的那位小女孩，是如此努力地想得到愛。」伊莎貝說。

「的確如此，妳可以爲她難過，但是要以慈悲的方式。用妳的慈悲和關懷，告訴另一個『妳』說，要得到愛並不需要以完美作爲條件。安慰她一下。對自己仁慈一些，給自己很多空間和時間，重新調整，在新的環境中安頓下來。這樣就代表相當顯著的轉變了。」

如果我們能夠接受自己的難過、失落或遺憾，不要一再自我安慰或是專注於別的事物來逃避，哀悼痛苦情緒背後的眞正促因，不再是不可能。

以正念哀悼情緒的意義是：允許情緒先被感受到、然後壯大或是產生變化，最後消失。其中沒有眷戀、抗拒、逃避或排斥。就只是體驗當下生起的情緒，然後隨它自然消失。

感覺更自由

認爲從情緒焠煉中可尋求究竟的治療之道，難免有誤導之嫌。事實上，情緒焠煉是持續不斷的歷程，而且進步因人而異。以莎拉爲例，她原本極度恐懼離婚，然而離婚卻成了解脫。她最怕的莫過於遭到遺棄和孤單一人，這就是爲什麼她一直忍受著丈夫的跋扈，害怕稍有閃失，他就會離她而去。但由於莎拉一直努力地克服被遺棄的恐懼，所以當丈夫眞的離開後，她反倒覺得一個人挺不錯的。現在她過著自己想要的生活，和一位男士交往，對方不但很照顧她、關心她，而且把她放在第一位。這次她決定慢慢來，將步調放慢，也慶幸終於找到一位讓她做自己的男人。

而瑪麗安的進步意味她已解放自己，不再受完美主義基模的控制。同時她劃清界線，和蠻橫無理又性好批評的母親保持距離。除此之外，瑪麗安也從美滿的婚姻和家庭生活中，找到了她長久渴望的愛和接納。

傑克的進步，就是不再因爲恐懼孩子不愛他，而對她們有求必應。

雖然每個案例都不同，不過仍看得出一種逐漸重拾的自由，朱利安也不例外。他第一次找我，是在某次團體治療之後，他問我是否能夠繼續接受治療。當時的他才剛經歷了令人難過又一再發作的基模模式。

朱利安四十好幾，未婚。當他遇到中意的女子時，總是展開追求行動。剛開始一切都很順利，但只要到某個時間點，他會隱約發現對方變得冷淡且疏遠，讓他有一種被拒絕的感覺，最後這些關係，總是在他感覺被遺棄時劃上句點。

其中一個事件或許特別能說明他的基模：他和某女士交往了一陣子後，對方突然再也不回他電話。事實上，在他們剛開始交往時，他對她的感覺淡淡的。可是當她再也不回他電話以後，他突然陷入迷戀當中，覺得她就是他的理想對象——雖然他根本不太瞭解她。很明顯地，基模的化學作用，使他老是去追求那些容易引發他遺棄基模的女子。

在治療期間，我目睹朱利安數度經歷以下循環：首先，他心儀的對象都有些「遙不可及」——若非前一段關係尚未結束，要不就是即將搬到另一個城市——而且這些女子通常是感情比較冷淡。每段關係通常持續幾個月，最後以心碎收場。

拜基模火上加油之賜，朱利安的模式，總是圍繞著一種補償性的幻想。對象的遙不可及，再加上「這次會更好」的期望，讓他益發「知其不可而爲之」。「我內心裡那個孤單的小男生」，據他所言，也只有這些不關心他的女人才能再次讓他有被解救的機會。他認爲這些女子和冷淡而疏遠的母親很相像，而他一直得不到母親的愛，就好像母親已經遺棄他了一般。

當那名女子不再回他電話，女子與母親之間的連結就出現了。於是他開始等著她打電話來，他一面等，一面覺察到情緒起伏，不久後他就清楚地回憶起過去：「我好像回到兩歲，睡在小床上哭著要媽媽，可是她根本不理我。這種情形已經持續了四十年，它不只是發生在過去，到現在這兩歲的小孩還在哭泣，而且哭得如此用力，甚至害怕會喘不過氣來。而且他知道自己爲何而哭——爲了這些年來受到的忽視，爲了躺在小床上的孤獨歲月，這些都成了我人生的一部分。」

他終於明白自己爲何迷戀那些對自己不理不睬的女子，而且陷溺之深，彷彿沒有對方便活不下去。於是他開始哀悼痛苦。當他一如往常地感覺受到拒絕時，就會難過得無以復加。有時候，他陷入遺棄基模的恐懼中好幾天，一邊哭泣，一邊爲著現在和年幼失去的愛而悲痛——事實上他根本沒有眞正得到過愛。

由於朱利安經歷過好幾次這樣的惡性循環，所以他對這種模式已經非常熟悉。他花了好幾個月的時間，哀悼他的失落感，同時也獲得精神上的發洩。事過境遷後他說，他似乎把內心的某種東西解放了，現在他能夠以正念的心態，在基模生起的時候，特別運用認知的能力來挑戰過去的想法，而不再抗拒或臣服於剝奪的情緒。

現在，朱利安清楚地知道，當他被自己非常在意的人漠視時，那種受到拒絕的感受引發了被遺棄的恐懼。於是，他利用基模的徵兆和症狀，提醒自己保持正念。當他感覺即將遭到拒絕時，他不再陷入孤單小男孩的驚慌恐懼中，而是提醒自己被遺棄的恐懼已經被引發了。

此外，他再也不把注意力放在恐懼上，而轉爲中立的觀察者，洞悉那些使恐懼加劇的想法和習慣。因爲他已經盡可能哀悼童年的失落，因此基模的想法與習慣便對他起不了多大的作用。他更能保持清醒，並以更多的正念，專注在基模的想法和感受上。

雖然，過去的化學作用依然存在，不過他變得更加小心。現在每當以前的情緒生起，他會想起那孤獨小男孩的需要，將這種感受視爲警訊。因此，他不再像以往一般，被自我摧殘的模式擺佈。

在重新評估了自己的狀況後，他發現孤獨一人並不是件難以忍受的事。事實上，他找到了孤獨的樂趣，而生活的多元化也爲他帶來一種幸福的感覺。現在無論有沒有交往對象，他都一樣喜歡徒步旅行、喜歡在醫院的工作、喜歡閱讀。

再碰到某個曖昧回絕他的女人，讓朱利安又有了沒有她的愛便一無是處的感覺時，他會提醒自己說：「她是個好女人，不過並不適合我。」

從情緒焠煉到心靈焠煉

這是個古老的傳說。從前有一位武士，想尋找一把寶劍，這把寶劍的神奇力量會使他天下無敵。這時候，他偶遇一位年老的智者，對方給了他一些精神戒律，並告訴他如果遵守這些戒律，就會找到他夢寐以求的寶劍。於是，武士持守了好幾年的戒律。有一天，寶劍果眞出現了，但是在他抓住劍鞘的剎那間，戒律突然奏效，他不再關心寶劍究竟能給他什麼力量。

基模治療也是如此。當我們從基模的控制中清醒，基模過去所製造的種種渴望便隨之遠離。於是，我們不再需要像以前一樣不停追尋，而我們的觀點也不再如以往般狹隘。

對那些致力於改變情緒習慣的人來說，旅程可能就此打住，至少在此暫停——如果眞是這樣的話，那麼這一章就成爲基模治療的完結篇。但是對另一些人來說，由於受到心靈層面的修行吸引，所以到此只不過是大規模冒險之旅的首部曲而已。

佛學告訴我們，以正念覺察正視自己的苦，使我們洞悉事物的本質。在這層意義上，基模治療代表深入之旅的起點。

情緒焠煉所著重的，往往是事物呈現在個人生活的相對層面的樣子。而心靈焠煉的方向則直指事物本質。這個較廣層面所接觸的觀點，超越了人們平日對事物的理解。

當然，這兩個層面在任一時刻都能共存。在情緒焠煉的過程中，我們可以將超越的觀點放在心中。其中一種方法，就是一邊挑戰這些控制我們、阻撓眞實存有的個人迷思時，一邊讓慈悲的洞見發生影響力。

只要明性的光穿透妄想，只要我們對情緒模式保持正念的覺察，就能夠透視內心的困惑。情緒焠煉幫忙披荆斬棘，讓人投入更廣闊的境界中。一位病人在參加三個月的正念閉關後，寫了張短箋給我：「我在心理方面所做的努力，最終目的在於學以致用，同時幫助我在閉關時保持平靜。的確，當烏雲散去時，我才能夠穿過它們，達到實修的境界。」

煉金術士期望將鉛變成金子，或是將愚鈍轉變成敏銳的意識。不論前者或後者，所走的路都是一樣的。情緒焠煉算得上是心靈焠煉的必經歷程。

在本書接下來幾章當中可看到，我們截至目前所行過的路途，與心靈焠煉涵蓋的範圍極爲相似。在邁向漸悟的唯一道路上，情緒在每一個階層提供了內在轉變的機會。

整合

覺察情緒模式，讓我們對自己特別執著的事物有所瞭解，其中包括我們特別眷戀和誤解特別深的事物在內。此外，覺察情緒模式，有助於達到心靈焠煉的主要目標——獲得解脫；也能夠更加精確地覺察，究竟哪些情緒模式在煽動我們。

情緒的痛苦是促使我們轉向靈修的原因，因爲靈修能夠深入影響我們對事物的觀感，並且幫助理解心理層面，讓我們更清楚、更客觀地看透自己的制約。這並不是將情緒模式具體化，或是讓自己侷限在情緒模式的框架中，而是和更爲宏觀的自我意識產生更多關連。

不過，即使在禪修和閉關的時候，情緒模式仍會一再重複上演同樣的反應，就好像它們也有自己的生命一般。過去我花了相當長的時間，在密集的禪修閉關中修習。當閉關修習的內容越來越深入，我的覺察跟著越來越細微，這時閉關時的開示就在日常生活中應驗了。這樣的體驗啓發我們，從日常生活中培養覺察力——讓我們擺脫現實生活中的情緒習慣。

雖然我經歷這麼多次的閉關，回到現實生活後，慣性情緒模式還是等著我的歸來。於是，我往往又落入這些現實當中，雖然這些情緒模式似乎變得較不明顯，但畢竟還是存在。

有一次，我和約瑟夫．葛斯汀聊天。他是我的朋友，也是教導我正念的老師，他那時剛從一次為期兩個月的閉關中出來。我問他對此次閉關的感想，他語帶感傷地說：「即使在閉關的時候，這些情緒模式還是繼續產生深遠的影響。」

對我而言，無論是平日還是閉關的時候，將禪修和情緒焠煉整合起來，一直能有效地將適應不良的情緒模式趕走。有些模式曾一度不可收拾，現在卻幾乎難以覺察。我的親身經歷就是見證。

殊途同歸

肯．韋柏（Ken Wilber）等理論家指出，人的成長各自循著不同的發展路徑，包括心靈、情緒、道德、認知等。由於每一條路徑都有各自的規則和成長速度，因此在任何時點上，我們在每一方面的進展，可能會有快慢之別。

舉例來說，有些人在知性、心靈和道德方面可能有長足進步，然而在情緒方面卻有待加強。經常忽略情緒的人，多半假設自己只要在心靈方面有所進展，別的部分就能夠水到渠成。

有一次我和艾力克．貝瑪袞桑（Erik Pema Kunsang）這位極受敬重的藏傳佛教譯者談話，他曾質疑，靈修者是否仍有情緒焠煉的必要。我向他說明，在日常生活中，經常無意識地將一些選擇過濾掉。此外，一些不自覺的情緒反應，往往讓狂怒或恐懼在一瞬間佔滿我們的心，甚至連禪修閉關的時候也不放過。

接著我問道：「你難道不覺得，有一些長期修行者，還是會遇到情緒習慣上的問題，而且還可能妨礙他們從事靈修的能力？」

「確實如此。」他接受旁人的挑戰。

「既然如此，那又爲何不直接在情緒障礙上下功夫，使得它們更容易瓦解？這麼一來，靈修的時候，不是更容易專注在應該專注的事物上面？」

他深思了一下子，然後回答：「兩者其實殊途同歸。」接著他補充說：「『cho』就是藏文的『法』(dharma) 或是『心靈上的開示』(spiritual teaching)，從字面上來講，就是『改變、對治和醫療』，這和『therapy』(治療) 的意義相同，『therapy』這個字的字根是從希臘文來的，意思是『療癒』(heal)。在這層意義上，佛學和心理學的目標並無二致，都是要解脫煩惱對人的束縛。」

這種探究內在的工作，在情緒和心靈的層面上完全銜接得上。換言之，無論是情緒焠煉還是心靈焠煉，我們所面對的情緒其實是一樣的，兩者最大的不同點在於一些枝微末節的部分。從表面上看來，我們將重心放在最明顯的煩惱情緒上面，但是當我們進入心靈的層次後，內心的探究變得越來越細微，所要設法解決的情緒和預設立場也更微妙。

逐漸地，如果下決心勤奮地修習正念禪，覺察力將會更細緻，能夠探查到意識上更精微的地方，同時體驗到更細小的差異。隨著我們向內心深處繼續探測，精確性和明性開始對體驗產生啓發作用。另一方面，持續專注使得覺察力越來越敏銳，致使我們不再受困於最初情緒的反彈，甚或過度在想法或情緒的細節上作文章，而專注在心性的本質上。這種覺察力的轉向，就如同冰塊在溫水中融化一般；心性的頑固習性消散在眞性的宏觀覺察中。

掌握兩種觀點

我認爲，無論自心理抑或心靈著手，都具有解脫心性的獨特力量，不論這解脫是相對的，還是絕對的。雖然本書的前三部分，主要利用正念加強心理學上的觀點來解決情緒的問題，不過最後一部分卻要從心靈的有利點上進行情緒焠煉的工作。

在整合情緒焠煉和靈修的過程中，我發現，考慮表面上的眞實以及事情眞正的本質這兩個面向，極具澄清的效果。在相對的層次上，我們的生命陷入了上百種相互競逐、起伏不定的念頭和情緒，這些念頭和情緒，似乎都在爲我們定義一個眞理。但是，存在於這些事物背後的卻是眞正的本質，也就是不受障礙和煩惱所困的心性——這是每個人都可能擁有的。

當我們探查心性本質，可以將它視作意識的連續，從觀念上的相對實相，延伸經過更細微的認知和直觀，最後超越純粹的概念，達到智慧，也就是與生俱來的本質。

將這些面向銘記在心，可讓人如實接受自己人性的一面而不被情緒所困。取得這種平衡狀態，在釐清慣性情緒模式並從中解脫之際，更是不可或缺。

這兩種觀點幫助我瞭解心靈和心理如何整合、相得益彰，並讓我想起茱蒂·考林斯（Judy Collins）的歌詞，說到「同時看到雲的兩側」。也就是說，我們可以站在主觀認知的眞相的制高點上觀察心性的陰霾，而同時也可以保有超越當下種種限制的宏觀覺察角度。

雖然，心靈和心理的觀點之間相差一百八十度，不過兩者卻能相互增長，增強彼此的力量。兩者各有一套完整的體系和目的，以及各自遵守的法則。不過，如果兩者能兼容並蓄，將容許我們建構一條通往內心的解脫之路。

困惑可以被轉化成爲智慧。但「智慧」是什麼呢？無論從相對還是絕對層次審視，智慧都能產生發人深省的洞見。同時從外表和眞實面來認知事物，日常的經驗便成爲獲得智慧的機會。

新的意義和實相都需要焠煉方可獲得。對內心交戰和困惑做出智慧的反思，使我們更能接受情緒變化的自然步調。

在面對難以處理的情緒，特別是面對根深柢固的模式時，一定要瞭解如何體驗和詮釋情緒，並以同理心看待情緒的象徵意義。一旦這個敏感、脆弱的部分理解了模式背後的意義，我們便逐漸能夠接納其他觀點，並確實瞭解到我們對情緒的詮釋是如何扭曲了觀點和情緒反應。

體諒情緒的邏輯並非絕對遵從理性，讓人更能理解與接納。這種敏感度對於理解他人的弱點、體諒他人而不陷入對方的反應中，有一定的幫助。當我們稍事停頓，反省自己有哪些情緒上的偏見，慈悲就跟著產生了。一旦慈悲使我們脫離了個人偏見，我們將有更多能力幫助他人滿足需要。

如果想將靈修融入情緒焠煉之中……

你可以利用每天禪修的時刻，趁機修補自己主要的基模。在禪修即將結束的時候，如果你感到寧靜而清醒，就花個幾分鐘的時間，清楚而肯定地祈求，同時反省祈求中的意義。

祈請文的內容，和「第二章」有關傳統佛教的慈愛禪修相同：「願我平安、幸福快樂、健康、遠離痛苦。願我得解脫。」根據這基本的版本，你可以衍生出個人化的祈請：首先，想想在你一生之中，曾經對你伸出援手的人，然後是你自己，然後是某個你在意的人，然後是你很難以相處的人，最後是一切眾生。

在心中默默重複祈請文，依序說出祝福。比如說，當你為所愛的人祝福時，你一面默唸「願我所愛的人平安」，然後一面觀想那些人的樣子。然後，為那些難相處的人重複一遍祈請文。最後，為虛空的一切祈請，也就是祝福八方眾生：「願眾生平安、幸福快樂……」

有位女士由於童年時期遭到性虐待，造成她的不信任和缺乏安全感。於是，她在閉關的時候做了慈愛的修習。她說：「這是我有生以來第一次產生安全感。」現在，她每天都特意做慈愛的修習。

你也可以稍加變化，修改慈愛的祈請內容，幫助你修補自己的基模。你祝福自己和他人，都獲得對治基模情緒方法。對孤立基模來說，祝福的內容可能是「得到接納」；對易受傷害基模來說則是「安全」；剝奪基模，則是「受到關心和照顧」；至於遺棄基模，可能是「即使孤獨一人，仍然感到百分之百的安全感」。

舉例來說，有位病人將祈請文稍事修改，將完美主義基模的對治法涵蓋進去。每天當她即將結束正念禪修時，她會花幾分鐘祈禱：

願我如實地被接納。

願我脫離批評和自我責難。

願我平安、幸福快樂、遠離痛苦。

願我得解脫。

當然，她也同樣祝福幫助過她的人、她愛的人、難相處的人，以及虛空中的一切眾生。

這方法對每種基模都能奏效。比如說，對不被愛基模來說，祝福的內容可以是「如實地被瞭解與被愛」；對於剝奪基模，是「受到關心和體諒」；對控制基模而言，祝福可以是「自由地表達我眞正的需要」；對易受傷害基模則是「感到安全與庇護」；最後，遺棄基模需要的是「即使靠一己之力，仍然感到堅強和安全」。

傳統上，慈愛的修習是一種喚醒慈悲的方法。因此，第三步就是修改祝福內容，以滿足他人在基模上的需要，同時祝福對方能解除基模帶來的痛苦。覺察到對方的基模時，你可以藉由這個練習，祝福他們獲得修補基模所需的條件。想想他們在情緒上有多脆弱，然後眞誠祝福他們早日脫離基模的束縛。

第四部　進階——心靈與知覺的修鍊

16 知覺的轉換

當你看見奔流的小溪、狂亂迴旋的暴風雨雲，或是鋸齒般的閃電時，一定會覺得自然界混沌一片。但是，混沌理論學家發現，在錯綜複雜的大自然中，隱然存在著某種秩序，這些無法以肉眼觀察的模式，在看似亂無章法的混沌之中，顯現出井然有序的平衡狀態。

這些看不見的模式一再上演，從最小的原子到細胞，從細胞到生物體，再從生物體到整個生態系統。比方說，凹凸不平的河床輪廓看似雜亂無章，但是外形卻是大自然無數次洗禮的傑作，就像分叉的枝椏，或是人體內的神經分枝一般。

地質學說明有關地形形成的經過——土壤和岩石的組成，風和水的侵蝕力量，以及地球板塊移動時，劈開地表或引起火山爆發的碰撞點（collision point）等等。不過，當我們試圖解釋規模較大的模式，這類微觀的觀察卻難解人們心中的疑惑，例如，不論大小，河川系統似乎總依循某種相同的模式產生支流。

答案必須從全新的視野取得，也就是利用雷射技術的攝影鏡頭將視野擴大，同時運用影像設備，以極細微的解析度從衛星上將地貌呈現出來。這宏觀的瞭望所顯現出的，是隱藏在河流流域中的迷陣和層層山巒的蝕刻。

一個簡單的準則，就足以說明「電」是如何流過複雜的線路，以及水道是如何經年累月蝕刻出地形——大自然通常選取阻力最小的途徑。從涓涓的小河到蜿蜒的大三角洲，無不遵循著這個律則。這種隱性秩序形成整個河川流域，同時也決定了山巒的蝕刻形狀。但是一直等到衛星照相儀器將一切呈現出來，上述準則才漸爲人知。

在談到心性和心靈中的混亂時，內在的解脫之道爲我們打開視野——正念就像照相儀器重新對焦，讓我們重新認知自我本質看似亂無章法的力量。這種知覺轉換，讓我們從更宏觀的角度看待事物，包括隱藏的模式、微妙的因果關係，以及困惑中探查不到的一切事物。知覺轉換使人們領悟到「執著」導致痛苦，也使生活中的選擇益發稀少。

當我們看到內在的混沌當中也暗藏了模式時，這時候所有混亂且棘手的處境，都變得出乎意料地井然有序。研究混沌理論的數學家麥可・邦斯力（Michael Barnsley）說，能夠知覺到這些隱藏模式即表示：「你甘願冒險拋開從小對於雲、森林、冰河、花朵和水流的印象，因爲你再也不會用相同方式詮釋它們了。」

宇宙的秩序具有獨特的目的，這目的並非你我所能想像。自然界的隱藏結構利用它瞬息萬變的特性，趁著我們改變知覺角度或觀察方式時，讓我們獲得憾動固有習慣、但卻深具教育意義的體驗。在認知隱藏的實相之後，我們便能夠拋卻對於自然秩序和自我認知的狹隘見解。

雖然，自然界之中存在無窮無盡的模式，但是當模式崩壞、變質、變化，這些大自然的傑作中，仍存在著某種讓人咄咄稱奇的成份。人的本性也是如此。我們可能有些先入爲主的觀念和假設，但是當正念深入轉換成仔細而持久的專注時，我們便體會到另一個心性層次。

量子的比喻

我們的知覺器官（例如視線範圍）有其侷限。想到海洋生物時，多數人會想到魚或是海豹等人類肉眼可觀察的東西，殊不知超過百分之九十的海中生物都小到無法用肉眼看見。當我們從鏡中注視自我的時候，壓根也沒想到頭髮上以及毛孔中竟然還有上百萬的微生物和小東西——幸好我們看不見！

我們怎麼看，就怎麼見。「如果將物品放大，立體平面就會變成一片廣闊的空間，周圍則是亂七八糟的電子。」柯爾（K. C. Cole）寫道：「當你將鏡頭放大或縮小時，世界看起來先是單純，然後複雜，然後再度單純。從很遠很遠的地方看到的地球只是一個藍色小點。靠近一點的時候，會看到氣象分佈的狀態和海洋。再近一點，看到人類。再近一點，全部的東西都看不見了。然後，你又回到一切事物的內在景觀——幾乎盡是虛空。」

教導正念的傑克．科恩菲爾德（Jack Kornfield）針對人的心性也有相似的見解：「如果你有辦法讓心極度專一，就像在禪修時一樣，那麼你將看到世界被分解成一個個細小的景觀和知覺、聲音和知覺、思想和知覺。房子、車子、人，甚至自我都沒有了。你看到的盡是被你體會到的意識粒子。」

不過，如果繼續深入，他說：「意識就像是波浪、海、洋。現在它不再是粒子。相反地，每個景象和聲音都被涵蓋在浩瀚的意識中。如果從這個觀點看來，『粒子』的概念根本就不存在。」

想想看事物的存有方式可不可能產生一種次序，一種潛藏的模式。再想想我們的知覺方式，往往掩蔽了隱藏的秩序。在探查情緒反應的時候，一靠近觀察，便會發現基模正利用我們困惑的當下發揮作用。因此，我們如何認知混沌是其中的關鍵。

現在，在心靈的範疇中，讓我們更深入地探索心性的模式和目的。佛學觀點認爲，人們感受到更多細微的差別時，對於「我是誰」的觀點會有所轉變。萬事皆會變。內在的模式或型態快速地分解、改變。雖然找不到一個可稱爲「自我」的固定模式，但是，我們確知有一連串的模式，不斷地從生起到改變、從改變到瓦解。

雖然從七〇年代起，我就一直接受這方面的教誨，而且至今我仍持續地研習和修行，但我不敢以教授佛法者自居。我對佛教教誨和實修的理解是，不管是將正念運用到情緒習慣，還是用來理解心性本質，佛學的理論和實修對生命的助益相當驚人的。

情緒焠煉在心理層面上發揮作用，但是心靈焠煉則帶領我們進入內心深處，如此我們才能夠從更細微的煩惱中解脫。因此，我願在此與各位分享一些心得，來自我過去的自修、和佛學老師討論、閱讀佛學著述以及達賴喇嘛及其他大師的開示。這一切的善緣啓發我，讓我融會貫通並獲得更深的領會。

如果要將開示付諸行動，你需要向外尋求其他的奧援，同時對佛教傳承的出處做一番通盤的理解。無論如何，我想在這裡和大家分享開示，期望能拋磚引玉。

思維中的間隙

還記得多年以前的某一天，我正在學習騎馬。當時我原本騎得好好的，可是我的馬突然受到驚嚇，它舉起前腳，將我從馬背上摔了下來——時間變得越來越慢，我有一種奇怪的輕鬆感，好像是脫離了肉體一般。我平靜地看著自己的軀體從馬鞍上被彈起，像是弓形一般的穿過空中，然後在即將碰到地面的時候，身體突然偏向一邊，我的右臀首先觸地，接著是頭部。我仔細看著自我從冰冷堅硬的地面上起身，接著再跳上馬背。

在那些時刻，我的心是靜止的。它似乎完全沒有思考我所經驗的一切，因爲經驗就只是經驗。直到馬術教練關切地跑過來問我：「妳還好嗎？」我才突然想到不知自己有沒有受傷。接著，一連串的念頭雜沓而來：我的臀部好痛。如果我沒把騎馬的頭蓋戴上，我現在恐怕已經不在了——這就是所謂的「回到馬背上……」

這般最初沒有念頭的狀態，呼應我以前聽人提起，在突然遭受驚嚇時，例如車禍或是某位探險家遭獅子攻擊、劫後餘生，達到一種高度專注、平靜且無爲的心性狀態。生物學家說，這是腦部面對極度驚嚇產生的自發式反作用力，也是生物用來適應生死交關狀況的能力。這類回應的特徵是一連串思維之中的間隙。

這種間隙不只具有心理學上的意義，在靈修中也有存在的價值。從佛學的觀點來說，《西藏生死書》（*The Tibetan Book of the Dead*）將之描述爲「中陰」（bardo）現象。中陰意指「介於其中」（in-between），也就是死後的過渡階段。根據書上所言，中陰是靈魂覺醒的絕佳機會，因爲死亡的痛苦經驗，破除了人們平日的習性以及認知與反應的模式。也就是說人在這個階段處於沒有立足點的狀態。

然而，如果我們接受未知而不抗拒，並如實看待心智投射而不做任何反應，接受未知事物的眞實存在樣子，就有機會獲得清明的覺察。這種覺察有別於心智習慣和受制約蒙蔽的狀態。很多藏傳佛教的修行，目的在幫助人們安然度過中陰，這些法門教人保持平靜，或是停駐於純然覺醒的時刻。有些西藏法門刻意讓人擺脫慣性模式和執著，好讓他們接受自然而開放的覺察。

另有一種說法，則是將「中陰」比喻爲生命中令人震撼的混亂時刻、快速的轉變及失落所提供的機會——一言以蔽之，就是人們不知所措的時刻。這類機會，類似我從馬背上摔下來的情況，用力把我們從基模的魔咒中搖醒，不再沈溺於執著的認同。

如同詹姆士·戈力克（James Gleick）對物理世界的觀察：「失去平衡也是有目的。」只要能破除心性習慣，在不受任何心智軌跡的制約之下，就接觸得到覺察的特質，即便是驚鴻一瞥。

破除心性習慣意味著活在當下，不受任何習慣的束縛。當我們平日所認同的「自我」不再存在，便能夠如實觀察這些習慣。這就好像氣球充了氣，本身卻是空心的。如果少了我們所充的氣，氣球就洩氣了。

無可避免地，舊習慣還會再度囂張，因爲它們在人心中擁有巨大生命力。但是，假使我們開放心胸並維持正念，能夠放鬆心情，甚至讓心停在那兒休息一下，那麼這些心智習慣將失去特有的實體和魅力，與我們受制於基模時全然不同。我們觀察得到心智習慣的成住生滅，皆爲「因果」的力量，就像是心中的「風滾草」（tumble-weeds）一般，隨風滾動。

突如其來的震撼

某些靈修讓人們認知思路間的間隙。比如說，禪宗就常講到頓悟。禪宗公案就是把心安置在間隙中，設法解決那些不能以邏輯解答的問題。如果一再探討這些問題，慣性思考模式自然會枯竭。由於正常邏輯不再適用，往往引導人們突然「開悟」（satori），倏呼之間體驗到思維的間隙。

開悟不見得在禪修的時候發生。向智尊者認爲：「開悟經常發生在不同的場合——看見一場森林大火、跌倒摔了一跤、突如其來的震撼。」

人們也可能用良性方式從惰性中獲得解脫——看到自然之美的喜悅之情，或是眞誠的愛與慈悲，甚至全神專注當下一刻，也可能開悟。如果在這種狀況下開悟，那麼這時可能是創造力極爲豐富的時刻。威廉・西格爾（William Segal）是個九十多歲的畫家，他將一切事物本有的光明面，帶到畫作當中。感知光明的瞬間，西格爾說，是透過偉大藝術家、作曲家、詩人等充滿靈氣的作品。但是，想要得見光明面，需要轉變認知，也就是擺脫我們平日看待事物的方式。

「我們平日就像處在睡眠狀態且隨波逐流，在這些平常事物之外的經驗眞是乏善可陳。」西格爾解釋。然而他的畫風要求觀者以全新的方式觀察，也就是敏銳專注在當下的體驗中：「因此，要求自我活在此時此地並維持專注，似乎將掩蓋光明的烏雲給驅散了。」換言之，訣竅在於：「全心專注在此時此刻。」接著西格爾補充說：「隨著累積越多的覺醒，你會看見另一個世界……你會看到該走的路。關鍵，就在修行。」

馴服心中的猴子

傳統佛教將人的心性狀態比喻成一隻活蹦亂跳的猴子，這隻猴子沒有一刻是專心的，它靜不下來，老是動來動去。在還來不及完全體驗當下之前，便又趕到下一件事情上去了。風馳電掣般的心，一直不停地用雜亂無章的奇想、回憶、幻想、白日夢等，將思維的間隙塡補起來。因此就某種意義上，讓心不再喃喃自語、同時空出間隙，可說是初始的覺醒，又稱爲「小型解脫」。

在佛教修行中，有些訓練覺察的法門從維持這樣的初始覺醒開始，然後逐漸將覺察保持在開放且不執著的狀態。這項修行無須仰賴從天而降的好運來脫離陳年的心性軌跡，才能體驗開放的覺察。

如果持之以恆，心性的訓練終將使我們在不受干擾的情況下全神貫注，而「日常干擾」便是在心性中種下基模魔咒的元兇。換句話說，如果破除心智習慣的咒語，就有可能直接觸及實相。

上述的見解引領我進入佛教教義中心理學的部分，佛學主張，使人們因更多洞見而覺醒，並不只是不同凡響的震撼而已。佛學透過心性訓練，有系統地教導人們從經驗中發掘眞理。的確，因爲突如其來的震撼而掉入間隙之中，相當近似於進階禪修時自然生起的洞見。

佛學家史提夫・古德曼（Steve Goodman）說，有了正念的果實：「漸漸人們在被混亂迷惑並著迷於眩目經驗本身之際擁有的『瞬間』會越來越多，伴隨著開闊而非抽象的愉悅享受，感受到內心的光明面，且不受任何事物的迷惑和操控。」

在心還來不及精心構築事物的表象前，瞥見事物的實相（體驗思維間隙的時刻），並非將這類經驗變成存在經驗裡的常態。但是如果認眞修行這瞬間的光明覺察，它將會超越短暫的認知火花，最後到達開悟的境界。全然的安定帶來眞正解脫，驚鴻一瞥只不過是開拓了繼續走下去的可能性。

錯誤的表象

佛學強烈批判人們眼中的實相。從佛教觀點看，所謂的「實相」都只是各種幻覺而已。我們眼中的事物是相對而非眞實而絕對的。一般來說，心中生起的念頭和認知、希望和恐懼、白日夢和回憶等都只是不連續的片段，就好像由液狀馬賽克組成的構成物，在心中飄來盪去。

佛學主張，心只掌握到事物的表象，而不是實相。無論是高尚的知性思維、家裡雞毛蒜皮的瑣事，或是隨機的白日夢和回憶，種種念頭和情緒，都製造了某種潛意識裡的鳴響。心智不斷製造出的喃喃自語，將事物表象拼湊起來，使我們看不清眞實狀況——也就是開闊而光明的覺察。

爲瞭解心性是如何建構出表象的事物，我們得回到本書前面提到的緣起論。別忘了這項描述和心性有關，即最基本的因果關係。一開始時，感官接觸到圖象或聲音等刺激。接下來的連節便大幅度地從感官到認知，從念頭和感受跳到渴望和執著，最後到意圖和行動。

當我們用正念對治基模，關鍵在於將意圖和行動間的連鎖打破。將連結斬斷便獲得更多自由，不再受情緒習慣的支配。然而佛學卻建議在更早的階段就將連結斬斷，如此可能帶來更大的解脫。

要想達到這一點，必須對連鎖反應做更精確的分析，這項分析的重點在於最初的感官來源、分類、命名，以及在感官四周隨時都可能形成的反應。佛教心理學將「知覺」當作某種接收的形式，也就是如實地接受事物。「概念」是人爲造作的成果，加諸於我們對回憶、聯想、情緒的扭曲知覺上，而這全都是過去的制約所造成。

認知科學的主張大同小異。當腦部最先註記感官取得的資訊時，這項資料是以物理波的形式進入神經系統。舉例來說，在看到顏色鮮豔的鸚鵡時，這些物理波最先遇到的是海馬體，它將物理波翻譯成神經語言，然後隨著物理波來來去去，爆出一些電子活動。於是鸚鵡的信號，散佈到腦部各處的大片網絡。接著，代表式樣、顏色、形狀、位置、動作等特點的信號便開始接受分析。

在短短百萬分之一秒內，這些不同的元素全部集中起來，成爲單一知覺，接著腦部尋找過去記憶並在知覺上標記，如「顏色鮮豔的鸚鵡」。一旦將圖象註記起來後，各種相關的聯想和情緒反應會隨之而來，就好像一節節火車廂被火車頭拖曳一樣，情緒和念頭沿著軌道嘎嘎地快活行進著。此時的我們是愉快的，徐徐接近這隻鸚鵡以便盡情觀賞。到此爲止，一切沒事。

不過，佛學對這一連串心智活動的看法有別於科學。佛教認爲，連串的念頭和感受會使人誤入歧途而看不清實相，因而進入由表象構成的虛僞世界中。概念是心所創造的，是心智的通則，建構在先入爲主的觀念上，因此概念欠缺原始知覺的豐富性與細節。

因此，當知覺對象被貼上概念的標籤時——如一團華麗色彩的飛行動物叫「鸚鵡」——我們便與物體的實相脫節了。事實上，我們被引誘進入一個浮光掠影的世界，全是我們對外在事物的想法，包括了觀點和感受，也就是對這些事物的幻想和錯覺。

「事實上，我們早已決定應該採取順從、違逆，或是不聞不問的反應。」卓揚創巴仁波切（Chogyam Trungap）提到「感覺和認知的層級制度」（bureaucracy of feeling and perception），也就是聯想和心智習慣的軌跡。心性的層級制度，自動爲感知的事物貼上標籤，例如「美」或「醜」，「生疏」或「熟悉」，「無聊」或「有趣」等等。整個過程建構在個人對實相的解釋上，從這裡開始，實相變得越來越複雜，因爲這當中還包括「心」對事物的推測和詮釋。不幸的是，推測和詮釋卻是根據偏見而產生，並訴諸標記這動作以取代親身體驗。於是，卓揚創巴仁波切補充說道：「人的好惡完全取決於過去經驗。」

從佛教心理學的觀點看來，這些心智習慣說明人的苦與樂是由充斥著焦慮想法和情緒等錯覺的世界所造成。佛教觀點率直地指出：「大部分時間，我們所感知的都是幻覺，而不是實相。」耶喜喇嘛在《做自己的治療專家》（*Becoming Your Own Therapist*）說：「當然我們看得到感官世界，迷人的形體、炫麗的色彩、齒頰留香的滋味等；但是我們並沒有從這當中確切領悟到形體、顏色和味道的眞正本質。因此，我們的認知錯誤地處理五官所提供的訊息，然後再將錯誤訊息傳遞給心，然後心在訊息的影響下做出反應。」結果是：「人們大部分的時間處在幻覺之中，看不見事物的眞正本質。」

佛教心理學的究竟觀點是：「在一般人的心性中，」羅登·格西（Geshe Rabten）說：「唯一眞實的心智知覺，發生在極其短促的瞬間，介於感官知覺之後、概念形成之前。」也就是覺察的間隙。

打開內心的空間

在電影《駭客任務》（*The Matrix*）描繪的世界中，人類的肉體一動不動地躺在繭殼裡，腦部則充塞著外界的虛擬實境，逼眞得令人嘆爲觀止，即使這一切都是幻覺。雖然被困在繭殼當中，但是電影中的人物卻做著同一個夢，以此取代每天眞實的生活。從佛學的觀點，這有趣的比喻適足反映人類的眞實狀況——活在夢幻般的虛擬實境卻渾然不覺。

佛學提出徹底的解脫之道，幫助人們脫離由慣性想法和情緒所創造的幻覺世界。這條解脫之道，完全推翻了一般人對世界的理解。人們爲了要認清一切——如實地認知事物——必須將「知覺」和「概念」之間的連結斷斷。這個斷裂發生在感官接觸到知覺對象之後，與心智習慣將各種感知分裝進陳舊的念頭和情緒小格子之前。

由此可知，如果能夠在間隙的瞬間從心中挪出一塊空間，等於在原始知覺和頑固的慣性想法及情緒間取得平衡。假如我們能夠暫時放下心智習慣和情緒習慣——即使是一刻也好——那麼心性在這瞬間的間隙，將能夠產生觀照。一旦覺察到，慣性的心智反應在一瞬間將空隙填滿，並再次展現神奇的一面時，我們便得以再一次探查心性更細微的作用。

因此，心本是以無形的機制認知實相，突然在覺察的光明下一覽無遺：我們並沒有被《綠野仙蹤》裡歐茲巫師的吼聲給嚇到，相反地，我們知道布幕背後有個小矮人正對著麥克風咆哮。這項事實暴露了那雙塑造世界的魔手，同時也讓我們藉此以全新眼光探索情緒反應和念頭的最基本元素。

我們往往將慣性想法和情緒反應照單全收，將之視爲經驗中必然的部分。然而，在最微妙的層次上探查心性，足以釐清情緒與念頭的產生，是由我們對感覺的最初反應而來。

假如我們在感知的間隙——介於感知和概念的須臾之間——保持正念，就可以選擇應該以舊有習慣、扭曲的幻覺的角度理解事物，還是隨順事物的本然面目，而不帶任何強制的概念和反應。佛教所稱的「勝義諦」（ultimate truth）（譯註：是指諸法實相，也就是「空性」，正因爲是絕對眞理，故名之），其中的關鍵點是直接感知，不受概念所蒙蔽，直接接觸經驗本身。

在較細微的層次上將連鎖打斷，意味在看待「心」的方式上產生劇烈變動。這個變動重新描述了慣性概念、感受和反應，這些都曾經受到適應不良基模所影響。在這層意義上，如果我們在盲目而愉快的情形下中了基模的魔咒，即使一些無害的想法和反應方式都會成爲內心的監獄。雖然如此，瞭解事物眞相的機會還是無所不在。

我的師父之一，確吉寧瑪仁波切（Chokyi Nyima Rinpoche），說明心中的微妙「詛咒」：「每一瞬間的念頭，都存在著習慣和情緒：喜歡或執著、不喜歡或厭惡，甚至不喜不惡的想法也是如此——因爲「不想探查」代表著心胸閉塞或單調。每一瞬間的念頭，都存在這三種形式的細微情緒。『業』（karma）就是從這些喜歡、厭惡、不喜不惡的細微習慣而來，也是一切煩惱的種子。」

由此可知，佛教主張造成煩惱的根本原因就是心智習慣。在日常生活的層面上，業——因果的律則——來自西藏經文中所指的「固著的貪欲和執著」。這種僵化的模式又叫「心智模式」，或稱爲「煩惱障和所知障」（emotional and cognitive obscurations），亦即心所傾向的重複思想和感受模式。

我們越頻繁地重複一種心智模式，它就會與我們越來越契合。由此可知，這些心智模式正是業的種子。因此，想要邁向解脫之道，超越我們的業，先要脫離心中那條最常走的道路——牢不可破的深刻心智軌跡。

解構自我

佛學將「雲」視爲「幻象」的最佳比喻。雲看似實在而不透明，然而實際上其中百分之九九點九都是空的。雲裡面低密度的小水滴，好像一顆顆球形的鏡子，足以將光線反射到四處，人的肉眼因此將這一塊濃密的物體看成「固體」的雲。

同樣地，佛教也認爲心中錯綜複雜的因果，交織形成「自我」的樣貌。「自我」(the self) 或「我執」(the ego) 在西方心理學之中佔有一席之地，但在佛學中卻非如此。

心理醫師馬克・艾普斯坦 (Mark Epstein) 認爲：「佛教的義理並不在於成就更高的自我。相反地，佛學揭露眞實存在卻不爲人承認的事實——自我是虛幻的。」經過對佛教修行的仔細探討後，艾普斯坦提出「自我崩解」之說。這觀點認爲：「只有想法，而沒有想的人。」

佛教主張，人們眼中的「自我」其實和別的事物一樣，一旦近距離觀察，就會被分解成一個個元素。「最後終歸一件事實，那就是經驗『看起來』是由組成經驗的因素所合成。」確吉寧瑪說道。知覺的連鎖，在我們將感知的事物貼上標籤時，達到頂點，而這個連鎖「似乎」是實質存在且眞實的——只要不要太仔細探查就沒事。

這個道理特別適用在自我的觀點上。我們接受的「自我」，是由因緣和合而成，而非獨立存在的個體。這就好像是種植物一樣：首先需要一顆基因健全的種子，再加上水、養分、陽光。當這些因素產生互動後，便長成一株植物。但是，這株植物也可以被解析成以上個別的組成元素。

自我也是如此。佛教心理學告訴我們，自我是心性在每個瞬間，接受外界訊號和反應的作用而成。換言之，知覺、感受、思考等自發習慣就像積木一樣，堆成了最基本、但是虛幻的「自我」觀點。

關於這種幻覺的另一個面相，可以從身份（identity）講起。比如說，當我們看見草地的時候，實際上是看見一片片草葉的組合，然而我們卻將它視爲草地。事實上，要將集合體稱爲草地需要很多單獨的葉片，而不只是一片，或是一些而已。同樣地，「自我」是人們賦予心智組成體的身份，而這些單獨的成分本身，沒有一樣能夠被稱爲「自我」。如同喬・卡巴金提出，自我的觀念等同於混沌理論所稱的『奇異吸子』（strange attractor），這種模式將秩序具體地表現出來，但仍舊可能隨時失序。模式絕不會自我重複。每次看起來，樣子都不太一樣。」

自我是一切問題的根源

我們忽視了知覺的間隙及其開放的覺察，而將原始認知貼上標籤，據此做出反應，「自我」的概念便形成了。對知覺的印象，如同認知科學所言，等於是心性中的構造體。但是這個心智的創造物卻使我們迷惑。我們不僅看不清迷惑都是自我所造成，而且也不明白自我所建構的概念讓我們越陷越深，直到對這個創造物做出一連串命定的反應。總而言之，心對我們的投射和構造物做出反應時，把一切太過當成實質的存在，而非接受它們原本的面貌。

心在「心智建築物」的頂端創造了極其複雜的東西：「我」的概念，即自我的觀念。心在這構造物中，將多項要素綁在一塊兒，包括：否定弱點、選擇性記憶、將自我放在事件中心，然後編織一張念頭的網絡，用以再次確認我們對世界的看法。

最後我們犯了一個「身份上」的錯誤。由於心誤將「自我」當作實體，導致我們完全不記得心最初是如何把自我建立起來。然而根據佛教的分析，被建構的自我不外是習慣和性向的集合，而沒有一個單獨的身份存在。「自我」就好像植物，是由相互依存的元素所構成；又好像雲，不過顯示了一個幻象罷了。

如果沒有感官、知覺、記憶、想法等複雜裝置製造各種詮釋和意義，那麼「自我」的組織將會崩壞瓦解。雖然，我們的心將自我視爲實質存在、由現時經驗串成的脈絡，但是一旦靠近一點——透過正念的眼鏡仔細觀看——顯現出的心性是由不連續的傾向和事件集合而成。然而，我們卻一直被製造幻影的魔咒所迷惑，就好像受到催眠，因而忘卻自我其實是由脆弱而且似是而非的東西建構而成。

由於佛教告訴我們，「我執」（譯註：對自我概念的執著）是苦因。因此，「自我」的慣性知覺方式便値得一探究竟。耶喜喇嘛說：「自我誤以爲『我』是獨立、不朽、固有地存在著。事實上，你所相信的『我』並不存在，自我是心智的概念，也是人工的構成物。」

這個精闢見解，是以持續敏銳的正念觀察自我經驗而來。敏銳的觀察力終將使想法、形象、記憶、幻想、情緒、感覺，以及漂浮經過的知覺對象等獲得「自主權」，就好像經驗的片段按照各自計畫進行。自我或「我」的觀念幾乎無法控制經驗片段，而是從無數急馳而過的想法中生成而來。

瞭解基模或情緒習慣，或任何其他稱呼，不過是瞭解心有哪些慣性制約的方法之一。我們可以把基模看成是不具實體，就像雲一樣的空洞而虛幻，形成而後變化，最後揮發在虛空之中。

如果「苦」肇因於我執，一位偉大的禪師警惕世人說：「自我是一切問題的根源。」一位正在進行爲期三個月閉關的病人，寫了一張紙條給我：「我深刻而執拗的制約出現了——全是一些對自己的反感，有時候一大坨黏在心裡。但是，當放下的時刻來臨時，想要獲得解脫的意願就變得更強。能夠在心裡騰出一塊空間，眞是天賜的恩寵。唯有如此，一切念頭才能回復眞正的本質。其中的訣竅是學習如何放下、接受、保持柔軟。」

我們不必將這些慣性模式具體化，也無須用以界定自我，甚至加以認同，反而鞏固了「自我」意識，確認自己的慣性模式是「眞實的」。同時，學習觀察及反應，還有助對於理解心性習慣。

將自我用在有益的地方

達賴喇嘛指出，在相對層次上，傳統的自我觀念確實存在。但在靈修上，用「自我」增強自信並爲自己打氣則有相當裨益。他建議奉行佛法的人，應該堅信「自我」的空性是究竟的觀念，同時承認自我的存在是相對的。

西方心理學常說，每個人都需要堅強的自我。但是從佛學的觀點，人們需要的卻是堅定的信心。達賴喇嘛警告世人小心「負面我執」（negative ego），也就是只關心個人私慾是否達成。負面我執的起因，來自相信自我具獨立、實體的身份。而「自信」可以是有益的，因爲自信可以作爲心靈的媒介。例如，將自信和利他的動機結合，可達到爲眾生服務的目的。

更進一步來說，從經驗中瞭解空性（emptiness）或無我（selflessness），便能夠放下自我中心的執著，也就是只從自我的角度看待事物的態度。當我們放下以自我爲中心的認知，便能給予他人更多關注，因爲將緊抓不放的自我放鬆後，自然能容納更多的同理心。

有位朋友的幼子在玩耍時從高處掉下，頭部受了重傷。當這男孩緊急送醫時已經進入昏迷狀態，由於傷勢嚴重，我朋友甚至無法確定兒子是否能夠逃過這一劫，或是完全康復。經過電腦斷層掃瞄後，醫生向我朋友保證，他兒子一定有恢復認知能力的機會。這個消息讓他著實鬆了口氣。

意外發生之後，他試著在兒子耳邊念書給他聽，卻驚訝地發現他毫無反應，特別是比起受傷前他對事物的熱衷和興趣，相差甚遠。「今昔相比，我覺得他眞的在快速退化當中。」我朋友說：「我的心想到未來他可能的情況，恐懼先是使我茫然若失，接著便讓我深陷痛苦之中。」

由於朋友的禪修經驗相當豐富，他覺察到自己的心已經被絕望佔據，而：「絕望帶來的震撼使我開始修行。」於是，他決定修習慈愛。首先他在心裡默默祝福每位病童——不只是他兒子——都康復、快樂、免於痛苦。接著不只是病童，而是醫院中所有病人。然後不只是醫院，而是整個城市，最後是全世界。

當他安靜地進行以上修行，黑暗遠離了，取而代之的是光明的感受以及遍照四方的慈悲，不只是對他兒子，而且是對所有苦難中的人們。雖然他對未來仍沒有把握，但是他告訴我，他覺得他的心境產生了深刻的轉變。

我問他：「你覺得是什麼改變了？」他立刻答道：「我的自我離開了。我不再只關心『我的』苦、『我的』兒子、『我的』經驗。當然，我還是希望兒子一切安好，但是從那時候起，我覺得自我足以應付任何即將發生的事。」

當自我騰出空間給空性，慈悲於是生起。這並不代表我們不能再有個人的意見、需要或對事物的感受，只是不必再受它們擺佈。我們可以用更多的平等心去看待生活。簡言之，存有變得很輕鬆——因爲在個人情緒、觀點和慾望的背後，存有的只是空而已。

達賴喇嘛舉例說，在他獲頒諾貝爾和平獎那次典禮之後的記者會上，他感到一股存有的輕鬆。當時，一大群攝影師互相推擠，想要佔據最佳攝影角度，到處都是電視台的工作人員，而記者則是大聲吼叫，希望他聽到他們的問題。畢竟這一切對任何人來說，都可說是無上榮耀。而當第一個問題問道：「您對於贏得諾貝爾獎有何感想？」

達賴喇嘛說：「我很高興。」沈思了一下又補充道：「我爲那些希望我得獎的朋友高興。」

17 探索意識的深度

令人目眩神迷的色彩正在加勒比海上閃爍著：寶藍、草綠色，再加上斑斑的銀色水光。如果你潛入水中，會見到更多好玩的東西：彩虹般的巨大珊瑚、色彩斑爛的鸚鵡魚成群游來游去，如霓虹燈般閃亮耀眼。如果潛得再深一點，會發現在洶湧的波濤下面，極目卻是廣闊空盪的寂靜。

我們的心和情緒亦復如是。如果以探查式的覺察向下探索，突破心的表象所含的種種假設和習慣，則將發覺表象下的不安和焦慮。情緒的深度會帶來極度不安，就像海洋中危險的退潮一樣。但是再深入一點，你將見到寂靜和廣大無邊的寬闊明性。

用探查式覺察表現正念，讓我們得以深入探索內心世界，我們會發現，情緒焠煉對於以正念探查慣性情緒模式有很大的幫助，而一般的探查只是就所見所聞進行思考和分析。雖然能夠這麼做總比完全不做好，然而從佛教觀點來說，努力在概念上深究，永遠無法讓我們窺見實相的全貌。

佛教的教法提供另一種探查的模式。雖然這種模式的旨意並非試圖超越被概念和想法侷限的探究方式，然而這種非概念式的探查——也就是單純理解的覺察——使我們更深入認識自性。

心靈焠煉的第一步，是藉由正念探查的特質影響慣性心智模式。我們可以挑戰比基模背後的扭曲思想更細緻的假設。換句話說，在探查煩惱情緒的根源時，「自我」的觀念便成為問題重點。情緒焠煉能夠緩和嚴重的情緒障礙，減輕這些障礙的影響力。在心靈焠煉中我們向前一步，將探究對象轉向心性本身。

表面的眞實以及眞實

佛陀即將涅槃時，對阿難陀——他最親近的門徒——開示：「做你們自己的火炬。」（譯按：佛陀涅槃前，阿難陀問弟子今後應以誰為師？佛陀說：「應該以戒律為師。」後來又說了以上這句話。當中完全沒有迷信的成份。）這句忠告成為千古名言：人們應該為自己尋找眞理，而不該盲目地聽信權威者的話。我們不能盲信，而應該運用探查的方式發掘眞實的自性，也就是說如果除去建構的「自我」和一般知覺所構成的假像，那麼「我」究竟是誰？

這樣的探查使我們超越外表，探索事物的眞實面。有一個古老的故事談到表象和實相：某人以為見到蛇於是拔腿就跑，但是仔細一瞧，卻發現只是一捲繩子而已。至於現代版的寓言則是：我們看一部電影並陶醉在情節中，渾然忘我，就像沈睡中的人為夢境著迷。經過精確的探查，電影顯現的實相便可分解成了底片透過鏡頭反射的光，將每秒二十四個連續的靜止影像投射到銀幕上。

佛學區分出兩種層次的相對眞理：事物在扭曲認知下的表象（當我們受到基模掌控時），以及正確認知下的事物（也就是當我們擺脫基模時領悟到的事物樣貌）。不過，就算是較爲正確的認知，從佛教角度來看，仍然只是相對的眞理。佛學教導人們，想要領悟事物的究竟意義，必須對於心如何創造自我的實相有更細微的理解。

在相對的空間中，探查的心態能夠區分對事物外表的錯覺，像是，蛇、電影、基模，以及事物的正確樣貌。不過，其他的探查法超越相對的理解，而是從究竟的觀點接觸事物的眞實面。這時，正念所專注的，不再只是扭曲的認知和適應不良的習慣，而是開始探索意識的作用究竟爲何。

在這較爲廣泛的探索上，佛學提出很多探查和分析法。比方說，探查的形式，可以是一種西藏的法門，通常被翻譯成「邏輯」，但比較接近「眞理科學」或如泰錫杜仁波切（Tai Situ Rinpoche）所解釋，就只是「進階的常識」。從某個意義上來說，這種方式與挑戰扭曲的基模信念所使用的邏輯頗爲雷同，只不過，現在將這些挑戰運用在最爲基本的假設，藉此消弭不盡完美的領悟和覺察產生的扭曲狀況。

在西藏心性開示的傳承中還有另一個層次，被稱爲覺察的「認知特質」（cognizant quality），也就是心性純然的領悟力。這種領悟特質全程依循意識的完整連續體，從概念的作用開始，到不帶偏見且較細微的探究模式，最後達到心性超越一切概念時所擁有的空性和明性。

這個領悟心性本質的層次，能夠幫助我們脫離想法和情緒的不安狀態，到達寬廣而寧靜的內心深處。

打破的杯子

有位朋友向達賴喇嘛坦承，死亡的恐懼長期困擾著她，尤其是害怕親人會突然死去。這不只是瞬間即逝的念頭，對她而言，死亡的恐懼已經近乎著魔的狀態。

達賴喇嘛仔細聆聽並同情地點頭。這時候，我可以感受到他們之間融洽的關係，以及喇嘛對她的同理心。於是，她因爲喇嘛溫暖的關愛而得到安慰。

他專注地聽完我這位朋友描述對死亡的恐懼，然後對她說：「常常想到死亡其實是一件好事。」

師父的答覆出人意表。因爲基本上——至少在美國文化中——人類的社會本能通常叫人無須爲此太過擔心。但是達賴喇嘛所省思的，是佛學的核心觀點：人們應該反省事物的無常以及生命稍縱即逝的事實。這種省思能夠帶來心靈成長。譬如說，如果對於從不懷疑的「永恆」概念進行探查，將有助於面對生命中隨時可能發生的變化，因爲沒有一個人願意和珍愛的事物分離，包括愛人、私有財產、寶貴的信仰，還有生命。

對每個人來說，承受變化和失落不但困難，而且令人痛苦。變化和失落使人們必須調整個人需求，並爲失去的事物哀悼。既然生活的變化在所難免，每個人遲早都會遭遇變化和失落的痛苦。從佛學的觀點反省這些可能的狀況，幫助人面對殘酷事實，並以平等心適應困境。

當然，改變有時候也能帶來可喜的慰藉。無常也不必然代表失落的悲哀。舉例來說，認清疾病和痛苦只是過渡狀態，便可得到慰藉。因此，別忘了提醒自己這一切都會過去。

不過，有句古老的禪話頭說：「這杯子已經破了。」這個觀點非常實用，值得銘記在心：凡事皆會改變，「永恆」並不存在。換言之，現在的杯子是完整的，但總有一天會破。我們也可以將這種態度用在自己身上。總有一天，上述的法則會適用於每個人。雖然，我們可能長命百歲，然一旦生命走到盡頭，那麼平日習慣省思改變的必然性，幫助我們準備、逐漸接受生命無可避免的終結。當我們將「人生無常」銘記在心以後，將會激起認眞過日子的危機感。

反省生命的無常也就是藏傳佛教「轉化心性」(mind changings) 的方法之一。就如同克服基模必須挑戰偏見，因爲偏見使基模壯大。在佛道中，我們用類似的態度，質問神聖且不容置疑的假設。

這一點事實上也就是轉化心性的目的：推翻那些肯定我們平常存有方式的習慣性假設。當我們捨棄對事物的舊看法，便能夠接受新觀點。因此，全盤質疑激發我們重新評估對實相的認知及心性作用。

「我只要維持現狀就很好了。」這種心態具有先天性的限制，因爲這句話假定我們已經遇到生命中所有可能發生的情況。四種轉化心性法的第一種，便是「人身難得」，人生提供我們機會來一趟心靈之旅，發掘如何爲生命注入嶄新的意義和目的。

假設活到八、九十歲是件令人寬慰的事，我們會有充裕的時間，完成生命中想做的事情

——不過，這假設可能是對的，也可能是錯的。因此，第二個轉化心性的方法是挑戰「永恆」的謬誤，亦即「苦空無常」。

「做什麼都沒影響」的假設使人陷入無明之中。如我們所知，一再重複的行爲或態度終將形成固著的習慣，進而限制我們的自由，因此只得不斷重蹈覆轍。

轉化心性的第三點「因果業力」，是承認生命中因果律的力量。我們要爲自己的念頭和行爲負責，因爲這些後果眞實不虛。

最後，有一種心態是不相信痛苦遲早會降臨，即使現在的一切都很順遂。也就是說，轉化心性的第四點「觀受是苦」承認，生命終究會帶來痛苦。

在這些反省之下，我們更瞭解存有的普遍事實：諸法無常，看似堅實而持久的物體，在仔細觀察之下將崩壞瓦解，最後成爲經年流動無常。沒有一種感官體驗會讓人永遠滿足，因爲這一切都會結束。帶給我們最大滿足的，是放下期待和恐懼，而非執著。對自然律則的反省，啓發人們轉向靈修，以求依歸。

顚覆事物的正常秩序

徹底轉變讓我們看見事物的眞實樣貌。這種重新觀察的體驗發生在我某次看畫展時。克勞岱·莫內（Claude Monet）的印象派風景畫全部放在同一間陳列室裡供人一次觀賞。在美術館裡，我用新的觀點觀賞莫內名畫。我以前曾經觀賞過莫內畫作，包括草地上的乾草堆或荷花池，但那些都類似靜止的浮光掠影。但是，這裡集合了他對每個主題的所有畫作，所以看到的是一連串同系列的畫，就好像電影一樣。

莫內在一天中的不同時間，或在一年中的不同季節裡，以相同的風景作爲繪畫的題材。雖然乍看之下，同一系列的每一幅畫好像大同小異，但是當我凝視完一幅畫再轉到第二幅的時候，顯現出的卻是光影的細微移動，這移動是以流暢的色彩變化表現，就好像日出到日落呈現出不同的色調。正當物體輪廓邊緣因爲光線變化而顯得柔和之際，明快簡約的線條漸次變暗。莫內掌握了「無常」的強烈美學。他的畫作是對變化的凝視。

佛學點出，人的心性不斷流動。從知覺當中出現的一切——我們的想法和情緒、眼見、耳聞、鼻嗅、舌嚐（譯註：即佛教所指的「五蘊」，眼、耳、鼻、舌、身、意）——都是由複雜的因果律所造成，而且是處在恆常變動的狀態。

無常的道理衍生出「空性」的概念。我們的知覺對象都不具個別身份，然而心卻賦予它們固定的實體（entities）。

認爲事物固定不變，也就等於做了一種認知上的假設：我們將錯誤的標籤，貼在一個由因果生滅，不斷變動的總和體（aggregation）之上。我們之所以沒有覺察到這一點，是因爲眼中的自己、別人和任何客體，都存在於一個有限的時間範圍內。這就好像我們以爲現在看到的浮光掠影，代表它們以前是如此，而以後也將會一樣。如果你過一陣子再回頭看，會發現形狀已經改變了。莫內展現在人們眼前的乾草堆，與任何東西都一樣隨時在變化，即使改變的速度很緩慢，不被肉眼和心眼察覺。

生物學對於人體的解釋也異曲同工。我們體內的一般細胞，通常大約一百天就會死亡，而每一秒鐘就有二百五十萬個紅血球細胞生出來，同時也有相同數目死去。在每一瞬間，生與死同時在人體中發生。

因此，任何東西的成形都只能被當作曇花一現的事件——一次生與死的循環。當然，生與死之間的「一現」變化得非常劇烈，對地質學來說，它代表的可能是山巒的生成與消滅，可能要花上幾百萬年的時間。對一株巨大的紅木，「一現」可能是一、兩千年。但是，如果我們觀察萬事萬物時用對了時間單位，會發現所有實體都是無常的。唯一不變的，就是「改變」本身。

用探查式覺察觀察心性作用，也可以從中領略無常的道理。當我們用正念洞察一切時，可看到每一瞬間都有生與死在進行著。約瑟夫・葛斯汀說得好：「我們發現，身和心的一切想法、感受、情緒、感官都是暫時的，因為它們不停地在變動……可看到每個部分都有不斷變化的本質。我們可體驗卻不必認同，將它們看作過渡的現象，會生起，會消滅，不屬於任何人。」

事物以「動詞」的狀態存在

每位物理學家都曉得，所有物體都可以被分解成各個組成分子，每個分子再被分解成原子，每個原子再被分解成能量更小的粒子。但這只不過是複雜因果的開始。

「物理學上的混沌，嚴格說來指的是不可預測性，也就是幾乎無法預測什麼『因』會造成什麼『果』，也無法推論在某個『果』背後是什麼『因』。」一位物理學家這樣告訴我。「不過，每一個果都有因。」他補充道：「然而因果關係非常微妙複雜，就算是最精密的電腦也無法弄懂因果關係，並據此做出預測。混沌理論從一個原本無法預測的物理系統，擷取出可預測的模式，並且讓物理學家在有限度的情況下，瞭解物理世界的因果關係，無須爲了通盤瞭解而費盡心力。」

每一種科學，都想要理解主宰物理世界的因果律。佛學將因果律引導至另一個方向，也就是兼顧物質和精神的境界，承認一切都是從錯綜複雜的因果當中發生，而且無法離開因果律而單獨存在。

「當你用精神的力量，對事物的組成加以分析。」達賴喇嘛解釋：「你會領悟到，事物的存有是依靠其他因素形成。因此，沒有一件事物擁有與生俱來（intrinsic）的獨立身份。」當我們將生命視爲滄海一粟時，我們的觀點便發生了巨大轉變。就好比我哥哥曾做的比喻：「像沙子一般，被捲進時間的漩渦中，不停打轉。」

如果一切看似獨立存在的實體，實際上卻是茫茫因果律中的一粒沙，那麼，佛教告訴我們，所有獨立存在的本質都是「空」。這就好像看見鏡中的自己一樣——影像「看似」存在，然而它的存在只是因爲肉眼接收到光在玻璃上的投射所致。

當然，從傳統的觀點來說，事物是相對存在的。但是從究竟的意義上，事物只是因果律從空性中片面創造的幻影。因此，事物的存在是「動詞」——如同過程；而不是「名詞」——固定的實體。

水中的氣泡

無論是一滴雨露，還是綿延的山巒，每一件事物產生之後，終究會改變、消失。沒有事物是永恆的。西藏語的「無常」，確吉寧瑪仁波切說，意謂著：「會腐壞、短暫、過渡，就像水中的氣泡一樣。佛陀說，當人們注視水中的氣泡時，那氣泡看似在那兒，就好像實際存在的樣子，但是到了下一刻卻不見了。一切事物都是如此。每一剎那都在改變。」

確吉寧瑪又舉了一個瓶子的例子，這個例子則比較難解：「對不認眞思考無常的人來說，瓶子從被製造出來，直到破掉，都好像是永恆的。但是如果有人仔細檢驗的話，會發現瓶子每一瞬間都在改變。瓶子上的顏色會變淡，會變成古董，但這都不是一蹴可及，而是經過一刻又一刻累積而成。」

佛教師父鼓勵人對自己做相同的檢驗。知性上的探究是個很好的開始。但是，如果理解層次只停留在知性上面的話，檢驗與否的差別可能不大。爲此之故，達賴喇嘛提出，想要對無常的眞理有深刻的體驗，需要親身洞悉自己的經驗，而不只是聽聽道理。親身的理解「需要慢慢地、一步步精進。」他補充：「因爲想要抓住無常的偏執念頭，已經深深地鐫刻在意識當中。」因爲心性有如此頑固的習性：「只是一次觀照並不足以驅散，深入洞察需要漫長過程。」

無常的眞理，在某些藏密的儀式中象徵著無比的力量，這些儀式需要利用五顏六色的沙子，建構成一座精緻複雜的「壇城」(mandala)。壇城在數天或數個星期的儀式中廣泛使用到。在修法圓滿的儀式中，壇城隨即被掃進棕色的塵土堆中，然後帶到河邊丟棄。將一度如此美麗的東西丟掉，提醒世人每個經驗都是短暫的，如果執著不放，總有一天會因幻滅感到失望。

從相對慈悲到絕對慈悲

用如此深奧的方式改變心性，引領我們進入一個更寬廣的空間，挑戰令人困惑的心智習慣。在藏傳佛教中，挑戰的模式是一種特殊的修心法門。

有關藏密的修心傳承，談的是兩種互補的修行法門：「方便」(method)和「智慧」(wisdom)。方便所指的是一種全方位的修行，目的在幫助人們變得更坦然、誠實、有信心和慈悲。廣義的解釋是，只要任何法門使人接近認知事物的原本樣貌——不管是經由治療，或是藉助靈修——都被歸類爲方便。

同樣地，「相對慈悲」指的是能降低不安情緒，從「我執」轉向「利他」的法門。「第二章」所說的慈愛禪修，也是相對慈悲的法門。另外，像是專注於呼吸的集中禪修也屬於這類，因爲這種修行法門往往能讓心平靜下來，抑制不安的情緒，使心胸更寬大，不衝動，並且更關心他人的需要。

藏傳佛教中，很多法門的目的也是培養相對慈悲，包括：利他的培養、功德迴向、累積福德，以及隨喜等等。

這些法門爲探索更深奧眞理奠定重要的基礎：也就是培養所謂的絕對慈悲，此時方便讓智慧主導一切。雖然，專注於心性或培養慈悲心的禪修，用意都是良善的，但如果慣性模式仍在心中作祟，光是寧靜或利他卻不夠。只要這些習慣依然佔優勢，我們只看得見事物的表象，而非事物的本質。

認清事物必須將心性中的障蔽物除去。修心的主要目的，在於去除兩種主要障礙——「所知障」，細微的念頭及構成念頭的假設；以及「煩惱障」，也就是對於內心所感知的一切所做的自發式反應。方便和慈悲兩種法門，就像專注和慈愛的培養一般，能夠去除煩惱障，而智慧法門則是除去較細微的所知障。

任何能夠瓦解煩惱障和所知障的修行法門，確吉寧瑪認爲：「就是眞正的修心法門。」

當困惑萌生智慧　有一段很有名的詩歌，是由偉大的西藏聖者岡波巴（Gampopa）所著，這段詩歌將修心之道歸納爲以下：

願吾心向正法
願吾修法成道
願道澄清困惑
願困惑萌生智慧

「願吾心向正法」指得是稍早提到的轉化心性，也就是人們調整事情優先順序的能力，讓修行——佛法或開示——成爲啓發和生活導師。「願吾修法成道」的意義是，只是能夠洞悉重要事物並不足夠。「願道澄清困惑」是指在修習中，不帶任何心智或情緒習慣的成見，並且期望從中獲得解脫。

從實修觀點，以上三句指得是去除煩惱障的修行法門。明顯且可以立即辨認的不安情緒，可以藉由修靜而緩和，或是趨於緩和。這些法門讓心靜下來，以便用正向心態面對外界事物，同時遠離個人偏見。修行的效果讓情緒更穩定、更有信心、更慈悲。

不過，轉化心性的關鍵在於「願困惑萌生智慧」。這裡所指的修行法門有助於去除更棘手的所知障，也是「無明」的根源。所知障包括：對於實相的無稽觀念或假設，或是扭曲的認知方式。總而言之，唯有瓦解煩惱障和所知障，我們的認知才會更清晰，而且心也才能夠顯現本質。

任何達到上述目的的法門都被歸類爲「智慧法門」，同屬於某種特殊的洞察，又名「內觀」（vipassana）。vipassana 是巴利文（藏文是 vipashyana），在西方世界經常有人引用到。不同的佛教教派對於「觀」的修行會有些微差異。儘管如此，「修心」即是脫離平日的心智和情緒習慣，最後安住在警醒覺察的智慧上。

這兩種修心的層次反映在發心。發心在相對層次上培養慈悲心，便是祈求自己或他人解脫痛苦。而如果發心培養絕對慈悲，便希望認清實相，同時也喚醒他人認識實相的潛力。

有一些經文用「冰」和「水」爲例，說明相對到絕對的轉變，以及對應的慈悲特質的變化。凡人的心像冰，許多乖戾的想法和假設都環繞著對自我或「我」的執著。然而心靈焠煉使得冰逐漸融化，直到所有頑固的概念性習慣不復存在爲止，最後只留下晶瑩剔透的水。從某個角度來看，冰轉化成了水，但從另一個角度看，「心念流」(mind-stream)並沒有變，只不過是越來越不固執，而且越來越接近實相。

相對慈悲的溫暖，足以融化心智的冥頑不靈。越是「無我」——不論是藉由利他的慈悲舉動或發慈悲願——就越能夠認識心的空性。一旦推翻「分別心」，人們將不再執著於自我。

澄清困惑　佛教主張，慈悲的能力和心性的清淨度成正比。如果心不安定，就沒辦法爲他人解除痛苦。因此，發願減輕他人痛苦之前，必須先發願培養自身的智慧，用明性取代困惑。

當我們停止用慣常的方式知覺事物，心中的困惑將頓時煙消雲散。藏文中的「些勒」(sherab)便是用以盡除困惑的「探究的悟性」(inquiring intelligence)(譯按：「些勒」又譯爲「般若」)。

由於心性的這項本領，又被稱爲「內心的老師」，也就是利用生活經驗了悟一切事物本質而非事物表象的能力。探究的悟性讓概念上的心——懂得思考、分類和推理的心——超越自己。佛教說，本質的體驗存在於一般的思考和感受之外。因此，從概念到非概念的過程，象徵正念修行的關鍵性轉變。

如果想透過扭曲的思想和情緒，或是思想和情緒的偏差假設過濾認知事物，是完全無法獲得探究的悟性。探究的悟性希望瞭解「思考和感覺主體的本質」，而不只是經由蒙蔽的慣性思考和感受，瞭解人生意義並以此滿足。

因此，透過正念探查以後，人們可以直接破除最頑強的習慣以及思考和情緒的傾向，包括將事物表象錯認爲實相。探查的特質相較於習慣，恰恰相反。如果對任何事物都照單全收而不質疑，那麼就無異於過著機械般的生活，任由制約來決定如何瞭解、如何解釋、如何感受以及如何反應。然而，探查的心將我們喚醒，使我們脫離習慣的軌跡，進而領悟。

進行粗略的探查時，往往因爲情緒習慣從中作梗而無法產生觀照。然而仔細探究，那麼智慧將使觀照的層面超越細微的煩惱障和所知障。心的自然領悟特質就像聚光燈，照亮知覺的對象，並且賦予心領悟和理解的能力。心的自然領悟特質引導人們到達目的地，同時淨化意識，繼而理解心的本質。「耶喜」(yeshe) 或智慧，是理解事物本質的不變眞理，在蜂擁而至的想法和感受歸於平靜，謬誤的假設逐漸沈澱之後，依舊存在。「耶喜」就像萬里晴空一般，至於「些勒」或探究的悟性則是將遮蔽心智的陰霾一掃而空。

重重陰霾

在所有遮蔽心的陰霾當中，其中一些最厚重的雲層盤旋在情緒周圍，當雲層靠近基模時，就演變爲暴風雨。藏傳佛教告訴我們，苦惱也可能是心靈獲得觀照的契機。不過正確的觀照方法缺一不可。

整個程序是從心理學上的探查開始。「當你產生負面心性的時候，」耶喜喇嘛建議：「你應該更仔細地檢驗。」方法是藉由一連串的問題挑戰你做的假設。他建議的方法，和運用正念對治基模發作有異曲同工之妙：「不要急著用別的事使自己分心。相反地，放輕鬆並覺察你自己的行爲。問自己爲什麼要這麼做？行爲的表現方式？原因何在？」

不過，他提出的解答，卻達到比對治基模時的層次更爲細緻。如果理解的是事物的表象，表示我們沒能深入事物本質，因此，耶喜喇嘛便進一步分析，那些困在心性習慣中的人，一旦瞭解心對世界的認知，會發覺自己執著的其實只是感官世界。據他所言，人們「過分關心不存在的未來發生什麼事，反而對當下渾然不覺」。簡單說，人「只是爲主觀的投射而活」。

正念足以抗衡情緒習慣的壯大。每當心中生起負面情緒，正念便以探查式的覺察發揮影響力。佛教認爲，與其讓情緒盲目控制慣性行爲，探查式覺察更爲可取。

確吉寧瑪仁波切將慣性傾向的細微軌跡，比喻爲空的香水瓶中所殘留的餘味。也就是說，即使心智軌跡難以辨識，但是力量仍不容小覷。確吉寧瑪說：「慣性傾向意味一種自發的力量或能量。由於這些傾向的緣故，氣惱和憤怒往往輕易地自然發生，只要出現目標對象，就會演變成不可收拾。」

從絕對的觀點來說，正面和負面情緒都隱藏「業的種子」，「業」是習性，能夠加深情緒軌跡並使慣性越來越強。照這樣看來，一切情緒都必須經過正念仔細察看，就像想法和其他反應一樣。因此探究範圍必須擴大，以涵蓋心性的作用。

細微探查：三毒

瞭解細微探查的最好方法，便是回溯情緒產生的原因。當感官接觸到物體並產生知覺，接下來便是反應：對物體的感受——是喜歡、厭惡、還是不喜不惡？

在做出判斷後，情緒接著產生，例如：貪愛和執著、厭惡或敵意、冷酷或不關心等。由於有害的情緒終歸這三種反應，因此佛教把它們稱爲「三毒」（Three Poisons）（譯按：三毒係指貪、嗔、癡）。

嚴格說起來，情緒並非因知覺的事物而起。不管什麼東西擺在眼前，「讓我們產生情緒的，是對這些事物表象的喜歡或厭惡。」確吉寧瑪說。正如地洛巴（Tilopa）所說：「束縛你的並不是知覺的事物，而是執著。『喜歡』是細微的執著。當喜歡越來越強烈，就變成了貪求或渴望。至於『厭惡』則是另一種細微形式，最後則將演變爲憤怒。」而憤怒仍然是執著的一種。

通常對於情緒整體的覺察力，要高過複雜而細緻的喜歡、厭惡、不喜不惡。如果不稍加控制的話，小小的煩惱在心裡將滋長成大大的憤怒。但是，正念的探查力量連細微的層次都不放過，並追蹤憤怒這種激烈情緒的源頭。因此，當心對於最初認知做出「不喜歡」的反應時，會立即爲我們所覺察。以「基模反應」爲例，探查式覺察能夠追溯，心究竟是在什麼時刻將「厭惡」標記下來的。

如果放任反應情緒而不詳加覺察，呈現出來的便是重大的情緒，依個人的習慣模式顯現特定的細節。但是，無論情緒最終是以何種形式表現，都無法跳脫三種主要反應（譯按：即喜歡、厭惡、不喜不惡）的範圍。因此如果正念覺察不在此介入的話，這些將全部成爲激發強烈情緒的種子。

依據緣起論的講法，「執著」起於接觸的剎那，也就是眼睛或耳朵首先覺察到感知的事物開始，然後感受或認知才緊接而來。佛家思想認爲，瞭解以上的順序，有助分析第二諦和第三諦（譯按：即「苦諦」和「滅諦」），也就是苦因和苦的止息。

如果沒有從接觸的第一時間就持守正念，不消幾時馬上會對認知事物產生渴求或執著。但是正統佛教思想建議，平等心的覺察，可避免因爲對認知的事物產生的情緒反應而瞬間形成執著。用平等心覺察認知的事物，將不再有執著，而制約的連鎖也就被斬斷。

一旦連鎖被斬斷，我們就不再受制於不經覺察的的喜歡、厭惡、不喜不惡，而此三者正是煩惱的根源。於是，我們可以用平等心看待事物的自然狀態卻不期待改變。一言以蔽之，就是不再執著於好惡。

如果想修習探查式覺察……

你可以用正念對治執著。這種比較細微層次的正念，在閉關的時候比較容易做到，因爲你將有機會提升正念的穩定性，並且精確探查這類細緻的特質，讓你在強化覺察的同時建立平等心，讓你從緊抓不放的執著中獲得較多自由。

修行正念的時候，試著體驗並仔細觀察自己感知事物時的一連串反應。當你看、聽或感受，你的心會有何反應？你能不能探知執著或偏好的傾向，喜歡或不喜歡所感知的事物？

緣起論認爲這是轉捩點，因爲心必須在慣性軌跡和超脫執著之間選擇其一。這時，以上的觀察帶給你的啓示將是：無論是執著於期望、恐懼或是體驗到的愉快和不愉快，都將使心性受到蒙蔽。

18 痛苦的再思維

在納粹統治的黑暗時期，有位名叫維克多．法蘭可（Viktor Frankl）的教師被拘禁在集中營裡。當時營中同伴們大多已經聽天由命，但仍舊盡量控制自己的心境。當法蘭可寫到那段令人絕望的日子時，他回憶起多數囚犯最後都不再懷抱任何希望。但是他不一樣。他專心一意地想著總有一天要將這有如惡夢般的經驗，透過演講和文字公諸於世。

從悲慘的處境中發掘意義，產生了一些效用．鼓勵法蘭可繼續奮鬥，使他的心充滿活力，心靈保持完整的狀態。他因爲存活下來，可利用演講和寫作與世人分享經驗達四十年之久，此外他還創辦一所心理治療學校，發揚從痛苦中發掘意義並以此轉化痛苦的理念。

在重新思維自己的痛苦時，法蘭可提出一個發人深省的觀點，也就是以宏觀的覺察來處理不幸的遭遇。我們每個人都有一套自己的辦法，應付生活中遭遇的橫逆，同時我們也需要尊重自己的需求、脾氣和生活步調。我提出反省，作爲探索的方式之一，而不是應付痛苦的靈丹妙藥，因此我不會假設自己曉得面對逆境的時候該怎麼做，因爲在逆境中奮鬥是生命的一部分。

我一面探究，一面對堅忍不拔的勇氣感到好奇，因爲勇氣使某些人戰勝逆境，即使身處痛苦難當的情況，他們依舊能夠從中獲得觀照並生起慈悲心。人們似乎會運用某種與生俱來的特質來度過難關，但是首先必須先相信自己具有天賦的智慧，那是心內的羅盤，在痛苦和悲傷中指引方向。

但是，以上觀點並非出自否認或減輕實際承受的痛苦。有時與痛苦搏鬥令人難以忍受，以致於只希望趕快脫離苦海。但上面的觀點容許我們，甚至是鼓勵我們，確信自己知道何時該動、何時該靜、瞭解倒楣的爲什麼是自己，以及如何用最有智慧、最體貼和有教養的方式回應。

有時我們該給自己一些時間，有時也需要信得過的人給予支持和關懷，有時要花點時間對自己或他人宣洩痛苦，甚至有時需要尋求對療癒有幫助的觀點和修行法門。總而言之，我們都可以用自己的方式，回應生命中的困境。

無論是不是禪修者，正念所加強的勇氣、韌性、耐力等並不會有所區別。修行正念的目的在培養並加深這些與生俱來的特質。正如圖古桑德師父所說：「力量和助緣來自自心。因此只要將心打開，我們對自身所擁有的內在力量將感到訝異。」

爲什麼走上靈修之道？

好幾年前，我曾經和一位優秀的治療師共事一段時間。雖然她對佛學不甚瞭解，卻尊重我對修行的興趣和投入，並且認同我運用修行來澄清混沌不明的情緒。有一天，我和她談到自己童年的一些失落，以及我一路走來的經歷。她注視著我，用那天生的洞察力說道：「妳好像已經領悟無常的道理了。」

她的話直指我的內心。她承認我童年遭遇的失落不僅使我哀傷和痛苦，也滋生更深刻的洞見，引領我走向靈修之路。

很多學佛的人都說過類似的話語。在某種意義上，求助於修行可能是適應痛苦的方法之一，無論這痛苦來自情緒的困惑、身體疼痛或失落感。

還記得我養了二十年的愛貓即將死去的時候，我面臨被遺棄的恐懼。人們對寵物的愛戀實在驚人。在某些方面來說，我已經料到接受現實很困難，遺棄基模使得任何失落都可能造成嚴重的後果。

當時我恐懼痛失所愛而掙扎，感覺自己隨時都有可能遭到遺棄，使得情況雪上加霜。我從牠還是隻小貓就開始養牠了，養了二十年，可以想見一朝失去，將會是何等難以承受。因此，當獸醫說：「牠只剩幾個禮拜可活了。」這種被遺棄的跡象往往使我想要逃避，急切地想將感情從貓兒身上抽離，這正是遺棄基模的典型反應，目的是為了逃避失落之苦。

然而，我回想當時，自己既不向恐懼低頭，也不逃避，而是在貓兒臨死前夕與牠更加親近。接下來好幾個禮拜，我只要一有空便會陪在牠身邊。

就這樣，我無視擔心失去所愛的恐懼感，依舊與牠親近，結果改變了一些事情。我以前總是假設失去親人必定令人痛苦難當，而今這假設卻受到質疑。

最後，我的貓無力到只能轉動頭部。在我們相處的最後幾小時裡，我告訴牠，牠對我有多麼重要，我會非常懷念牠，並且一直愛牠。後來的幾天，雖然牠一動也不能動，但仍以安定而專注的眼神表達牠對我的愛意。

有天夜裡，我將牠放下，站起身準備就寢。臨上床前，我又去向牠道晚安，當我拍牠的背部時，牠原本背對著我，但後來轉過身來面對著我，這是這麼多天來的第一次。牠才喵了幾聲，我就曉得牠要我抱牠。

我把牠從枕頭上抱起，緊緊摟在懷中。接著牠連嘆三口氣以後，就走了。我感覺牠的神識如電波般穿過牠的軀體，然後在吐出最後一口氣時脫離。目睹一隻多年來抱在懷中的長毛貓瞬間成爲空洞的身軀，失去生命力，這景象使我驚嘆不已。

我若有所思地靜靜坐著。無常既非高調，也不是抽象的概念，而是活生生的體驗。佛教義理頓時鮮活地驗證。沒有一個自我是堅固而永恆的。相反地，自我只是一連串變動的經驗模式。

因爲我在即將失去貓咪的時候，感受與牠更爲親近，於是我們之間形成一種超越肉體生命的聯繫。即使在這般恐懼和難過的時刻，我仍感受得到心中的愛。

轉化逆境

達賴喇嘛指出，回應痛苦的方式有兩種：「一種是不去管它，另一種是正視痛苦並以覺察滲透它。」靈修者對痛苦的最佳回應方式，喇嘛補充：「就是體驗痛苦，而不能靠逃避解決。」如果我們換一種方式體驗不愉快的事物，不再抗拒痛苦，而是近距離觀察，就不會爲了抗拒痛苦，而使痛苦變本加厲。

不過，要做到這一點並不容易。我記得有人曾經請教達賴喇嘛，體驗極度的痛苦究竟有沒有好處，能不能使人更加慈悲。

他的回答是：「當然，那是一定的。」但是他接著提出警告，痛苦有可能只會導致絕望和沮喪而已。「如果我們陷入痛苦中，感到沮喪和無力，反而會使痛苦加劇。」但是，當痛苦結合了他所謂的「善巧方便」(skillful means)，那麼從「有益的內在環境」看來，痛苦反而有助於產生更多勇氣。

「有益的內在環境」這項觀念值得留意，因爲它所指的是人們應該培養的心性能力。第一種是專注力，也就是敏銳的專一，使心平靜而不再蠢蠢欲動；第二種是調適力，也就是一種韌性，讓我們坦然回應且不落俗套，不因思想的理路受到壓抑而限制自己；其他還包括忍耐和信賴，亦即接受自己無法掌控的事物；最後是平等心，它不同於麻木不仁或冷酷無情，而是將心安住在持平的態度上，不受好惡的影響。

一位老喇嘛在西藏被佔領以後，被關在中國的集中營裡，熬了十七個年頭。後來他娓娓道出被監禁的經過，他說到那段期間所受的苦，有時幾乎難以自已。但是，他說即使身陷囹圄，他仍舊擁有內心的自由。換言之，他們雖然控制了他的身體，就如同法蘭可一樣，卻無法禁錮他的心靈。

如何看待逆境是自己的選擇，除了自己沒別的人能置喙。同樣地，心的韌性足以解除基模制約。別人的行爲隨他去，然而我們對行爲的回應以及受到哪些影響，都是可以改變的。心的彈性和韌性是「有益的內在環境」之一，這些特質都可藉由正念培養。

人類心靈的偉大天賦之一便是轉化痛苦，使得逆境成爲自我覺醒的動力。不要因困惑或絕望而懷憂喪志，而是藉此機會瞭解，自己有權選擇，拒絕受到困惑或絕望的影響，在面臨逆境時，並非全然地束手無策。

當然，做到這一點並不容易。身陷痛苦的時候，可能難以將痛苦視爲轉化的機會。即使如此，智慧依然存在，讓我們放下平日對待事物的方式，以及狹隘的自我認知。雖然我們不可能改變生命中混亂的狀況，但是我們能夠改變看待這些事物的方式。

面對自己的基模和煩惱，可說是內心的一大挑戰，尤其當心的混沌狀態顯得難以控制，無法從中理出頭緒之時。但即使完全摸不著頭緒，只要記得在困惑中安住於正念，就像在驚濤駭浪下，發現了平靜的大海。我們也許仍舊不知該怎麼辦，但至少找到了內心的避難所。

一位擔任心理治療師的朋友告訴我，有位病人從禪修當中找到了心靈的依歸。她的生活一團混亂，無論是健康、感情生活或是孩子，無一不是問題重重，但她卻發現一個安靜的庇護所，在那裡可以完全不受外在混亂的影響。對她而言，發現內心中還存在這樣一個庇護所，的確是件值得安慰的事。

有時候，從悲慘遭遇中復原，需要一點時間，但是這並不表示必須繼續忍受。我們接受自己的情緒，卻不能草草敷衍。換言之，我們應該體驗悲傷情緒，或是將傷痛表現出來。當一切就緒，機會往往在時機成熟時到來，帶我們邁向更廣闊的自由。正念教導我們體驗痛苦的方法：以平等心勇敢面對痛苦的經驗。

這其中的關鍵差異在於看待痛苦的方式。如果一味抗拒並企圖逃避，我們永遠無法輕鬆以對，也無法用新的觀點看待痛苦，更難從中理出頭緒。處在混亂之中或是遇到問題的時候，圖古松德說：「最大的助緣和力量就是我們的心。」

可能性一瞥　生命也可以是老師，以實際的體驗讓我們瞭解，即使情緒本身也有改變的可能。當生命使我們失望，反而可以藉此良機突破平日的積習和認知，開拓更廣大的視野，思考表象的背後一定蘊藏更深的意義。這方面的探究將我們推向新的可能性，讓我們有機會得到更深層的領悟。

痛苦經驗就像一扇通往解脫的隱形大門，通過這道門以後，我們將不再以狹隘的方式認知自己的痛苦經驗。中文裡的「危機」同時含有「危險」和「機會」的兩層意義。如果找得到煩惱的更深層意義，而不只是一味抗拒煩惱或懷恨在心，這樣的努力終將爲痛苦找到新的意義，即使是一點點也好。

我的朋友藍．達斯（Ram Dass）是位資深的心靈「探險家」，多年以前他曾經中風，現在他已經逐漸康復。由於他從心靈的角度看待一切事物，所以總是將生命中的困境視作教材及心靈學習的機會。藍・達斯懂得如何將中風轉化成心靈成長的機會，他將這稱爲「中風瑜珈」，不讓自己困在中風後身體和心靈所受到的禁錮之中。

中風之後不久，在努力恢復語言能力之際，他有些吃力地告訴我：「我覺得生這場病好像是個福氣，因爲它把我膚淺的習性都帶走了，包括玩跑車和打高爾夫等。」後來他在文章中提到：「從『我執』的角度來說，中風一點也不好玩，但是就靈魂的角度而言，中風則是一次不可多得的學習機會。」

從痛苦中獲得的解放屬於心智而非肉體的層次。藍・達斯支離破碎的話語可說爲其下了最好的註解。他中風一、兩個月後仍住在醫院，我問他痛不痛苦。他吃力地開口對我說：「想到自己是誰，或是未來將會如何的時候，我可能會感到痛苦，但只要我處在當下，就沒有痛苦可言。」

他接著補充：「這裡的醫生以爲意識在腦部，但是我的意識卻不受病痛的影響。」

藍・達斯以前常常說一個類似「塞翁失馬，焉知非福」的古老故事。從前有位貧窮的農夫只有一匹馬和一個兒子。一天，馬兒跑了，於是鄰居來慰問他不幸的遭遇。「咱等著瞧吧。」他說。

第二天馬不但自己跑了回來，還帶回一匹雌野馬。現在農夫有了兩匹馬可養，還可以生出更多馬，讓他的經濟狀況獲得改善。但是，農夫只說了一句：「咱等著瞧吧。」

後來，有一天做兒子的想要馴服那匹野馬，結果被拋了下來摔斷了腿。現在，他再也不能幫爸爸在田裡工作了。鄰人再次表達了惋惜之意。「咱等著瞧吧。」農夫又說了。

第二個禮拜，有個兇殘的將軍佔領整個村莊，所有身強體健的壯丁都被迫從軍，唯獨這位摔斷腿的兒子逃過一劫。農夫說的唯一一句話是：「咱等著瞧吧。」

當然，要坦然接受一切並不容易，特別是我們不知道如何用另一種方式看待痛苦。但是，改變仍舊會發生，只要時機成熟加上使用正確的方法。

「強大的正向能量，足以預防或減輕痛苦。」圖古松德說：「但是，正向心態最明顯的結果，不必然是防止痛苦發生，而是當痛苦發生的時候，不要讓它形成負面的力量。」

兩種觀點

佛學教導人們，對於任何狀況或經驗，都可以用兩種觀點來看待。它們分別是：「世俗諦」(relative truth) 和「勝義諦」(ultimate truth)（譯按：按字面的意義，世俗諦即「相對的眞理」，而勝義諦則是「絕對的眞理」或是「究竟的眞理」。達賴喇嘛將這兩者解釋爲「表相」和「空性」，也就是說，世俗諦是尙未開悟的眾生所認知的「眞理」，而勝義諦則在是證悟之後對於實相的認知。）勝義諦對於痛苦的再次省思特別有用。

因果律屬於世俗諦的範圍。這個層次的眞理需要的是一般的理解，如瞭解基模運作的方式或一般所說的習慣、心性、自我的觀念等，都屬於世俗諦的理解範圍。從相對的觀點看來，無論是心理學或認知科學的理論都有眞憑實據。

然而從勝義諦的角度來說，我們的基模、習慣、自我，並不是以獨立且純粹的實相存在。

它們的眞實性就像是鏡中反射的影像一樣。

勝義諦超越人們一般的理解力。雖然世俗諦對我們來說似乎合情合理，然而從勝義諦獲得的觀照，則是拋開一切、重新思考緣起論種種最基本的假設。

這些極具意義的假設之一是，我們存在的形式是不連續且分開的實體。佛學觀點認爲，每一件事物的外在都是拜其他事物所賜，也就是多重因素和條件互相作用的結果。換言之，每一件事物的表象——包括你、我、銀河系——都必須依賴其他因素而存在。如果有任何一項因素沒有適時將角色扮演好，那麼你、我、銀河系也就不復存在。

「所謂的勝義諦，不具任何獨立自主的實相。」達賴喇嘛說。但是如果要找尋勝義諦的實際例子，他認爲：「從平日的認知以及對世間事物的瞭解來說，並不容易領悟到勝義諦。」換言之，唯有深入探查才能追求到勝義諦。然而，世俗諦和勝義諦是一體兩面。所謂一體，指的是我們的經驗。探查式覺察則能夠同時把握這兩種眞理。泰錫度仁波切解釋：「相對的原則，讓人理解某種狀況的變數，然而任何事物始終有勝義諦作爲後盾，勝義諦讓我們避免因爲彼此間關係的改變而亂了分寸。」

當然，勝義諦的觀念在日常生活中可能罕見甚至是遙不可及，特別是當事情變得極嚴重或迫切，以致我們在嚴重性和緊急性的驅使下而不知所措。然而，擁有宏觀的視野有助於重新認知世俗諦的意義。

在世俗諦的層次上用心思索，幫助人們瞭解，自己的過去所作所爲與伴隨而來的情感、知覺習慣所引發的連鎖效應，足以障蔽我們對勝義諦與自己眞實本性的認知。但是同時存有世俗諦與勝義諦，將給我們更多的慈悲心和更少的批判，也不再受制於情緒的盲點和自我打擊的習慣。此外，儘管我們仍在世俗諦的層面上尋求領悟，但正同時邁向勝義諦的境界。

保持宏觀爲情緒創傷帶來更寬廣的覺察。一位勤於修行的病人，和我一起分享她的日記。她在禪修閉關的時候，做了一個令她震驚的夢。夢中，男友表示將離她而去，於是她在悲傷中醒來，發現自己的遺棄基模已然因這個夢而起。

「在個人層面上，」她在日記中寫到：「可以將某人不在身邊看作孤單的經驗，特別自己已失去許多，甚至開始懷疑生命裡是否出現過任何人。但是，我發現想要保持專注，無須將自己從個人範圍抽離，而是在失落感中體驗悲傷，同時一面欣賞這實相的世俗意義。心無旁騖的專注就像一種撫慰，而撫慰是我一直希望從父母那兒得到的。現在我已經能夠提供自己以前一直必須假以外求的需要。難過之情隨著新的領悟而消失無形，這個新的領悟是：人生無常，唯有覺察恆常不變。」

四聖諦

經驗中的世俗諦和勝義諦，幫助我們深入理解四聖諦的意義。四聖諦是佛陀對人類受苦之因的分析，以及從痛苦之中獲得的解脫之道。

在相對層次上，痛苦的原因和種類多不勝數，有肉體的、社會的、經濟的、政治的等等。如果痛苦來自人類的殘暴、貧窮、疾病或其他可以彌補的因素，那麼當然應該想辦法改變導致痛苦的狀況。但是，痛苦還有一種層次，源自於自心。

對體驗到的事物做出了什麼反應，決定了自己即將受到什麼樣的苦。比如說，負責治療慢性肢體疼痛的內科醫生都知道，肉體受罪所帶來的心理痛苦，可使得病人對疼痛的恐懼、抗拒節節高升，於是，在純粹生理的痛感上又增添一層焦躁不安的情緒。我們的生命也是如此：不管客觀實相是什麼，我們的情緒反應只會使痛苦更上層樓。

佛學對苦因有一種較細微的領悟，就是我們前面提到的「執著」——最初的喜歡、厭惡、不喜不惡——會導致人們不安的情緒。對於痛苦，有一種斧底抽薪的回應方式：如果能夠在更細微的層次上探查自心，那麼造成內在痛苦的原因將漸趨淡化。於是，我們發現內心的因果關係無所遁形。

佛學對於痛苦做了精細的分類，分類基礎則是依人的心態而定。最細微的痛苦——因制約所受的痛苦——源自於心性作用的基本瑕疵，也就是染污一般經驗的頑固習性和錯誤認知。從這個角度來看的話，四聖諦在痛苦的根源和痛苦的對治方面，提供了相當精闢的分析，而兩者皆以心性這個主角爲出發點。

前二諦（譯註：苦諦和集諦）是在世俗諦的層次上描述因果：心性的制約導致痛苦。如果經驗受到了如心智和情緒習慣的制約，那麼解脫將是有限度的。這種制約在某種層次上以不安的情緒呈現，然而在比較微妙的層次上，則是顯現出對這類情緒反應無法招架，無論想法或感受、話語或是行爲。

第三和第四諦（譯註：滅諦和道諦）在勝義諦上描述因果：只要消除苦因，就能讓痛苦止息。而苦因，則是最初的貪慾。修行提供了對治之道，而成就就是解脫。

內在的解脫

痛苦的解脫能超越世俗諦，達到勝義諦的層次。在探索痛苦的解脫時，佛學指出人們最狡詐的敵人其實來自內心，也就是煩惱。梵文用淺顯易懂的話來描述這個在內心搞破壞的東西：「來自內部使人苦惱的東西。」經常被翻譯爲「煩惱」，但是廣義來講，它所指的包括負面的思考和感受模式，以及二者所導致的行爲。佛學教導我們，如果想要從痛苦中解脫，就必須讓煩惱平息。

在細微層次上，瞬間的喜歡、厭惡或不喜不惡，交織成每一刻的體驗，而痛苦於焉滋生。因此，對治痛苦的方法，便是使得覺察發生激烈的變動。以前我們把適應不良的情緒模式視爲苦因，然而佛教的觀點卻讓我們對苦因採取更爲宏觀的看法。佛教心理學在心智上細微痛苦著墨的程度，遠比明顯重大的痛苦要來的深入許多。

不滿足的心

試想所謂現代生活的病徵：過著貴族般的生活、萬貫家產、身強體健、家庭美滿、交遊廣闊的人們，對於這樣無憂無慮的生活，卻一直感到不滿意。豐盛的饗宴、異國情調之旅、最具魅力的愛人、舒適的家——如果不能專心享用，如果心不在焉，滿心不安的念頭，這一切都只是無意義而空虛的。

同樣的道理，生活中最簡單的樂趣——吃一片現烤的麵包、觀賞一幅藝術創作、和所愛的人分享片刻時光——只要全心投入，這些都會是豐富且充實的經驗。因此，對付不滿足的方法來自內心，而不必向外追求新奇刺激的滿足感。

如果一邊吃著蘋果一邊想著別的事，那麼我們並沒有享受到蘋果，而蘋果也不那麼令人感到滿足。教授禪修的雪倫・薩斯柏格（Sharon Salzberg）曾經提到，在吃蘋果的時候：「我們幾乎不會告訴自己：『我應該專心地吃蘋果……』我們通常都怪蘋果不好吃，便說，如果我有一顆橘子就好了，於是我們找來一顆橘子。但是如果我們用同樣的方法去吃橘子，那麼還是吃不出橘子的滋味。於是我們又說，我生活的最大問題是太過於平凡無奇，所以我要來點特別的。於是，我們去弄了一種特別的水果，例如芒果。但是如果我們用同樣的方法吃它，得到的體驗會和前幾次一樣，殊無二致，於是我們又去尋找更大的刺激，好讓自己感受到生命力或是成就感。」

但是，如果讓事情順其自然，並改變自己的反應，那麼又會怎麼樣呢？如果我們將注意力轉向不滿足的心呢？

藉由修行探索痛苦，正念可發揮效果，而且是以具滲透力、探查力的覺察，如實地體驗心的原本樣貌。

佛教指出，有種滿足感，超越一般人從貪慾到瞬間快樂所經歷的循環，那就是：沒有欲求的心所產生的絕對平等性。眞正的解脫超越了一般人對快樂的觀念。隨著解脫而來的，是讓事物保持本來面目，而不期盼有任何改變。

但是，佛陀經常告誡，人應該藉由自身經驗發掘觀念本身的眞理。誠如佛陀涅槃之前對大弟子所說：「做你們自己的火炬。」

世俗諦　本書很多篇幅都在探討認清、以同理心理解和努力療癒深刻的情緒創傷，而且主要是從心理學的角度。個人所從事的情緒療癒，交織在一塊兒成了內在探究，其中心理面和心靈面糾結不清，每一個層面都不容輕忽。但不論在任何層次上，情緒本身都是獲得觀照的契機。

有時候，當人們以正念覺察面對痛苦經驗，觀照會突然產生。修習正念禪讓我們培養遠見，將生活中的各種狀況，包括受苦，視爲一次又一次的機會，用新方式說出自己的領悟。這裡要提醒一下。當我們坦然接受自身的存有時，切莫忽略自己的需要，也就是世俗諦的部分。當我們一面轉換觀點，探索逆境是否能帶來宏觀視野的同時，也一定要把自己和別人的情緒需求放在心上。

從人格、我執或個人經歷等相對觀點體驗痛苦情緒，需要溫柔的同理心。但是，從勝義諦來說，宏觀使得「自己是誰」更爲廣義。有時，我和一些人聊到他們所受的苦時，我能體會到相對和絕對觀點來回交替作用著。在描述個人痛苦時，他們自身的遭遇像陰影般籠罩著，我們想爲他們分憂，因爲我們能夠感同身受。然後，他們的聲音也許逐漸低沈，眼睛變得炯炯有神，而我目睹他們經歷一場轉變，平日的自我似乎瓦解，形成了更寬廣的存有。

他們開始探討以前未能覺察的事，或者談到痛苦如何擴大他們的自我認知，或是他們覺得自己能夠面對或做到哪些事。比如說，一位病人因婚姻破裂而痛苦不堪。她面臨著離婚的困境，又有三個孩子要撫養，因此擔心自己無法獨力照顧家庭。她的生活面臨重大變化，而未來卻引起她劇烈的基模恐懼。

有一天，她在飛行途中陷入一陣困惑，當時飛機正企圖穿過暴風雨，而她覺得自己的心就像雲層般沈重。精疲力竭之際她小睡了片刻，在夢中有位好友來到面前對她說：「別擔心，雲層之外是一片萬里無雲的晴空。」這個夢讓她有種輕鬆的感覺，提醒她這就好像從心中的陰霾升起了一個嶄新的觀點。她一覺醒來，發現飛機正安穩地在一片厚重的雲層上航行。

她感到內心輕鬆自在。她想，在紛亂的時刻中仍然存在著具有正面意義的事物，然而當時的她卻無法想像那會是什麼。

幾個月後，她再回憶起那個夢，她發覺自己的生活已經大幅改善。現在她雖然離婚了，卻意外發現自己不但安於現狀，而且一點也不害怕或絕望——這是她一直以來恐懼的事。當然，她費了好大的勁度才過這段時期，後來她發現，原來自己也可以獨力撫養孩子。現在，她更有能力去過有意義的人生。

身處烏雲中很難看清一切。但是這個故事提醒我們，晴空總是在暫時的混亂後出現。

如果想用宏觀看待事物……

試著觀想烏雲和天空。想像陰暗狂暴的雲是你的情緒，它障蔽了晴朗的天空，也就是你清明的覺察力。

爲了幫助你不要忘記自己有能力將正念帶到晦暗不明的時刻，可以在心裡面觀想雲和天空的形象，好讓你在受困於情緒風暴時，用這個方法來轉換觀點。你因此能輕鬆面對情緒，而且發現，情緒就像雲一般也會煙消雲散。

正如同溫暖的陽光和風的變化會將雲層瓦解一般，人的激烈反應也是短暫的。因此反應並不代表自己眞實的樣子。

相信烏雲之後必有晴空（人的眞本性），將激發一種更大格局的信心，能夠耐著性子等待，因爲，時候到了，烏雲自會散去。

19

願困惑萌生智慧

在閉關中心修行多年，我喜歡上長住在那兒的花栗鼠。那些花栗鼠相當信任人，如果拿葵瓜子餵牠們，有時候牠們會朝著我跳過來，將前腳放在胸前擺出祈求的姿態，那雙無辜的眼睛直盯著我，而我也習慣在口袋裡放一大把葵瓜子，以備不時之需。

有一天，我在戶外做走路禪。我很重視走路禪，一來因爲這種禪修將正念運用在日常簡單的活動中，再者當覺察力變得異常敏銳而強烈的時候，你可以從體驗中發覺很多東西。最後，在外行走和坐在沙發上比起來，你所擁有的體驗更多樣化。

這一天，我在不可預期的情況下目睹了痛苦的本質。我一面行走，一面專心體會肢體變化的經驗，我忽然看見一隻貓從眼前溜過，嘴裡還叼著一隻花栗鼠。這景象簡直把我嚇壞了。

我想強迫那隻貓放下花栗鼠，可是牠卻一溜煙跑了。我非常絕望，無助地呆立著。

正念的探查

我每次見到悲劇發生都痛苦難當。看到另一個生命、尤其是我心愛的生命受苦時，我由衷地感到難過。但是經過了幾個禮拜的修行後，我從那件事獲得的深刻觀察將我提升到另一個境界。我的心慢慢地深入探查痛苦的本質。

「沒有辦法——因爲這就是苦。」我的心做出觀察後的結論。在此同時我覺察到一種無助感，因爲我無法減輕花栗鼠的痛苦。另一方面，我想對那隻貓發怒，責怪牠讓無助的花栗鼠受到痛苦。

但是，當我繼續探查我那想要遷怒於貓的心，我瞭解到那隻貓當時只是照著牠的慣性衝動行事，那正是牠的動物本能。或許我不認同貓的行爲，但這一切似乎是身不由己。不能因爲我沒能救出花栗鼠而遷怒於貓。因爲繼續責怪貓，或甚至貓所演化的生理特性，都於事無補。應該探查的，除了痛苦的本質外，還有我對痛苦的反應。當我的心急切地想要瞭解痛苦，強烈的感受將覺察力推向更深的一層。正如達賴喇嘛所說：「想到別人的福祉，心就會更開闊。」

我極度想要從痛苦中解脫，這當中也包括了花栗鼠的痛苦、貓的痛苦、我和眾生的痛苦在內。一種無形的力量致使我們只看得見受苦者的痛，並據此做出反應。但是，我發覺如果用不同的方式看待痛苦，痛苦造成的後果也將產生重大的差別。因此，我不禁要問：使我感到痛苦的，究竟是「造成痛苦的情境」，還是「知覺痛苦的方式」？

一部分的我還是以爲花栗鼠死在貓口中時，一定痛苦非常。但是，我們也可以用一種較圓滿的觀點看待痛苦及其本質。相對來看，花栗鼠顯然是痛苦的，但是從絕對的觀點來看，我卻獲得更宏觀的領悟。

我發覺內心所以會掙扎，是因爲我希望整個事件能有不同的結局：我希望貓會忘記牠的狩獵本能，或者根本沒有狩獵本能，希望貓會因爲怕我而放走花栗鼠，希望貓對飼料的喜好更甚於花栗鼠；甚至，希望自己當時不在場，就無須目睹這幕慘劇。

瞭解自己不一定能改變周遭的痛苦，這種想法，讓人謙虛。當然我們還是要義無反顧地盡量幫助他人免於受苦。然而在目前的情況下，如果我不接受痛苦、無常是生命的一部分，那麼只有抗拒一途。我們能夠選擇的，是理解痛苦的方式。換言之，我們可以選擇用負面態度或是用平等心和慈悲來看待痛苦。

在目睹花栗鼠受苦的當下，不受痛苦制約並不表示要抗拒無可躲避的痛苦，而是用慈悲的平等心去理解自己的遭遇。假設我是那隻花栗鼠，我當然會希望有人能保護我。但若不可能，在我死期將至時，我會希望有人試著保護我，讓她的悲傷轉化成慈悲的祈禱，祝福我獲得平靜，以平等心面對恐怖的經驗。在面對無法逃避的情境時，將心轉向平等心和慈悲，幫助我們獲得更多的勇氣來忍受痛苦。

慈悲本尊

當我從「痛苦」聯想到「平等心」，我想到了西藏神祇中的慈悲本尊——度母(Tara)。她的姿態代表悲智雙運：下半身做出準備動作，那是一種關懷的姿態，隨時準備保護並照拂眾生，至於上半身則是擺出禪修的樣子，象徵在悲天憫人的背後，是存有的光明面。度母的喜怒哀樂無非是爲了表彰智慧，她許下慈悲的願望，以眾生需要、能理解的形式示現，爲了是解脫眾生的痛苦。

我們應該如何運用慈悲，將存有的光明和內心的自在結合爲一體並付諸實行？我們該如何保有溫柔，同時又不被負面情緒的障礙打倒呢？

我因花栗鼠事件產生的強烈慈悲心，以及身處芸芸眾生之中想從痛苦中解脫的渴望，使我在修行時有更深刻的感受。這方面，正如向智尊者說：「逆境搖身一變，成爲教導四聖諦的老師。」這句話不僅分析了痛苦的原因，同時充分說明了解脫之道。

生活的歷練也是我們的老師。如果從這個角度來看，人生的意外困境便成了修行的機會。因此在閉關的時候，我們的老師還包括了覺察的各種特質，而其中之一便是「探究」。它允許我們深入洞察自己對痛苦的層層概念。熱切的探究，再加上混合了悲傷和憐憫的促發，啓發了一種全新的知覺和領悟，還挑戰了我的種種假設；而這種機會在平時可能被我輕易地遺漏。

我記得達賴喇嘛曾經對聽眾說：「在培養慈悲心以前，首先要培養無私。」在那次的閉關期間，正念覺察所產生的平等心使我變得平和，因此我觀察到自己一波波的感受越來越細緻，而我也從中接收到一種具穿透力量的洞察力：我體驗到自己殷切期盼從苦痛解脫，這種強烈的渴望一層層地穿透我心——從情緒反應和概念，到直觀式的體驗及超越想法、念頭的領悟力。

在西藏金剛乘（Vijrayana）（譯按：又稱藏傳佛教或密宗）的傳承中，有一些法門不但不禁止表現情緒，而且將情緒當作心性解脫之道的一部分。只要我們在正式修法前做了前行法，並且接受正確的訓練，即使非常激烈的情緒也將助長洞見的產生。從這方面來說，激烈的探究能夠將我們從經驗中得到的領悟具體化。

慈悲的女性神祇，度母的形象，提醒大家，當平等心和愛的力量取得平衡並結合爲一，覺察即可撥開層層障蔽以及沈重的情緒模式。度母的形象代表大家所熱望的理想，將溫暖和關懷的心，與無所執著的心性結合起來。度母一直是我的靈感來源，提醒我在感情和平等心之間取得內在的平衡。當熱切的能量導向解脫的願望時，內心的通道便打開了。

心靈粹煉

煉金術的傳統意義有關一種隱藏的實相，也就是超越日常生活實相的眞理法則。「煉金術是關於開發基礎實體的潛在實相——也就是絕對本質。」一位作者如是說。煉金術的目的，是將平日的意識做根本的改變，也就是把認知從「鉛」轉變成「金子」。

對煉金術士來說，轉化既是心靈的也是物質的，兩者都是理想，但也都非常切合實際。從內心的牢獄中脫逃，就好像探求一種具體的東西，使自己擺脫制約和習慣的束縛。對煉金術士來說，問題在於如何辦到這一點。

「我覺得用『煉金術』來描述整個過程，眞是再貼切不過了。」最近有位病人，在論及我們一起從事的心理治療時說：「有時我覺得，治療過程就像是把每一種體驗，全都放在一個大鍋爐裡，包括我對前夫、朋友、前男友、老闆的憤怒。這些情緒在鍋子裡一塊兒攪動、沸騰，對我而言是一次機會，讓我轉變長久以來累積的習慣性反應。只有『熱度夠』才使得改變成爲可能。如果事物一直處於微溫狀態，他們可能會在我渾然不覺之下輕易地溜走。一旦我全盤領悟了反應的模式，並且在它初發生時便掌握到，那麼我就可以開始改變這些反應。」

因此，從情緒治療和靈性成長兩方面來說，情緒激烈起來可以是機會——只要我們掌握訣竅。如同我師父圖古烏傑仁波切說：「激烈的情緒生出可觀的智慧。」

從「情緒煉金」進展到「心靈煉金」，其中關鍵在於一顆熱切渴望的心，以及用來焠煉的內在工具。我的另一位師父紐舒・堪布（Nyoshul Kenpo）說：「我們往往和家人、朋友紛擾不休，但是不要將此視爲大問題。」關鍵在於存好心，他補充說：「因爲每一件事都關乎我們的存心。我們可以把任何事物和『道』，也就是靈修，結合在一起，透過純淨的心性和良善的用心，永遠以利他爲出發點。」然後，他說，培養「良善的用心」、利他的心態，自然會轉化困擾和糾紛。

心的兩條道路

如果一面盤坐修行，一面卻記掛著生活中的不順遂——不管是不是基模所造成、卻讓人深受困擾的事物——這時該怎麼辦呢？如果我們繼續靜坐，覺察力會被內心的不安所牽引：我們會見到認同感、憎恨、恐懼、在內心閃過的期盼、五花八門的想法、對想法的反應等等，一個接著一個而來。

心的其中一條道路，是人們平日所採取的解決問題之道，不管絞盡腦汁多想要弄懂，卻依舊被侷限在平日的想法和反應中。在這條常走的道路上，人們專注在反應，以及對反應的反應，以致無法認清當下的一切——甚至根本沒有意識到當下所做的任何反應。

另一條道路稱爲靈修之路，它引領我們進入更寬闊的視野，不因心的不安定而受到影響。我們只是用心體驗，卻不被連串的想法和反應，甚至更多反應所挑動，既不抗拒，也不認同。於是，我們能夠認清哪些是眞正的困惑，而哪些只是因爲無明而無法超脫事物的表象。我們無須做任何批判，唯一存在的，只是清明的悟性而已。

選擇的路不同，得到的結果也不一樣。在第一條路上，心是沿著習慣的軌跡走；然而在第二條路上，心則是安住在明性之中，完全不受習慣的軌跡所影響。因此我們應該對兩者間的差異有所瞭解——而且差異的確存在。

現在可以開始利用焠煉過程進行轉化。心一旦安定下來並好好地審視，我們的視野將會擴大，並試圖找出藏在反應和想法背後的某種敏感度，而這種敏感度正位於認知和概念的間隙當中。在這間隙裡，我們驚鴻一瞥的事物往往具有更大意義，而且不囿於心智習慣強加的狹隘詮釋。

機會因敏感度的提升而起，得以瓦解狹隘的自我觀念。於是，片刻前擾人的問題，現在顯得足以應付，不再重重壓迫，也不如原先想像的恐怖。事實上，困擾我們的事物之所以越來越囂張，部分是由於我們對事物的理解方式受到侷限。當我們對事物發展出宏觀的看法，狹隘的心態便轉變了。

心的寬廣特質解除了「小我」的束縛，所謂的「小我」，指得是一輩子累積的頑固習慣。一旦放下這個包袱，我們的心便與眾生同在，這正是慈悲的精髓。隨著建立在慣性情緒和想法上的自我觀念遭到瓦解，我們的視野也將更為寬闊。

接觸更深一層眞理的過程，打開了洞察之道。就某個層次上來說，現在的我們不但擁有更多選擇，同時由於放下慣性的心態，並以更柔軟、有創意的心照亮與生俱來的悟性，讓自己獲得全新的觀點。

當我們不再相信表面的永恆不變以及狹隘的自我觀念時，我們將拿下有色眼鏡、不再有盲點，也不再讓任何事物障蔽我們的觀感。

佛教說，當我們的心不再受習慣束縛時，每一個人都可以擁有清明無礙的人生觀。尋找覺察的源頭也是修行的一種。不受拘束漸漸變得習以為常，然後取代平日因循心智常軌的惰性。當然，一開始的時候我們無法堅持，除非加強覺察的力量，否則還是會重蹈覆轍。不過，即使只是驚鴻一瞥，也足以提醒我們各種潛在的可能性。

在習慣的魔咒之外

我聽過達賴喇嘛在一次談話中說，如果無法為人生訂定更高的目標，那麼我們過的就是普通的人生，對此，很多修「智」的傳承恰巧也抱持大同小異的人生觀。同樣地，我師父圖古烏傑也曾提到平凡和不平凡的眾生。據我瞭解，兩者的差別和轉化過程有關。當轉化過程達到極致的時候，一個人認知並安住在眞本性之中，不受任何心智習慣的拉扯。在那個時點上，他並不只是瞭解智慧而已——他與智慧同在，因此更有能力爲他人謀福利。慈悲是智慧的自然表現，而智慧則出自於慈悲的無我。

當然，心智習慣對於平日想法和認知的相對層次是有存在的必要，換言之我們需要靠某些心智習慣過日子。但是佛學指出，由於平日的想法和感受限制且禁錮著我們，以致無法產生更寬闊、更自在的觀點。我們無須揚棄這些想法和感受，只要脫離基模糾纏不斷的影響即可。

紐舒．堪布曾經用點金石爲比喻。只要一碰到點金石，任何東西都會轉化成更細緻的元素。他所謂的點金石指得是覺察力。當覺察滲進不安情緒時，焠煉於是開始。

在佛教傳承中，轉化——內在的焠煉——並不是壓抑的代名詞，也不表示拒絕平日的心性習慣，而是不讓自己受心性習慣的擺佈。用煉金術來比喻的話，鉛的金屬特質並沒有被排斥，而是轉化成了金。同樣的道理適用在自我中心的情緒上。就如同金可能被埋藏在土堆中長達千年而仍舊保持自然本質，而清除了習慣的沈澱物以後，覺察便清明如鏡。

在此我們顯然需要一位導師，在修行的道路上才不致成爲歧路亡羊，否則我們可能欺騙自己，以爲自己已不再執著，而實際上卻非如此。這裡必須提醒的是，如果不小心誤入歧途，仇恨、熱切和驕傲等能量，可能會失去控制到難以收拾的地步。

藏傳佛教運用情緒的能量作爲靈修的一部分。有一個金剛乘的法本，描述這基本的能量：「在困惑時，它驅策情緒和思想。在開悟時，它驅策慈悲和智慧。」

化負面情緒爲正面力量

正念修行的本質是，運用「一切經驗作爲『修道』的輔助。」向智尊者如是說：「唯有如此，敵人才會轉變成朋友，一切不安和不相容的力量，才有可能成爲我們的老師。」

當我傾聽一位非裔美人的談話時想到上面的話。這位家住郊區貧民窟的男士，和達賴喇嘛一起參與了一個以「和解」爲主題的研討會。他抱怨住家附近的救護車，是如何因爲姍姍來遲而誤了一條人命。他怒不可遏地說，有一位朋友被強盜刺了一刀，在慌亂之中打電話叫救護車，但時間一分一分地過去，他一面設法爲朋友止血，一面禱告救護車快點到來。經過漫長的等待後，救護車卻連個影子也沒有。等到車子終於到達，他的朋友已經因爲失血過多而奄奄一息。最後在送醫途中不治死亡。

「住在貧民窟的人叫救護車，結果這些救護人員卻好整以暇、緩緩遲來，但是如果電話是從比較高級的住宅區打來，他們就火速趕到呢。」這位年輕人抱怨：「這眞是可惡極了。一想到這就讓我火冒三丈。朋友死後，我一直想找機會爲他報仇，甚至想把整個消防隊燒掉算了。」

雖然我並不苟同，但我能理解，是挫折感導致他想採取這樣的行動。

「你知道我現在打算怎麼辦嗎？」他繼續說。

我停頓了一下，心想他可能採取的報復行動，以及他沸騰的憤怒將讓他做出什麼非理性的行為。

然後，他以一種混慣街頭的自信態度平靜地說：「我知道冤冤相報不是辦法。對誰也沒好處。所以，我之前報名參加了救護車司機的訓練課程，等到我開始服勤，你可以放一百八十個心，我保證會拼老命爲貧民窟服務，而且一視同仁。」

每天我們都要面對無數足以激起情緒能量的挑戰和窘境。如果我們能夠將能量轉向正途，就像這位年輕人對他的憤怒所做的一樣，那麼情緒便能夠轉化成功。

金剛乘既不主張壓抑、也不主張反制能量，而是將能量轉化。「五方佛」（the Five Buddha Families）（譯按：五方佛是：東方金剛薩鑻、南方寶生佛、西方阿彌陀佛、北方不空成就佛、中間大日如來，五方佛主要是對治人的五毒，即貪、嗔、癡、慢、疑，本書所謂的五種能量似乎與五毒有所出入）便是其一。它使五種主要的能量和情緒傾向產生質變，而這五種能量分別是：憤怒（anger）、傲慢（pride）、熱情（passion）、嫉妒（jealousy）、痲木（apathy）。

這個方法，將情緒本身當作心靈的媒介，把能量從愚癡和無明轉向智慧和開悟。因此，五方佛近似於情緒焠煉中情緒習慣的轉化法，只不過是讓情緒習慣更上一層，到達心靈焠煉的層次。

在修五方佛的法門時，需要嫻熟金剛乘的導師給予指導，才能夠深入澄清並啓發情緒，也就是利用情緒能量本身，作爲靈修之路的一部分。

用五方佛轉化五種能量

這五種能量分別代表常見的負面情緒。另一方面，當我們從其中獲得解脫後，每一種能量將轉化爲一種對應的智慧。事實上，改變的並非基本能量，只是能量的表現方式。金剛乘主張，每個人都有特定的情緒能量傾向，因此認知和運作事物的方式各有特色。在某種意義上，如果配合適當的焠煉過程，情緒反應的能量將被轉化成智慧。

曲揚仲巴仁波切將這些能量做了詳盡介紹。在情緒層次上，像是「憤怒」的能量是眾人所熟悉的：對某種看法的強烈執著、固戀（fixation）、對人充滿敵意、過度敏感的自我防衛。憤怒的人對不同的看法、意見先是排斥，然後迅速提出反對意見或是發動攻擊。終歸一句話，他們總是緊張兮兮的。在藏傳佛教的教法當中，憤怒和知性的敏銳度有關，當激進的能量獲得釋放，轉化於焉開展。憤怒轉變成一種敏銳如明鏡般的覺察，這覺察柔軟、具彈性，會從不同的角度理解事物，並且精確地加以評量，最後則是透過清澈的明性認知。

在情緒層次上，「傲慢」的能量看似自戀式的自我中心。自戀的人不受任何限制，也沒有自律可言，他認爲自己是特別的，別人對他的崇拜往往讓他陶醉不已，沈浸在虛僞中，同時熱衷追求輕浮的事物。然而在驕傲的外表下，隱藏著羞恥或挫敗感。一旦加以轉化，相同的能量即可將隱藏的恐懼轉變成平等心。從平等心衍生的安全感，使人願意敞開心胸，那是一種充實的寬闊感受，鼓勵人們慷慨對待他人，無論在物質方面、情緒方面，還是心靈方面。

如果只考慮無理的偏執及渴望等層面，「熱情」呈現一種歇斯底里的膚淺誘惑力，或是像個顛倒是非的騙子，展現出催眠群眾的魅力。基本上，這種情緒的特質是誘惑力、討喜、為達目的而不擇手段。一旦加以轉化，這種能量將成為具有辨識能力的覺察，也就是對事物明顯的興趣，以及敏銳的專注力。這種追根究底的覺察，打開了溝通的大門：熱情的人可用同理心和溫柔的慈悲，以個別差異性來看待並體諒他人。

「妒忌」的人總是將自己和他人相比，因而提出批判。如果走向極端的話，妒忌的人見不得別人好，恐慌自己會被超越。另一方面，這種批判的態度會導致一種強迫他人領情的態度，並且汲汲營營地想要以自己的主觀看法把事做好，強迫他人接受自己的道理。但是，妒忌一旦轉化，這種旺盛的能量變成能力，讓一切活動有效率地進行。所有的行動都有了明確的目標，每一個機會都不放過，而每一瞬間的眾多可能性也將發揮、實踐。

最後，「麻木」可能是具有某種能量或缺乏某種能量所致。最糟糕的情況下，麻木的人會表現出無精打采、漠不關心和不折不扣的懶散態度，總是挑選最不會引起爭議的事去做，那些事一定是最簡單，不見得是有必要、恰當或是有效的。一旦麻木獲得轉化，它的能量會變成寬廣的覺察力，成為深入思索經驗的基礎。從開悟的觀點來說，這種能量相信是遍佈在其他情緒中，讓這些情緒表現出輕快的一面、隨和的胸懷和智慧。

利用情緒

五方佛承認每一種情緒都有正向的潛質。「每一種情緒能量都有正向的一面。」我的一位師父索因仁波切（Tsoknyi Rinpoche）解釋：「執著和愛戀屬於有分別心的智慧，如果你沒有欲求，或是不特別在意任何事物，那麼就不會有分別心。但是如果不妒忌，任何事都變得不重要，於是一事無成。所以從好的方面想，妒忌給你一種能量，讓你能完成事情。憤怒也是一樣，使你做每件事的時候異常敏銳和清明。」

佛法中有許多方法可用來對治強烈不安的情緒，這些方法總共可歸納爲三類。我們選擇哪一類端視自己的能力、意向，以及偏好的方法而定。

第一種方法是設法拋棄不安的情緒：每當產生不安情緒的時候，試圖拋棄這些情緒或保持警覺，以防心裡再度不安。這種正念修行的目的在於徹底消除不安的情緒。

第二種方法是，修行者試著將不安轉化成正向情緒。這種做法主張每一種負面情緒都有對治的辦法：比如說，激進的對治是慈愛，執著的對治是平等心。而修行的最終目的則是讓負面情緒被健全情緒所取代。

第三種方法又稱爲金剛乘的方法，也就是將不安情緒納入靈修的一部分。這方法並不主張消除不安情緒，而是微妙地運用不安的情緒。然而這條道路上處處充滿挑戰，這就是爲什麼它又被稱爲「甚深道」（steep path）。「最簡單的方法就是揚棄負面行爲和情緒。」確吉寧瑪說：「揚棄不安的情緒比轉化容易，而轉化不安的情緒又比運用容易，而『運用不安的情緒』便是將不安的情緒視爲靈修的道路。」將情緒當作修行之路，他補充說，是「有風險但裨益良多」。

正因爲有風險，所以在運用強烈情緒作爲修道之路時，必須有合格的金剛乘導師從旁協助和指導。只消對「甚深道」有些許領悟，就足夠幫助人將自己的情緒視爲朋友而非敵人，或是另一個開啓智慧的機會。

金剛乘的一些特別修行法門和這些能量有關，像是觀想壇城，就是爲了激起並轉化五種情緒能量之一。實際的方法則依個人情況而定，而且是由金剛乘教師，依據每位學生的氣質和性向量身訂做。然而有些一般性的原則，可以指導任何想要瞭解內在焠煉之道的人。

令人覺得矛盾的是，當情緒越強烈，就越是覺醒的良好媒介——前提是這個人應該瞭解如何運用這些情緒。其中一個原因，索因仁波切解釋，是因爲「不淨的想法和激烈的情緒比較容易引人注意」。平時腦海裡細微、不易發現的波波暗流，無論是念頭、感覺，或是於清醒或坐禪時不時引誘和魅惑我們的白日夢和幻想，效果都不如強烈的情緒。強烈的情緒對於覺察力就像當頭棒喝，挑動並激起我們的注意力。因此，索因仁波切補充說，每一種情緒都賦予人們覺醒的機會。

轉化情緒應從何處做起？古老的藏密法本中的《普賢菩薩行願品》（*the Aspiration of Samantabhadra*）提供一些指導。當我們能夠以平等心體驗情緒能量，不執著也不抗拒，平穩安住在清明覺醒之中，那麼就有機會將困惑、沮喪轉化爲了悟。

能不能做到的關鍵在於情緒的覺察特質。一般來說，我們所以試圖逃避不安情緒，是因爲情緒令人不愉快。然而根據這種方法，人們反而應該接近情緒而非逃避。敦巴（Trungpa）說道：「金剛乘主張以適當而直接的方式正視情緒，感受赤裸裸的本質。」同時不帶有任何先入爲主的觀念。

索因仁波切說：「一旦我執得以消除，智慧將從強烈情緒中產生更大的能量。」他舉了一個例子說明憤怒的兩種方式。我們一般所謂「我執的憤怒」是自私、沈重、嚴厲的。然而潛藏智慧能量的憤怒，卻是悄悄地來去，而且難以確實掌握。

因此他指出，一般在憤怒的時候，怒氣和我執會混雜在一起。「生氣的時候，檢查一下自己的執著。」索因仁波切建議：「『感受』並不會製造問題，眞正有問題的是『執著』。如果我們保留了頑固的私心，就可能做出傷害他人的事，因此發怒的時候，應該放下自私和我執。拋棄自我後，能量進來，自我離去。」雖然聽來簡單，他接著補充，危險卻在於自以爲懂得如何「瓦解自我」，而實際上卻透過執著，讓我執的細微意念變得更強烈。

想要精於此道通常需要勤修多年。當修行開花結果的時候，索因仁波切補充說：「情緒一旦失去主人或指引，留下的只是它的力量而已。」換句話說，只需執著消弭無形，憤怒的激情也就會煙消雲散，剩下的只是情緒的原始能量而已。

解脫執著的方法是透過更高的覺察力。一如眞敦喇嘛（Lama Gendun）說：「在情緒本身和相應的智慧之間，最大的差異在於覺察的存在。覺察到事物的眞實本性時，見到的是『五智』。從這個角度來看，沒有一種情緒的本質是純粹的惡、不潔或不受歡迎，只是因爲我們沒有理解到情緒的本質罷了。」（譯註：五智是指法界體性智、大圓鏡智、平等性智、妙觀察智、成所作智五者。）換句話說，我們可以把情緒看成五智之一——只要能夠純熟地運用解脫自我的方法。

解脫自我的情緒

一般的憤怒類似冰，那是凍結的心態混雜暴戾的敵意，然而在尚未凝聚成憤怒前的純粹能量卻與水很相像。當憤怒之類的情緒從心中生起，索因仁波切建議：「不需要拒絕憤怒背後的能量，該拒絕的是讓憤怒益形熾盛的概念和想法。將這些概念和想法釋放掉，能量猶在。然後，憤怒轉化成明鏡般的智慧，也就是不含雜質的精準。」

同樣地，對於慾望來說，當我們「專注於滿足自我的慾望，所考慮的只是：我要怎麼做才能滿足？」索因仁波切說：「但是，如果將能量轉向『無我』，我們將可以看清慾求的對象究竟是什麼。」

因此對金剛乘而言，重點並不是捨棄情緒，而是解放情緒。然而，危險在於欠缺解放情緒的基本功夫。假使我們無法從根源處放下細微的執著和厭惡感，那麼，索因說：「你只會引發另一種情緒，結果還是得不到自由。」

最理想的情況是，情緒在生起的瞬間就能自行解放，或者情緒本身不受任何慣性反應制約。「當情緒生起，接著產生執著。如果將執著解除，情緒本身也將獲得釋放。」索因仁波切如是說。自我解脫的關鍵，他補充，就是丟掉執著。如果將執著丟掉的話，「在思想獲得釋放之際，情緒也就瓦解了」。剩下的只是純粹的能量而已。

佛學大師龍欽・冉江（Longchen Rabjam）爲這個層次的成就做了完美的詮釋：

無論出現什麼，發生什麼，
萬物生生不息，
覺察無時不在，
一如情緒五毒，
無論如何升起，即使升起，
只要認識五毒並將其能量轉化，
它們終將自然褪去，不留下任何痕跡。

談到將不安情緒視爲「道」，圖古烏傑說：「本質上，三毒就是三種智慧。」他解釋說，人吞了眞正的毒藥可能致死，沒有人會懷疑這一點。然而在西藏，有些草藥含有微量毒素，可以用來治病。因此，同樣地他說：「眾生的痛苦能夠被轉化成智慧。」

索因仁波切說：「大家一定要瞭解，情緒可以被轉化，而且一定要深信不疑。」他說的轉化就是情緒焠煉：「如果你老老實實照我說的去做並身體力行，那就是治療了。」

焠煉的層次

以上所說的焠煉——轉化情緒——可能發生在不同的層次上。如果是藉由靈修來轉化，就像是「五方佛」法門，那麼在實際執行上所需要的技巧非常高深，因爲需要解脫的，是構成我執的心智習慣中最最細微層次的執著。因此，這種自由本身就是心靈的解放。

這些都是難得的成就和修行。但是，對於單純渴望得到內心自由的人來說，五方佛對理解情緒頗具啓發性，這個法門讓我們視情緒爲機會而非威脅。不要設法壓抑或捨棄情緒，而是以正念接受它們。

在處理情緒模式時，即使只是在相對層次上，我們還是可以認識自己適應良好的特質。完美主義基模內在批判聲音，扭曲了敏銳的辨識能力；至於我行我素基模的驕傲與自負背後，則隱藏著某種信心，可以運用在正途；剝奪基模的缺乏和傷痛，則可能產生具有同理心和關懷的覺察。

因此，將正念覺察帶到平日的負面情緒，是逐步地將冥頑不靈轉變成坦蕩而無私的漸進程序。如果這時留意到身體感覺的話，會發現不刻意造作的覺察，讓人感覺情緒能量從壓縮狀態到自由流動，最後獲得了釋放。如果我們的想法中存在這種探查的特質，隨時可能產生即刻的洞見。簡單來說，當我們以正念覺察情緒模式而放鬆時，情緒模式即透過覺察獲得焠煉的機會。

平等心讓我們體驗強烈情緒，提供一種新觀點，給予我們全新的體驗。如果不受情緒的魔咒控制，避免隨著情緒起舞，我們就能夠轉移注意力，反而從情緒身上學習。我們可以讓情緒進入覺察，花點時間體驗它們，不要只想著情緒如何束縛我們，而是專注傾聽情緒帶來的啓示，用心思考這些啓示，然後讓情緒隨著時間自然消逝。

運用上述方法，即使不安的情緒也會變成前來作客的朋友，豐富我們的人生——只要我們運用得當。翁山蘇姬（Aung Sang Sui Kyi）是領導緬甸反抗軍對抗獨裁政府的勇者，長期受教於班智達這位教導正念的大師。翁山蘇姬曾說，她既不憎恨壓迫她的緬甸軍事獨裁者，也不畏懼他們，因爲她擁有平等心。她將多年受軟禁的時間用來禪修，同時讓緬甸的政治反抗力量生生不息（編按：翁山蘇姬在二度軟禁了十九個月後，於二〇〇二年五月獲釋）。

即使經過多年的威脅和欺凌，她的鎭定和沈著示範了人類心靈最可貴的天賦之一——認識內心潛在的更大力量以轉化逆境。由於平等心，她散發希望和團結的信息來對抗當政者。翁山蘇姬找到將恐懼和憤怒轉化成慈悲行動的契機。

當然，慈悲是所有存在體的天賦特性。可以透過靈修加強，不過卻源自於基本的人性。

聽聞眞理

我喜歡從事心理治療工作的原因之一，是因爲這份工作讓我有機會親眼看到人們對自己能夠多坦誠、有多少的信賴和坦白是從對自己誠實以及眞理的力量中產生。當他人的眞實故事和自己的經歷產生共鳴，讓我清楚感受到人與人之間密切的關連性。

「能夠深具轉化力量的是，」美國籍比丘尼，佩瑪・丘卓（Pema Chodron）說：「看見自己負面特質時能正視自己、不要放棄的勇氣。面對這些特質爲我們共同的人性開發出一種慈悲心。當我們願意暴露自己的缺失，也就等於同意他人看見我們的自心。」

她又說：「奇怪的是，當我們勇敢地坦承自己的不完美時，別人會有較多回應。勇敢表達自己痛苦的人，將獲得他人的共鳴。」從相對的角度看，人與人是藉著相似的遭遇而連結；而在絕對的層次上，則因共同的人性本質而產生關連。

碰觸彼此的眞實面，讓我想起免疫系統是如何維持人體健康。免疫細胞隨著血液流遍全身，它們接觸其他各種細胞，同時在瞬間透過「鑰匙與鎖接收器」(lock-and-key receptor)，在更大的整體之下建立起共同身份，然後再繼續走下去。這就好像免疫細胞周遊在身體這個「社區」中，並且一路上詢問其他細胞：「我和你像嗎？」一直問下去。

免疫細胞透過相互認知，在爲數眾多的細胞陣列中建立一個團結組織。當病毒或細菌進入身體產生罹病危機時，免疫細胞立刻進入現場，無私地犧牲自己來保護整個身體。同理，聽到別人故事時自然會引發我們慈悲的回應。

智慧之愛

如果我們將培養正念當作是修行，便是訓練自己不間斷地對所遭遇的一切保持覺察。本書將大半重心放在如何加強生活中的正念，但是，正念對我們最終的訓練，其實早存於我們心性的自然本質，也就是全然的覺察。在一般狀況下，「覺察」因爲人們慣常的心不在焉而遭到蒙蔽。

生活中的覺察可能在瞬間產生。比如說，當我們處在寧靜狀態、目睹燦爛的日落、陶醉在眞愛的時刻，或是當一件饒富創意的作品吸引我們全部的專注。有時，全然覺察會因爲慈悲的行爲、眞心坦誠以及巧妙的溝通方式而即興地顯現。

當我們坦然面對多年來一直逃避的情緒時，會發現已經不再需要害怕它。這是因爲，敢於坦然面對自己的心、情緒反應和模式，表示我們已經具備十足的勇氣，毫不妥協地正視恐懼和執著而不逃避，不試圖削弱情緒或是躲在虛假之後，這些都需要心靈的力量。這樣的誠實要求我們以同理心看待自我，認眞審視自己的情緒經驗，無論有什麼不愉快、痛苦或不適。這一切都是對自己仁慈的舉措。

另一方面，當我們面對自己的痛苦，自己的不完美，對他人的慈悲心會油然而生。換言之，從我們的坦白中，生出一種對他人的全然接納和同理心。當我們體驗痛苦，洞察力和慈悲心都因而加強；分別心瓦解，不再沈浸於自身痛苦之中，而願意對他人的痛苦付出關懷。

讓自己的心自由，會產生對他人的慈悲心。絕對的自由，意味將習慣模式完全放下——當然，自由的程度要視靈修的精進與否而定。這條道路最終將帶領我們放下執著，讓習慣不再死灰復燃。能夠體驗到前所未有、健康的心理狀態，擺脫情緒習慣的糾纏，讓心更爲清新、柔軟，也就是一種存有的輕鬆感。

佛學對「解脫」的解釋是——不受恐懼和期望的束縛，也就是既不退縮也不貪求的生活。解除內心偏見，讓一個人覺察到他人的存在，而對他人當下細微的需求也盡力回應。

存有的輕鬆感，讓我們對他人產生同理心。一旦不再受基模擺佈——習慣性自我辯護、自我安慰、自我防衛——我們就更有餘裕去關心別人的需要，卻不希求回報，自在地付出關心和照顧、慷慨和仁慈。這也就是佛法說的，無我足以衍生大慈悲。

良根（Ryokan）禪師解釋慈悲的精神：「願我的袈紗寬大到足以容納一切受苦的眾生。」情緒焠煉終將歸結於智慧與慈悲。將執著、逃避、自我中心的習慣消除後，所顯現的是充滿智慧的慈悲，於是相親相愛以及爲他人祈福的觀念從中而生，所有眾生一同體驗自在。

見證　猶太裔的柏尼・葛拉斯曼（Bernie Glassman）禪師，跟我說到他曾經在奧許維茨（Auschwitz）集中營舊址辦的一次禪修閉關。曾經，幾十萬的猶太人、吉普賽人、波蘭反抗鬥士，以及其他「納粹陣營的敵人」，在被處死之前都被送到這個位於波蘭的集中營。五十幾年後，來自好幾個國家的人們，聚集在這個殘酷的紀念堂，以閉關代替見證。

柏尼在閉關時抱持正念的態度，既不抗拒，也不批判，而是接受現實，讓情緒和想法自由來去。他所做的，只是觀察並傾聽人們的反應而已。在面對這個人類暴行的紀念碑時，他瞭解德國人的罪惡感和波蘭人的無助感。同時他以慈悲心對待這群人的歷史傷痕。

「聽到他們的故事時，會有什麼感受？」我問。

「一開始，我就很清楚每個人的差異。」柏尼說：「有人會說些直接或充滿痛苦的話。但是，我只是坐在那兒聽著，直到每一個人都表達自己的想法爲止。當他們感覺被傾聽並且受到關懷，便開始輕鬆起來。過了一陣子，我覺得自己只不過見證了一切，包括痛苦和悲傷、喜悅和勝利。當我們都安住在見證的心態下，每一個人都覺得彼此之間相互繫屬，即使每個人的遭遇不盡相同。」

正如同柏尼用中性和旁觀的覺察，看待那些閉關者的不安情緒，我們對情緒也可以採取相同的方法，讓它自由來去。瘋狂的情緒「應該為世界上所有的衝突負責。」耶喜喇嘛說：「從兩個小孩為了一塊糖果打架，到兩個國家為了自己的生存而戰。」

同樣地，基模也可以是世界性的。我有時將世界看成一個功能失調的大家庭，不同的國家表現出奪取、控制、被控制、缺乏或反抗的模式。然而，人們有時可獲得超然的觀點，例如，第一次漫遊地球的太空人，從太空中看到的青翠地球，是一個整體，看不見任何國界。

雖然情緒模式的力量會使我們分別彼此，然而一旦從情緒中解脫，相同的力量卻將我們凝聚在一起。究竟該不該有分別心，決定權操在我們手中。當我們尊重、但不必然認同他人的差異時，我們可以傾聽彼此的觀點，以及在每個人身上發生的故事，一起見證我們共同擁有的基模，陪伴彼此回歸心靈的家園。

讓心中陰霾散去的努力，讓朵朵烏雲逐漸萎縮不再成為障礙。關鍵就在情緒經驗的運用，無論是生活上或是修行上。

前面正是條叉路。其中一條路使我們更加執著、失去寧靜，加重困惑；而另一條路則帶領我們走向更細緻的覺察，揭開慈悲的智慧。選擇權在我們的身上——時時刻刻。

國家圖書館出版品預行編目資料

煉心術：用智慧的專注，解脫八萬四千情緒慣性／塔拉．班奈特-高曼（Tara Bennett-Goleman）著；陳正芬譯.-- 初版 -- 臺北市：大塊文化，2002［民 91］
面；　公分.（Smile: 49）
譯自：Emotional Alchemy: How the Mind Can Heal the Heart
ISBN 986-7975-33-2 (平裝)

1. 冥想 2. 情緒 3. 佛教心理學

177.2　　　　91009001

105 台北市南京東路四段25號11樓

廣 告 回 信
台灣北區郵政管理局登記證
北台字第10227號

大塊文化出版股份有限公司　收

請沿虛線撕下後對折裝訂寄回，謝謝！

地址：□□□＿＿＿市／縣＿＿＿鄉／鎮／市／區

＿＿＿路／街＿＿段＿＿巷＿＿弄＿＿號＿＿樓

姓名：

大塊 LOCUS 文化

編號：SM 049　書名：煉心術

大塊 LOCUS 文化

讀者回函卡

謝謝您購買這本書，爲了加強對您的服務，請您詳細填寫本卡各欄，寄回大塊出版 (免附回郵) 即可不定期收到本公司最新的出版資訊。

姓名：＿＿＿＿＿＿＿＿＿＿＿**身分證字號**：＿＿＿＿＿＿＿＿＿＿＿

住址：□□□＿＿＿＿＿＿＿＿＿＿＿＿＿＿＿＿＿＿＿＿＿＿

聯絡電話：(O)＿＿＿＿＿＿＿＿＿＿＿ (H)＿＿＿＿＿＿＿＿＿＿＿

出生日期：＿＿＿年＿＿＿月＿＿＿日 E-mail: ＿＿＿＿＿＿＿＿＿＿＿

學歷：1.□高中及高中以下 2.□專科與大學 3.□研究所以上

職業：1.□學生 2.□資訊業 3.□工 4.□商 5.□服務業 6.□軍警公教 7.□自由業及專業 8.□其他＿＿＿＿

從何處得知本書：1.□逛書店 2.□報紙廣告 3.□雜誌廣告 4.□新聞報導 5.□親友介紹 6.□公車廣告 7.□廣播節目8.□書訊 9.□廣告信函 10.□其他＿＿＿＿＿

您購買過我們那些系列的書：

1.□Touch系列 2.□Mark系列 3.□Smile系列 4.□Catch系列 5.□PC Pink系列 6□tomorrow系列 7□sense系列

閱讀嗜好：

1.□財經 2.□企管 3.□心理 4.□勵志 5.□社會人文 6.□自然科學 7.□傳記 8.□音樂藝術 9.□文學 10.□保健 11.□漫畫 12.□其他＿＿＿

對我們的建議：＿＿＿＿＿＿＿＿＿＿＿＿＿＿＿＿＿＿＿＿＿＿＿

＿＿＿＿＿＿＿＿＿＿＿＿＿＿＿＿＿＿＿＿＿＿＿＿＿＿＿＿＿＿＿

＿＿＿＿＿＿＿＿＿＿＿＿＿＿＿＿＿＿＿＿＿＿＿＿＿＿＿＿＿＿＿

LOCUS

LOCUS

LOCUS

LOCUS